NH농협손해보험

필기전형

NH농협손해보험

필기전형

초판 발행	2021년 11월 12일
개정판 발행	2026년 5월 8일

편 저 자 | 취업적성연구소
발 행 처 | ㈜서원각
등록번호 | 1999-1A-107호
주　　소 | 경기도 고양시 일산서구 덕산로 88-45(가좌동)
교재주문 | 031-923-2051
팩　　스 | 031-923-3815
교재문의 | 카카오톡 플러스 친구[서원각]
홈페이지 | goseowon.com

PREFACE

NH농협손해보험은 농협공제가 보험사로서의 전문성을 강화하고 장기적인 성장 기반을 마련하기 위해 2012년에 새롭게 출범한 전문 손해보험사입니다. 근로자가 연고지 및 희망지에서 지역사회발전을 위해 일할 수 있고, 공익 지향적 사업을 추구하므로 일에 대한 가치와 보람도 느낄 수 있다는 장점이 있습니다. 또한 비교적 안정적인 직장이라는 인식에 농협은 취업준비생들에게 큰 매력을 느끼게 해줍니다.

NH농협손해보험은 지원자의 유연한 대처능력을 평가하고 유능한 자질을 갖춘 인재를 선발하고자 1차 서류전형, 2차 필기전형, 3차 면접전형의 방식으로 채용의 큰 틀을 마련했습니다. 학력, 연령, 전공, 학점, 어학 점수 등에 큰 제한을 두지 않기 때문에 2차 필기전형에서 특히 높은 성적을 거두는 것이 유리할 것입니다.

NH농협손해보험 6급 초급의 경우 직무능력평가와 더불어 직무상식평가를, 5급은 직무능력평가와 더불어 논술 시험을 치르는 것이 특징입니다. 본서는 NH손해보험의 6급 초급과 5급을 동시에 대비할 수 있도록, 해당 과목의 핵심 문제를 체계적으로 구성하였습니다.

신념을 가지고 도전하는 사람은 반드시 그 꿈을 이룰 수 있습니다. 처음에 품은 신념과 열정이 취업 성공의 그 날까지 빛바래지 않도록 서원각이 수험생 여러분을 응원합니다.

STRUCTURE

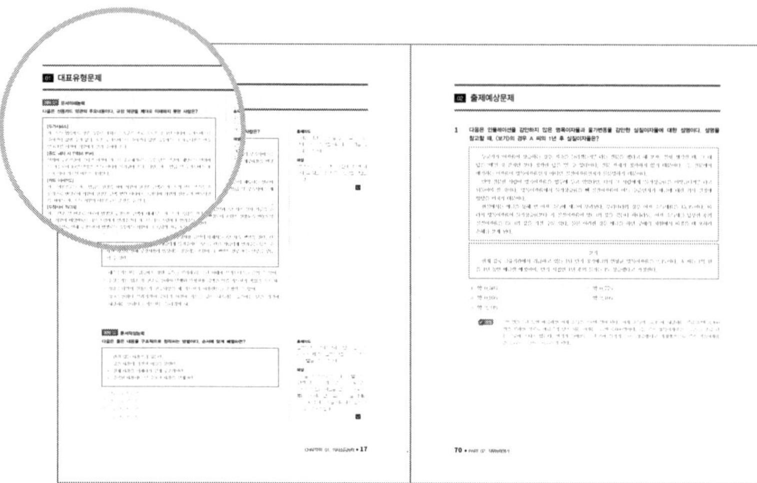

직무능력평가

체계적인 문제 구성

최근 기출유형을 분석하여 자주 출제되는 내용을 중심으로 최신 경향을 정리하고, 영역별 대표유형과 출제예상문제를 구성하였다.

꼼꼼한 문제 해설

상세한 해설을 통해 수록된 문제별 핵심개념을 파악할 수 있다. 문제 해결의 접근 방식과 선택지 분석 요령까지 익혀 응용력을 높인다.

직무상식평가 및 논술

직무상식평가

농업, 금융, IT 등 전반적인 직무상식 문제를 수록하여 6급 초급 필기전형의 출제유형을 익히고 효과적으로 대비할 수 있도록 하였다.

논술평가

논술을 위한 기본 이론과 역대 농협 기출 문제 및 예상 문제를 수록하였다. 5급 필기전형에서 필요한 서술 능력과 사고 역량을 기를 수 있다.

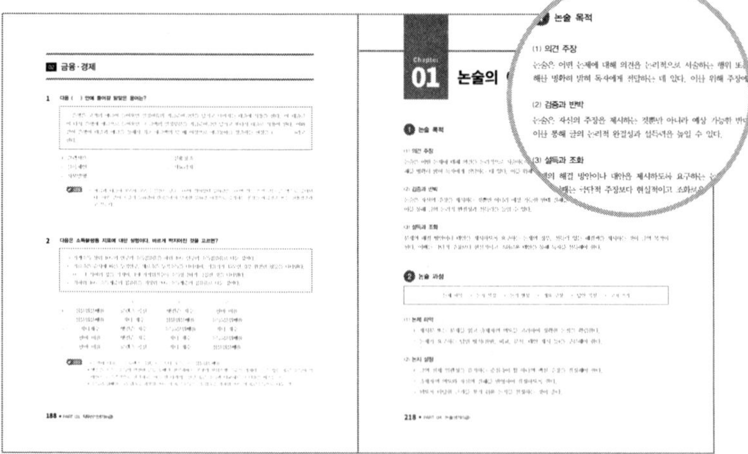

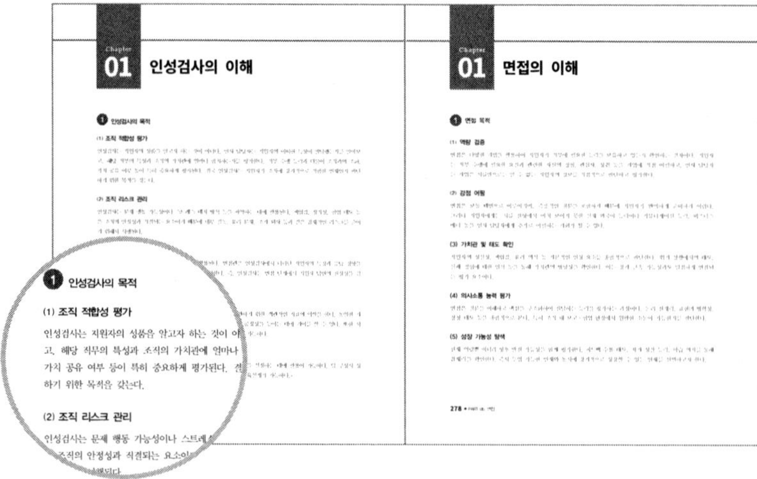

인성검사 및 면접

인성검사

인성검사의 질문 유형과 답변 요령을 수록하였다. 유형별 질문의 의도를 파악하고 전략적으로 답변하는 연습을 할 수 있다.

면접

면접 기출 및 예상 질문을 수록하여 NH농협손해보험 채용의 마지막 단계인 면접까지 완벽하게 준비할 수 있도록 하였다.

CONTENTS

01 NH농협손해보험 소개

01. 기업 개요 · 008
02. 채용안내 · 010

02 직무능력평가

01. 의사소통능력 · 016
02. 수리능력 · 040
03. 문제해결능력 · 068
04. 정보능력 · 090
05. 자원관리능력 · 108
06. 조직이해능력 · 132
07. 기술능력(IT) · 156

03 직무상식평가(6급)

01. 농업 · 농촌 시사 · 182
02. 금융 · 경제 · 188
03. 디지털 · IT · 201

04 논술평가(5급)

01. 논술의 이해 · 218
02. 농협 기출 논술문제 · · · · · · · · · · · · · · · · · · · 225
03. 농협 기출 약술문제 · · · · · · · · · · · · · · · · · · · 233
04. 논술 · 약술 예상문제 · · · · · · · · · · · · · · · · · · 238

05 인성검사

01. 인성검사의 이해 · 258
02. 성향별 대응 전략 · 264
03. 인성검사의 예시 · 270

06 면접

01. 면접의 이해 · 278
02. 면접 준비 · 280
03. 면접 답변 구조 · 284
04. 면접 유형 및 준비전략 · · · · · · · · · · · · · · · · · 288
05. 농협 면접 기출질문 · · · · · · · · · · · · · · · · · · · 295

PART

01

NH농협손해보험 소개

01. 기업 개요
02. 채용안내

01 기업 개요

1 개요

(1) 설립 배경 및 출범 목적

① NH농협손해보험은 농협공제가 2012년 설립한 전문 손해보험사이다.

② 보험사로서 전문성을 강화하고 장기적 성장기반을 마련하기 위해 출범하였다.

(2) 사업 내용

① 공제사업에서 보험사업으로의 변화를 도모하면서 지속 성장을 위한 사업과 조직 안정화를 추구하였다.

② 금융위원회가 지정한 혁신금융서비스인 'On-Off 해외여행보험', '모바일 보험상품권' 출시 등으로 보험산업 혁신을 선도하였다.

③ 장기보험과 일반보험 상품은 물론, 농업정책보험, 풍수해보험 등 고객중심의 다양한 상품을 개발하여 각종 위험으로부터 고객의 안전과 재산 보호에 앞장선다.

(3) 지속가능 경영

① 축사화재 예방 캠페인, 농기계 교통사고 예방 캠페인 등 기업의 사회적 역할에 힘쓰고 있다.

② 인공지능(AI)을 활용한 디지털 전환 가속화와 기후위기 대응을 위한 'ESG 탄소중립 보험' 등을 통해 환경 변화에 선제적으로 대응해 나가고 있다.

2 비전 및 핵심가치

(1) 2030 비전

> 고객을 헤아리는 따뜻한 마음, 내일의 든든한 약속

NH농협손해보험은 협동조합의 정체성을 가지고 있는 보험사로서, 농업인과 고객의 삶의 질 향상에 기여하며, 금융안전망 구축에 힘써 고객중심의 기업으로 성장, 발전해 갈 것이다.

(2) 핵심가치

    ① 고객의 마음을 헤아리는 고객중심

    ② 구성원 간 신뢰와 소통

    ③ 공정한 평가 중심의 성과중심

    ④ 격변하는 미래에 대비하기 위한 도전과 변화

③ 전략

(1) 부채 포트폴리오 구조조정

    ① ALM 시스템 구축

    ③ 채널운영 효율성 제고 및 低듀레이션 상품 확대

    ② 전략적인 저축성보험 추진

(2) 고수익 사업모델 전환

    ① 영업지원 시스템 고도화

    ② 인수심사 자동화 확대

(3) 경영 인프라 고도화

    ① 고객중심 비대면 보험서비스 구현

    ② AI기반 고객센터(AICC) 구축

    ③ 전략적인 인력과 조직 운영

④ 금융소비자보호강령

> 하나, 항상 금융소비자의 입장에서 생각하고 행동한다.
> 하나, 제반 법규를 준수하고 끊임없는 경영혁신과 상품개발로 최상의 금융서비스를 제공한다.
> 하나, 금융소비자에 대한 불합리한 차별행위를 사전에 예방하고 피해구제에 최선을 다한다.
> 하나, 금융소비자의 정보를 소중히 여기며, 건전한 금융거래 활성화에 힘쓴다.

채용안내

※ 본 안내는 2026년 상반기 및 2025년 하반기 NH농협손해보험 신규직원 채용 공고를 바탕으로 작성되었으며, 지원 전 반드시 접수 홈페이지를 확인하시기 바랍니다.

1 채용분야

(1) 6급 초급

채용분야	권역	인원	직무내용
강원권	강원특별자치도		영업채널(총국) 마케팅 활동 및 영업관리
충청권	충청북도, 충청남도, 대전광역시, 세종특별자치시	0명	
전라권	전북특별자치도, 전라남도, 광주광역시		*입사 1년이내 권역담당자 업무 수행
경남권	경상남도, 부산광역시, 울산광역시		

(2) 5급

채용분야	인원	직무내용
상품·계리		보험 상품개발, IFRS17 계리결산 업무 등
지급심사		보험금 산정 및 지급
영업	0명	영업채널(농축협, GA, 전속) 영업관리 / 법인영업
일반		마케팅, U/W, 리스크관리, 경영지원 등
IT		• 보험관련 업무시스템 개발 및 운영지원 • 대내외 디지털 사업 서비스 개발 및 유지·운영관리 • 정보보안(보안 침해사고 분석 및 대응)

② 지원자격 및 우대사항

(1) 6급 초급

① 지원자격
- ㉠ 연령, 학력, 학점, 어학점수 제한 없음
- ㉡ 남성의 경우 병역필 또는 면제자에 한함
- ㉢ 신규직원 교육 입교 및 이후 계속근무 가능한 자

② 우대사항
- ㉠ 「국가유공자 등 예우 및 지원에 관한 법률」에 의한 취업지원대상자
- ㉡ 「장애인 고용 촉진 및 직업재활법」에 의거 장애인복지법상 등록 장애인
- ㉢ 농협장학생 봉사단 우수활동자
- ㉣ 「NH농협 NewHope 아이디어 공모전」 수상자
- ㉤ 「NH 영 서포터즈」 우수활동자
- ㉥ 「2016 농협보험 대학생 논문 공모전」 수상자
- ㉦ 「2011 농협보험 대학생 비전 및 발전전략 공모전 대상」 수상자

(2) 5급

구분	지원자격	우대사항
상품·계리	수학 및 통계 계열 학사 이상의 학위 소지자 또는 계리사 1차 및 최종 합격자	• 변호사, 공인회계사(KICPA), 세무사, 감정평가사, 변리사, 보험계리사, 손해사정사, 공인노무사
지급심사	손해사정사 최종 합격자	• CFA Lv3 합격자, FRM(국제재무위험관리사, GARP), CFP(국제공인자산관리사), AICPA(미국공인회계사), CPCU(미국손해보험 언더라이터), FKLU, AKLU, AFPK, 보험중개사, CKLU, 보험심사역, 보험조사분석사, 손해평가사
영업 및 일반	연령, 학력, 학점, 어학점수 제한 없음	
IT	연령, 학력, 학점, 어학점수 제한 없음	정보처리기사, 정보통신기사, 전자계산기기사, 전자계산기조직응용기사, 정보보안기사, 정보관리기술사, 컴퓨터시스템응용기술사, 정보통신기술사, 전자계산기기술사, 전자계산기조직응용기술사, 국제공인정보시스템감사사(CISA), 국제공인정보시스템보안전문가(CISSP), 데이터분석전문가(ADP), 데이터분석 준전문가(ADsP), 데이터아키텍처전문가(DAP), 데이터아키텍처 준전문가(DAsP), SQL전문가(SQLP), SQL개발자(SQLD)

(1) 6급 초급

1차 서류전형	2차 필기전형	3차 온라인 인적성	4차 면접전형
입사지원서 및 자기소개서 평가	• 인 · 적성 평가 • 직무능력평가 • 직무상식평가	필기전형 합격자를 대상으로 실시	• 집단면접 평가 • PT면접 평가 • 토론면접 평가

① 서류전형

　㉠ 블라인드 원칙에 유의하여 작성

　㉡ 표절, 분량부족, 반복작성, 타사지원 회사 기재 등은 불성실 기재로 불이익을 받을 수 있음

② 필기전형

구분	시간	문항
인 · 적성평가	45분	객관식
직무능력평가	70분	
직무상식평가	25분	

③ 온라인 인적성

　㉠ 공지된 검사 기간 내에만 응시 가능

　㉡ 미응시자는 면접전형 응시 불가능

④ 면접전형

　㉠ 대상 : 온라인 인적성 응시자

　㉡ 면접 유형

구분	내용
집단면접	다대다 면접으로, 여러 주제와 상황 등에 대하여 질의응답
PT면접	주어진 주제에 관하여 개인별 PT작성 및 발표 이후 질의응답
토론면접	특정 주제에 관하여 찬성과 반대로 나누어 토론 실시

(2) 5급

1차 서류전형	2차 필기전형	3차 면접전형
• 자기소개서 평가 • 온라인 인 · 적성(level 1) 평가	• 인 · 적성(level 2) 평가 • 직무능력평가 • 논술평가 • 온라인 코딩 평가(IT 분야)	• 집단면접 평가 • 심층면접 평가 • 지원자별 추가면접 평가(토론, PT면접 등)

① 필기전형

구분	문항수	시간	출제범위
인 · 적성(level 2) 평가	325문항(객관식)	45분	조직적합성, 성취잠재력
직무능력평가	60문항(객관식)	85분	• 의사소통능력, 수리능력, 문제해결능력, 정보능력, 자원관리능력(공통) • 조직이해능력(상품 · 계리, 지급심사, 영업, 일반) • 기술능력(IT)
논술평가	2문항(약술형 및 논술형)	50분	• 약술형 : 농업 및 농촌 관련 시사 • 논술형 : 금융 및 경제(상품 · 계리, 지급심사, 영업, 일반) / IT 및 디지털(IT)

② 면접전형

구분	내용
집단면접	지원자 6명 이내 1개조를 대상으로 다대다 면접 실시
심층면접	지원자 1인에 대해 개별 실시
추가면접	지원분야별로 토론면접, PT면접 등 실시, 면접유형 및 조별인원 등은 상황에 따라 변동 가능

TIP 채용 대비 방법

농협손해보험은 학력, 연령, 성별에 제한을 두지 않는 열린 채용 기조를 보인다. 스펙보다는 직무 이해도와 사고력을 중시하는 편이므로 필기시험이 합격 여부에 큰 영향을 미친다고 볼 수 있다. 따라서 지원하고자 하는 직무 분석과 시험 대비를 철저히 하는 것이 좋다.

직무능력평가

01. 의사소통능력

02. 수리능력

03. 문제해결능력

04. 정보능력

05. 자원관리능력

06. 조직이해능력

07. 기술능력(IT)

의사소통능력

[의사소통능력] 출제유형

① 문서이해능력 : 업무 관련성이 높은 문서에 대한 독해능력과 업무와 관련된 내용을 메모의 내용을 묻는 문제이다.
② 문서작성능력 : 공문서, 기안서, 매뉴얼 등 특정 양식을 작성할 때 주의사항이나 빈칸 채우기와 같은 유형으로 구성된다.
③ 경청능력 : 제시된 상황을 적절하게 경청하는 것을 묻는 문제이다.
④ 의사표현능력 : 제시된 상황에 대한 적절한 의사표현을 고르는 문제이다.
⑤ 기초외국어능력 : 외국과 우리나라의 문화차이로 발생하는 상황에 대한 문제이다.

[의사소통능력] 출제경향

문서를 읽거나 상대방의 말을 듣고 의미하는 바를 정확히 파악하여 자신의 의사를 표현·전달하는 능력을 의미한다. 복합형으로 주로 출제되며, 지문에는 보도자료, 참고자료, 회의자료, 상품설명서 등이 있다. 해당 자료로 글의 흐름을 파악하거나 유추하는 독해능력을 물어보는 질문이 주로 출제가 되고 있다. 다소 긴 지문이 출제되는 편이며, 꼼꼼히 읽지 않으면 틀리기 쉬운 경향이 있다. 주어진 지문을 빠르게 읽고 이해하는 능력이 필요하다.

[의사소통능력] 빈출유형

글의 흐름 파악							
지문 내용 유추							
목적 및 주제 파악							
배열하기							
어법							

예제 01 문서이해능력

다음은 신용카드 약관의 주요내용이다. 규정 약관을 제대로 이해하지 못한 사람은?

[부가서비스]

카드사는 법령에서 정한 경우를 제외하고 상품을 새로 출시한 후 1년 이내에 부가서비스를 줄이거나 없앨 수가 없다. 또한 부가서비스를 줄이거나 없앨 경우에는 그 세부내용을 변경일 6개월 이전에 회원에게 알려 주어야 한다.

[중도 해지 시 연회비 반환]

연회비 부과기간이 끝나기 이전에 카드를 중도해지하는 경우 남은 기간에 해당하는 연회비를 계산하여 10일(영업일 기준) 이내에 돌려줘야 한다. 다만, 카드 발급 및 부가서비스 제공에 이미 지출된 비용은 제외된다.

[카드 이용한도]

카드 이용한도는 카드 발급을 신청할 때에 회원이 신청한 금액과 카드사의 심사 기준을 종합적으로 반영하여 회원이 신청한 금액 범위 이내에서 책정되며 회원의 신용도가 변동되었을 때에는 카드사는 회원의 이용한도를 조정할 수 있다.

[부정사용 책G임]

카드 위조 및 변조로 인하여 발생된 부정사용 금액에 대해서는 카드사가 책임을 진다. 다만, 회원이 비밀번호를 다른 사람에게 알려주거나 카드를 다른 사람에게 빌려주는 등의 중대한 과실로 인해 부정사용이 발생하는 경우에는 회원이 그 책임의 전부 또는 일부를 부담할 수 있다.

---

① 혜수 : 카드사는 법령에서 정한 경우를 제외하고는 1년 이내에 부가서비스를 줄일 수 없어.

② 진성 : 카드 위조 및 변조로 인하여 발생된 부정사용 금액은 일괄 카드사가 책임을 지게 돼.

③ 영훈 : 회원의 신용도가 변경되었을 때 카드사가 이용한도를 조정할 수 있어.

④ 영호 : 연회비 부과기간이 끝나기 이전에 카드를 중도 해지하는 경우에는 남은 기간에 해당하는 연회비를 카드사는 돌려줘야 해.

출제의도

주어진 약관의 내용을 읽고 그에 대한 상세 내용의 정보를 이해하는 능력을 측정하는 문항이다.

해설

부정사용에 대해 고객의 과실이 있으면 회원이 그 책임의 전부 또는 일부를 부담할 수 있다.

답 ②

예제 02 문서작성능력

다음은 들은 내용을 구조적으로 정리하는 방법이다. 순서에 맞게 배열하면?

㉠ 관련 있는 내용끼리 묶는다.
㉡ 묶은 내용에 적절한 이름을 붙인다.
㉢ 전체 내용을 이해하기 쉽게 구조화한다.
㉣ 중복된 내용이나 덜 중요한 내용을 삭제한다.

---

① ㉠, ㉡, ㉢, ㉣

② ㉠, ㉡, ㉣, ㉢

③ ㉡, ㉠, ㉢, ㉣

④ ㉡, ㉠, ㉣, ㉢

출제의도

음성정보는 문자정보와는 달리 쉽게 잊혀 지기 때문에 음성정보를 구조화 시키는 방법을 묻는 문항이다.

해설

내용을 구조적으로 정리하는 방법은 '㉠ 관련 있는 내용끼리 묶는다. → ㉡ 묶은 내용에 적절한 이름을 붙인다. → ㉣ 중복된 내용이나 덜 중요한 내용을 삭제한다. → ㉢ 전체 내용을 이해하기 쉽게 구조화한다.'가 적절하다.

답 ②

`예제 03` 문서이해능력

다음 글을 통해 전달하고자 하는 내용은 무엇인가?

> 온라인 콘텐츠 플랫폼에서는 이용자의 체류 시간을 늘리기 위해 추천 알고리즘을 지속적으로 개선하고 있다. 일부 플랫폼은 이용자가 이전에 소비한 콘텐츠와 유사한 콘텐츠를 반복적으로 제시함으로써 이탈을 최소화하는 전략을 택한다. 이러한 방식은 이용자의 만족도를 높이고 플랫폼 이용 시간을 증가시키는 데 효과적인 것으로 나타났다. 그러나 특정 장르의 콘텐츠만 반복적으로 소비한 이용자 집단은 시간이 지날수록 새로운 콘텐츠에 대한 반응성이 낮아지는 경향을 보였으며, 이는 플랫폼 전체의 콘텐츠 소비 구조에도 영향을 미치는 것으로 나타났다. 이에 따라 일부 플랫폼에서는 이용자의 즉각적인 반응보다 장기적인 이용 패턴 변화를 고려한 추천 방식을 도입하려는 움직임 또한 나타나고 있다

① 이용자의 만족도를 높이기 위해서는 기존 취향에 맞는 콘텐츠만을 지속적으로 제공해야 한다.
② 추천 알고리즘은 이용자의 즉각적인 반응을 최우선으로 고려해야 한다.
③ 콘텐츠 소비는 이용자의 기존 취향에 의해 결정되므로 변화시키기 어렵다.
④ 콘텐츠 추천은 단기적 효율성과 장기적 다양성 사이의 균형을 고려할 필요가 있다.

`예제 04` 문서작성능력

다음 중 공문서 작성에 대한 설명으로 가장 적절하지 못한 것은?

① 공문서나 유가증권 등에 금액을 표시할 때에는 한글로 기재하고 그 옆에 괄호를 넣어 숫자로 표기한다.
② 날짜는 숫자로 표기하되 년, 월, 일의 글자는 생략하고 그 자리에 온점(.)을 찍어 표시한다.
③ 첨부물이 있는 경우에는 붙임 표시문 끝에 1자 띄우고 "끝."이라고 표시한다.
④ 공문서의 본문이 끝났을 경우에는 1자를 띄우고 "끝."이라고 표시한다.

예제 05 경청능력

당신은 A제조기업의 품질관리팀에 근무하고 있다. 최근 내부 감사에서 동일한 유형의 업무 오류가 반복적으로 발생하고 있다는 지적이 있었고, 팀장은 이에 대해 회의 자리에서 다음과 같이 발언하였다. 팀장은 특히 업무 지시 전달 및 이해 과정에서의 문제를 원인으로 지목하며 개선을 요구하였는데, 다음 중 팀장의 발언 취지에 가장 부합하는 것은?

> "업무는 알아서 처리하는 것도 중요하지만, 서로 다르게 이해할 수 있다는 점을 항상 염두에 두어야 합니다."

① 업무 속도를 높이기 위해서는 지시의 세부 사항보다는 전체적인 방향을 빠르게 파악하는 것이 중요하다.
② 지시 내용을 완전히 이해하지 못했다면 기존 경험을 활용해 유사하게 처리하는 것이 효율적이다.
③ 지시가 모호하다고 판단될 경우 추가 확인을 통해 정확히 이해한 후 업무를 수행해야 한다.
④ 지시의 의도를 파악하는 것이 중요하므로, 세부 내용은 상황에 맞게 유연하게 해석해야 한다.

예제 06 의사표현능력

당신은 팀장님께 업무 지시내용을 수행하고 결과물을 보고 드렸다. 하지만 팀장님께서는 "최 대리 업무를 이렇게 처리하면 어떡하나? 누락된 부분이 있지 않은가."라고 말하였다. 이에 대해 당신이 행할 수 있는 가장 부적절한 대처 자세는?

① "죄송합니다. 제가 잘 모르는 부분이라 과장님께 부탁을 했는데 과장님께서 실수를 하신 것 같습니다."
② "주의를 기울이지 못해 죄송합니다. 어느 부분을 수정보완하면 될까요?"
③ "지시하신 내용을 제가 충분히 이해하지 못하였습니다. 내용을 다시 한 번 여쭤보아도 되겠습니까?"
④ "부족한 내용을 보완하는 자료를 취합하기 위해서 하루정도가 더 소요될 것 같습니다. 언제까지 재작성하여 드리면 될까요?"

1 다음은 은행의 보수적인 금융행태의 원인에 대하여 설명하는 글이다. 다음 글에서 지적한 가장 핵심적인 은행의 보수적인 특징은?

> 외환위기 이후 구조조정 과정에서 은행은 생존을 위해서는 양호한 경영실적을 올리는 것이 중요하다는 것을 절감하였다. 특히 단기수익을 중시하는 성향이 높은 외국인의 지분 확대는 은행의 단기수익성 제고에 대한 부담을 가중시켰다. 이에 따라 은행은 상대적으로 위험부담이 적고 수익창출이 용이한 가계대출을 중심으로 대출을 증가시키게 되었다. 2000년대 초반 가계대출의 예대마진이 중소기업대출보다 높았던 데다 부동산시장이 활황세를 나타냄에 따라 은행은 가계대출을 증가시킴으로써 수익을 향상시킬 수 있었다. 중소기업대출의 예대마진이 가계대출을 상회한 2000년대 중반 이후에도 부동산시장의 호조와 상대적으로 낮은 연체율 등에 힘입어 은행은 가계대출 중심의 대출행태를 지속하였다.
>
> 단기수익 중시의 단견주의(short-termism)는 은행 임직원의 행태에도 큰 영향을 미쳤다. 대체로 3년 정도의 임기인 은행장은 장기 비전을 가지고 은행을 경영하기보다는 단기수익을 극대화할 수 있는 영업 전략을 선택할 수밖에 없었다. 또한 직원에 대한 핵심성과지표(Key Performance Index : KPI)가 수익성 및 여수신 유치실적 등 단기성과 중심으로 구성되어 있어 위험성이 높지만 성장 가능성이 높은 유망한 중소 · 벤처 기업에 대한 대출보다는 주택담보대출과 같이 상대적으로 안전하고 손쉬운 대출을 취급하려는 유인이 높아졌다.

① 내부 임직원에 대한 구태의연한 평가방식

② 은행장의 무모한 경영 전략 수립

③ 대기업에 집중된 기업대출 패턴

④ 수익성 추구의 단기성과주의

⑤ 지급준비율 인상을 통한 현금 보유 확대

> ✔ 해설 ④ 외환위기 이후 생존을 위해 경영실적을 올려야 했던 것이 결과적으로 은행으로 하여금 마진율이 높고 리스크가 적은 가계대출 위주의 영업을 지향하게 했던 것이므로 이러한 단기성과주의가 가장 핵심적인 은행의 보수적 금융행태라고 할 수 있다.

2 다음은 인사 운영과 관련된 제도에 대한 설명이다. 이를 통해 알 수 없는 제도는?

> 최근 금융기관들은 조직의 지속가능성과 경쟁력을 강화하기 위해 다양한 인사 제도를 운영하고 있다. 먼저 공정한 인력 운영을 위해 성별에 관계없이 채용과 승진에서 동등한 기회를 제공하는 정책을 확대하고 있다. 이러한 정책의 시행 이후 여성 직원의 채용 비율과 관리자 비율이 점차 증가하는 추세를 보이고 있다. 또한 지역사회와의 연계를 강화하기 위해 지역 연고 인재를 일정 비율 이상 선발하는 채용 방식을 도입하는 금융기관도 늘고 있다. 이는 지역 고객과의 관계를 강화하고 지역 기반 영업 활동의 성과를 높이기 위한 목적을 가진다.
>
> 직원의 임금 체계는 기본급과 성과급을 중심으로 구성된다. 직원의 성과급은 개인의 업무 실적과 조직의 경영 성과를 종합적으로 반영하여 지급되며, 평가 과정은 일정한 기준에 따라 공정하게 이루어진다. 임원의 경우 기본 보수 체계는 직원과 유사하지만 조직 경영 성과에 대한 책임이 큰 만큼 성과급 비중이 더 크게 반영되기도 한다.
>
> 또한 조직은 직원의 출산과 양육을 지원하기 위해 출산 전후 휴가와 육아휴직 제도를 운영하고 있다. 출산을 앞둔 직원에게 일정 기간의 휴가를 제공하고, 자녀 양육이 필요한 직원이 일정 기간 근무를 중단하고 육아에 전념할 수 있도록 하는 것이다. 최근에는 출산휴가 및 육아휴직의 급여를 인상하는 등 지원을 강화하고 있다. 이러한 제도는 직원의 일과 가정의 균형을 지원하고 경력 단절을 예방하기 위한 취지에서 운영된다.
>
> 마지막으로 장기 근속 이후 퇴직하는 직원의 노후 생활 안정을 위해 퇴직 관련 제도를 운영 중에 있다. 기업은 직원이 장기간 근무한 뒤 퇴직할 경우 지급해야 할 금액을 미리 추정하여 회계상 부채로 반영하기도 하며, 퇴직금 지급을 안정적으로 보장하기 위해 보험이나 적립 방식을 주로 활용하게 되었다.

① 퇴직연금제도

② 모성보호제도

③ 복리후생제도

④ 보상제도

⑤ 고용제도

✔해설 ③ 복리후생제도는 직원의 생활 안정과 편의를 위해 주택자금 지원, 학자금 지원, 건강검진, 휴양시설 제공 등과 같이 다양한 지원을 제공하는 제도를 의미하는데, 지문에서는 이러한 내용이 언급되지 않았다.

3 다음 내용을 참고할 때, 빈칸에 들어갈 알맞은 사자성어는?

> 국내 최고 경영자들에게 '오늘이 있기까지 가장 마음에 새기는 사자성어는 무엇인가' 라고 물었더니, 가장 많은 사람이 '입술이 없으면 이가 시리다'라는 뜻의 (   )을/를 선택했다고 한다. 이 말은 '서로 도움으로써 성립되는 밀접한 관계'를 비유하는 말이다.

① 순망치한(脣亡齒寒)

② 이열치열(以熱治熱)

③ 상부상조(相扶相助)

④ 유유상종(類類相從)

⑤ 상선약수(上善若水)

> **✔ 해설** ① **순망치한** : 이가 없으면 이가 시리다
> ② **이열치열** : 열을 열로써 다스림
> ③ **상부상조** : 서로 의지하고 서로 도움
> ④ **유유상종** : 같은 성격이나 성품을 가진 무리끼리 모이고 사귀는 모습
> ⑤ **상선약수** : 최고의 선은 물과 같다. 물을 세상에서 으뜸가는 선으로 삼는다는 의미

4 다음에서 밑줄 친 단어와 의미상의 쓰임새가 다른 것은?

> 전동차를 운행하던 기관사는 출입문 바깥쪽에 녹이 <u>생긴</u> 걸 알게 되었다.

① 선로 공사를 하다가 바닥 자갈 더미에 커다란 구멍이 <u>생기게</u> 되었다.

② 서울역 앞길에는 어젯밤 내린 눈으로 거대한 빙판길이 <u>생겼다</u>.

③ 지난주에는 2등에 당첨되었어도 큰돈이 <u>생기지는</u> 않았을 것이다.

④ 열차 한 대가 갑자기 정지하니 뒤따르던 다른 열차 운행 계획에도 차질이 <u>생겼다</u>.

⑤ 화재 시의 행동요령 매뉴얼이 없으면 자칫 대형 사고가 <u>생길</u> 수 있다.

 ③ '자기의 소유가 아니던 것이 자기의 소유가 되다'의 의미로 쓰인 '생기다'이다. '돈이나 땅이 새로 생기다'의 경우에 쓰인다.

①②④⑤ 모두 '없던 것이 새로 있게 되다.'는 의미로 쓰인 '생기다'이다. '문제, 사고, 얼룩, 흉터, 아이, 버릇 등이 생기다'와 같은 의미이다.

5 다음 글의 단락 ㈎ ~ ㈢ 중, 전체 글의 맨 마지막에 위치시키기에 가장 적절한 단락은?

㈎ 인간은 오래전부터 자신과 세계의 기원에 대해 질문해 왔다. 이러한 질문은 단순한 지적 호기심에서만 비롯된 것이 아니라, 자신의 존재를 이해하려는 근본적인 욕구에서 출발한다. 인간은 자신이 어디에서 왔으며, 현재의 세계가 어떤 과정을 통해 형성되었는지를 알고자 한다. 이러한 질문은 인류 역사 전반에 걸쳐 반복적으로 등장해 왔다.

㈏ 고대 사회에서는 이러한 질문에 대한 해답을 주로 신화와 종교적 서사에서 찾았다. 여러 문화권에서 전해 내려오는 창세 신화는 세계와 인간의 탄생을 초월적 존재의 의지나 신적 사건을 통해 설명한다. 이러한 이야기들은 오늘날 과학적 사실로 받아들여지지 않으나, 당시 사람들에게는 세계를 이해하는 중요한 지식 체계였다. 더 나아가 공동체의 가치관과 세계관을 형성하는 데에도 중요한 역할을 했다.

㈐ 이후 인간의 사유가 발달하면서 기원에 대한 탐구는 점차 철학적 논의의 영역으로 확장되었다. 철학자들은 신화적 설명에 의존하기보다는 이성과 논리를 통해 세계의 근원과 인간 존재의 의미를 설명하려 했다. 이 과정에서 인간은 무엇이며, 인간의 삶은 어떤 의미를 지니는가와 같은 질문이 제기되었고, 이러한 사유는 비로소 인간과 세계를 이해하려는 지적 전통을 형성하게 되었다.

㈑ 그러나 세계의 기원과 존재에 대한 탐구가 어떤 방식으로 이루어지든, 근본적인 질문은 결코 해결되지 않는다. 인간은 끊임없이 자신이 속한 세계를 이해하려 노력하며, 그 과정에서 자신의 존재 의미를 다시 확인하려 한다. 이러한 모습은 결국 인간이 단순히 주어진 환경 속에서 살아가는 존재가 아니라 스스로 의미를 찾고 세계를 해석하려는 창조적인 존재임을 보여준다.

㈒ 근대 이후 과학이 발전하면서 세계의 기원에 대한 설명 방식에는 또 다른 변화가 나타났다. 과학은 관찰과 실험, 그리고 수학적 모델을 통해 자연 현상을 설명하려 한다. 우주의 형성과 발전 과정에 대한 다양한 이론 또한 제시되었다. 이러한 과학적 해명은 이전의 신화적, 철학적인 측면과는 달리 검증 가능한 근거를 바탕으로 세계를 이해하려는 시도라는 점에서 큰 의의를 가진다.

① ㈎

② ㈏

③ ㈐

④ ㈑

⑤ ㈒

✔해설 ④ ㈑에서는 '그러나 세계의 기원과 존재에 대한 탐구가 어떤 방식으로 이루어지든, 근본적인 질문은 결코 해결되지 않는다.'고 하며 인간이 계속 의미를 탐구하는 존재라는 종합적 결론을 제시한다. 해당 단락은 앞에서 설명한 모든 탐구 방식을 아우르며 결론을 정리하는 내용이므로 글의 마무리 역할을 한다.

6　다음 글을 참고할 때, 올바른 설명이 아닌 것은?

> 　한반도는 태백산맥이 한반도 우편에 있으며, 동쪽이 높고 서쪽이 낮은 구조로 되어 있어, 우리나라 하천 대부분은 서해나 남해로 유입한다. 깊은 계곡이 조밀하게 발달하여 유역면적과 비교하면 하천 길이가 길고 하천 밀도도 높은 것이 특징이다. 이러한 우리나라 하천은 일반적으로 '시내', '내', '강(江)' 및 '천(川)' 등으로 구분하고 있다. 행정 실무에서는 법으로 하천을 설정하여 관리하고 있으며, 크게는 하천과 소하천으로 구분할 수 있다. 하천이라 하면 보통 하천법이 적용되는 법정하천을 지칭하며, 법정하천은 국가하천과 지방하천으로 구분한다. 국가하천은 국토 보전상 또는 국민경제상 중요한 하천으로서 국토교통부장관이 그 명칭과 구간을 지정하며, 지방하천은 지방의 공공이해와 밀접한 관계가 있는 하천으로서 시·도지사가 그 명칭과 구간을 지정한다. 소하천은 하천법이 아닌 소하천정비법의 적용을 받는 하천이며, 시장·군수 또는 자치구의 구청장이 그 명칭과 구간을 지정한다. 이렇듯 우리나라 하천은 하천법 또는 소하천정비법에 따라 준용되고 있으며, 하천 대부분이 국가하천, 지방하천 및 소하천에 해당된다.
>
> 　우리나라 하천 중 규모가 크고 널리 알려진 하천은 대부분 국가하천이다. 국가하천은 유역면적 크기가 대부분 큰 편(200㎢ 이상)이므로 대하천이라 할 수 있으며, 또한 주요 하천이라 할 수 있다. 전국 국가하천은 62개소이며, 지방하천은 3,773개소이다. 권역별 시도별 하천현황은 다음과 같다.
>
> | 구분 | 합계 | | 국가 | | 지방 | |
> |---|---|---|---|---|---|---|
> | | 개소 | 연장 | 개소 | 연장 | 개소 | 연장 |
> | 전국 | 3,835개 | 29,783km | 62개 | 2,995km | 3,773개 | 26,788km |
> | 한강권역 | 913개 | 8,566km | 19개 | 917km | 894개 | 7,649km |
> | 낙동강권역 | 1,185개 | 9,626km | 17개 | 931km | 1,168개 | 8,694km |
> | 금강권역 | 877개 | 6,105km | 17개 | 682km | 860개 | 5,423km |
> | 섬진강권역 | 423개 | 2,626km | 3개 | 238km | 420개 | 2,388km |
> | 영산강권역 | 377개 | 2,253km | 6개 | 225km | 371개 | 2,027km |
> | 제주도권역 | 60개 | 605km | − | − | 60개 | 605km |

① 금강권역의 877개 하천은 하천법의 적용을 받는다.

② 한강권역의 913개 하천 중 서울시의 공공이해와 밀접한 관련이 있는 하천은 서울시장이 그 구간을 지정한다.

③ 국가하천과 지방하천의 구분 기준은 지리적 위치 및 하천면적의 크기가 아니다.

④ 우리나라 하천의 길이 상의 특징은 한반도의 지형에 의한 특징이다.

⑤ 제주도의 60개 하천은 모두 국토교통부 장관이 그 명칭을 지정한 것이다.

> ✔해설　⑤ 제주도의 60개 하천은 지방하천이라고 명시되어 있으므로 국토교통부 장관이 아닌, 시·도지사가 그 명칭과 구간을 지정하게 된다.
> 　① 소하천이 아닌 대하천에 해당하므로 하천법의 적용을 받는다.
> 　② 지방의 공공이해와 밀접한 관계가 있는 하천은 지방하천으로 분류되어 시·도지사가 그 명칭과 구간을 지정하게 된다.
> 　③ 국토보존, 국민경제, 지방의 공공이익 등이 국가하천과 지방하천의 구분 기준이 된다.
> 　④ 동고서저의 지형과 조밀한 계곡의 발달로 인해 하천의 길이가 길고 밀도가 높다고 설명하고 있다.

ANSWER　5.④　6.⑤

7 유네스코에서는 '문화다양성' 보호와 증진을 위한 8개의 원칙을 설정하여 당사국들이 이에 따른 권리와 의무를 다할 것을 요구하고 있다. 다음에 제시되는 8가지 원칙에 나타나지 않은 원칙은?

> 1) 국제법에 의해 보장된 인권을 침해하거나 그 범위를 제한할 목적으로 본 협약의 조항을 인용해서는 안 된다. 문화적 다양성은 표현정보 교환 의사소통의 자유를 비롯하여 문화적 표현방식을 자유로이 선택하는 개인의 능력 등과 같은 기본적 자유가 보장될 때에만 보호받고 증진될 수 있다.
> 2) 유엔헌장과 국제법 원칙에 의거하여 국가는 자국의 영토 내에서 문화적 표현의 다양성을 보호하고 증진하기 위한 정책과 방안을 채택할 주권을 지닌다.
> 3) 문화적 표현의 다양성을 보호하고 증진하는 일은 소수 민족이나 토착민의 문화를 포함하여 모든 문화가 동등한 존엄성을 지니며 동일하게 존중되어야 한다는 사실을 전제로 한다.
> 4) 국제적 협력과 연대는 각국 특히 개발도상국이 초기단계에 있거나 이미 확립된 자국의 문화산업을 포함하여 문화적 표현수단을 형성하고 강화할 수 있도록 하는 국내외적 노력을 목적으로 해야 한다.
> 5) 문화는 발전의 원동력이기 때문에 발전의 문화적 측면은 그 경제적 측면만큼이나 중요하여 개인이나 민족은 이에 참여하고 향유할 기본적인 권리를 지닌다.
> 6) 문화다양성은 개인과 사회에 풍부한 자산이 된다. 현재와 미래세대가 혜택을 누릴 수 있도록 지속가능한 발전을 이루기 위해 반드시 필요한 조건은 문화다양성을 보호하고 증진하는 일이다.
> 7) 문화다양성을 높이고 상호이해를 촉진하기 위해서는 누구나 전 세계 각국의 풍부하고 다양한 문화적 표현에 접근할 수 있어야 하고 각 문화가 자문화를 표현하고 널리 알리기 위한 표현수단을 획득할 수 있어야 한다.
> 8) 국가가 문화적 표현의 다양성을 지원하는 방안을 채택할 때는 다른 국가의 문화에 대한 개방성을 적절한 방식으로 증진해야 하며 이러한 방안이 본 협약이 추구하는 목적과 부합함을 확인해야 한다.

① 발전의 경제적 측면과 문화적 측면의 상호보완원칙
② 반문화적 정치개입 금지의 원칙
③ 개방성과 균형의 원칙
④ 국제적 연대와 협력의 원칙
⑤ 주권의 원칙

✔ 해설 ② 정치개입을 금지한다는 의미의 언급이나 조항은 찾아볼 수 없다.
  ※ 8가지 조항의 원칙
    ㉠ 인권과 기본적 자유존중의 원칙
    ㉡ 주권의 원칙
    ㉢ 모든 문화의 동등한 존엄성과 존중의 원칙
    ㉣ 국제적 연대와 협력의 원칙
    ㉤ 발전의 경제적 측면과 문화적 측면의 상호보완 원칙
    ㉥ 지속가능성의 원칙
    ㉦ 자유로운 접근의 원칙
    ㉧ 개방성과 균형의 원칙

8 다음 글의 주제로 가장 적절한 것은?

> 현대 사회에서 데이터는 중요한 자원으로 인식되고 있으며, 다양한 분야에서 의사결정의 핵심 근거로 활용되고 있다. 기업은 고객의 구매 이력과 행동 패턴을 분석하여 맞춤형 상품을 제안하거나 마케팅 전략을 수립하고, 정부와 공공기관은 행정 데이터를 분석하여 정책의 효과를 평가하거나 새로운 정책 방향을 설계한다. 데이터 분석 기술은 제한된 자원을 효율적으로 배분하고 보다 합리적인 판단을 가능하게 하는 도구인 것이다. 실제로 데이터 기반 분석은 과거 경험이나 직관에 의존하던 의사결정 방식보다 훨씬 객관적이고 체계적인 판단을 가능케 한다는 점에서 큰 기대를 받고 있다.
>
> 특히 인공지능과 빅데이터 기술이 발전하면서 데이터 활용의 범위는 더욱 확대되고 있다. 방대한 양의 데이터를 빠르게 처리하고 분석할 수 있는 기술이 등장하면서 기업과 기관은 이전보다 훨씬 정교한 예측과 분석을 수행할 수 있게 되었다. 예를 들어, 금융기관은 고객의 거래 기록과 소비 패턴을 분석하여 신용 위험을 예측하거나 맞춤형 금융 상품을 제안할 수 있게 되었다.
>
> 그러나 데이터에 지나치게 의존하는 의사결정 방식은 또 다른 문제를 낳기도 한다. 데이터는 기본적으로 과거에 수집된 정보를 바탕으로 형성되기 때문에 현실의 모든 상황을 완전히 반영하지 못한다. 또한 데이터가 수집되는 과정에서 특정 집단이나 상황이 충분히 반영되지 않는다면 분석 결과 역시 편향된 결론을 도출할 가능성이 높다. 그 집단의 특성이 왜곡되거나 제대로 반영되지 않는 것이다. 이처럼 데이터의 수집과 구성 방식에 따라 분석 결과가 달라질 수 있다는 점은 데이터 기반 의사결정이 항상 완전한 객관성을 보장하지는 않는다는 사실을 보여준다. 결국 데이터는 현대 사회에서 매우 유용한 판단 도구로 쓰이지만, 동시에 데이터의 한계를 이해하고 이를 보완할 수 있는 다양한 관점과 판단을 함께 고려하는 태도가 필요하다.

① 데이터 분석 기술은 기업과 정부의 의사결정 효율성을 높인다.
② 인공지능과 빅데이터 기술의 발달은 데이터의 활용 범위를 혁신적으로 높일 수 있다.
③ 데이터에만 의존한 의사결정은 현실의 편향을 강화할 수 있다.
④ 데이터는 현대 사회에서 중요한 자원이지만 그 활용에는 신중한 접근이 필요하다.
⑤ 현대 사회에서는 데이터 처리 기술의 고도화로 분석 결과의 주관적 개입을 완벽히 차단할 수 있다.

> ✔**해설** ③ 이 글의 핵심 주제는 데이터 분석의 유용성을 인정하면서도 데이터에만 의존한 의사결정의 한계와 편향 가능성을 지적하는 것이다.
> ①② 데이터 활용의 장점이나 기술 발전에 대한 부분적인 내용일 뿐 글 전체의 핵심 주제를 포괄하지 못한다.
> ④ 데이터 활용에 신중해야 한다는 결론을 일부 반영하고 있으나, 데이터 편향과 관련된 핵심 논지를 충분히 드러내지 못한다.
> ⑤ 글의 내용과 상반되는 주장이다.

제2조[여비의 종류] 여비는 운임 · 일비 · 숙박비 · 식비 등으로 구분한다.

제4조[여비의 계산] 여비는 일반적인 경로에 의하여 지급한다. 단, 업무형편상 또는 천재 기타 부득이한 사유로 인하여 일반적인 경로에 의한 여행이 곤란할 때에는 그 실지 경로에 의하여 계산하며, 별표 1의 여비지급 구분표에서 규정한 상한액을 초과할 수 없다.

제5조[여비지급의 예외]
① 공사는 여비를 지급하지 아니할 충분한 이유가 있다고 인정될 때에는 여비의 정액을 감하거나 여비의 전부 또는 일부를 지급하지 아니할 수 있다.
② 학회 또는 학술대회 참석 등으로 인한 관외출장은 연 2회의 범위 내에서 여비를 지급할 수 있다.
③ 2인 이상의 직원이 같은 목적으로 동행하여 출장할 경우에는 그 동행자 중 가장 높은 등급을 적용받는 자의 여비를 기준으로 지급할 수 있다. 단, 관내의 출장은 제외한다.

제6조[여비일수의 계산]
① 여비일수는 업무에 소요되는 일수에 의한다. 단, 업무로 출장지에 체재하는 일수 및 여행도중 천재지변이나 기타 부득이한 사유로 인하여 소요되는 일수는 업무로 소요되는 일수에 포함된다.
② 여행도중 선로 변경이나 직급의 변경에 의하여 여비의 계산을 달리하여야 할 필요가 있을 때에는 그 사유가 발생한 후 최초의 목적지에 도착한 날로부터 이를 계산한다.

제7조[출장지의 구분] 출장지는 관내출장지와 관외출장지로 구분한다. 관내출장지는 시 지역 중 여행거리가 8km 이내이거나 여행시간이 4시간 이내인 경우이며, 이외의 지역을 관외출장지로 한다.

제8조[장기체재 여비] 출장자가 동일지역에 장기간 체재하는 경우에는 현지 교통비 및 식비는 그 지역에 도착한 익일부터 다음의 각호의 순에 따라 감액 지급한다.
　　　1. 15일을 초과할 때에는 그 초과일수에 대하여 정액의 10%
　　　2. 30일을 초과할 때에는 그 초과일수에 대하여 정액의 20%
　　　3. 60일을 초과할 때에는 그 초과일수에 대하여 정액의 30%

제9조[여비의 정액]
① 여비는 별표 1의 여비지급 구분표 및 공무원 여비규정의 국내여비 정액표를 준용한다.
② 항공편을 이용 시에는 사전에 관계부서의 승인을 얻어야 한다.
③ 수로 여행기간 중에 있어서는 천재, 기타 부득이한 사유로 육상에서 숙박하는 경우를 제외하고는 숙박료를 지급하지 아니한다.
④ 운임적용에 있어 해당등급이 없는 경우에는 실제 운행등급의 요금을 지급한다.

제9조의1[지급의 제한] 현지 교통비 및 식비는 여행일수에 따라 이를 지급하되 공사 차량을 이용할 경우에는 운임(철도, 선박, 항공, 자동차) 및 현지 교통비는 지급하지 아니한다.

제9조의2[근무지내 출장 시의 여비] 시 안에서의 출장이나 출장여행 시간이 4시간 이내인 자에 대하여는 10,000원을 지급한다.

9 위의 여비규정을 본 A공사 신입사원들의 다음과 같은 의견 중, 규정의 내용을 올바르게 파악하지 못한 사람의 의견에 해당하는 것은?

① "부득이한 사유로 교통비가 과하게 발생하게 되면, 그런 경우에 맞는 별도 지급기준이 있구나."

② "출장지에서 기상 악화로 하루 더 머물게 되면 여비도 하루치를 더 받게 되네."

③ "여행시간이 2시간 밖에 안 걸리지만 거리가 12km인 곳은 관내출장지가 되겠구나."

④ "관내출장을 선배직원과 함께 가게 될 경우에는 선배직원의 여비 지급기준에 의해 여비를 지급받는 게 아니군."

⑤ "하루 교통비와 식비가 5만 원인 곳에 20일 간 있으면 총 교통비와 여비가 975,000원이 되겠구나."

> ✔ **해설** ① 천재지변 등 부득이한 사유로 교통비가 과하게 발생한 경우 실지 경로에 따라 계산할 수 있으나 별도의 지급기준이 있는 것은 아니며, 규정된 상한액을 초과할 수 없다.
> ② 기상 악화에 의한 부득이한 경우이므로 여비지급 일수에 포함된다.
> ③ 여행시간과 여행거리 중 어느 하나라도 해당되는 곳은 관내출장지로 구분하고 있다.
> ④ 관내출장의 경우이므로 높은 등급의 여비 적용자의 기준을 따르는 것이 아니다.
> ⑤ 15일이 넘는 기간이므로 15일째까지는 50,000 × 15 = 750,000원, 16일째부터 5일간은 10% 감액된 45,000 × 5 = 225,000원을 지급받게 되어 총 975,000원이 된다.

10 다음 중 위에서 언급된 밑줄 친 '별표 1의 여비지급 구분표'에 포함될만한 내용으로 거리가 먼 것은?

① 직급별 하루 식비 지급액

② 항공 노선별 항공료 지급 기준

③ 직급별 숙박비 지급 기준

④ 국가별 등급에 의한 일비 적용 기준

⑤ 직급별 운임의 상한액

> ✔ **해설** ④ 보통 갑지, 을지 또는 1급지, 2급지 등으로 구분되는 국가별 등급은 해외 출장 시의 일비, 숙박비, 식비 등의 체재비를 직급별로 구분하여 지급하기 위한 기준이 된다. 제시된 여비규정은 모두 국내 여행 및 출장에 해당하므로 국가별 등급에 의한 일비 적용 기준은 '별표 1'에 포함될 사항으로 거리가 멀다.

ANSWER 9.①   10.④

11 다음 제시된 글의 내용으로 볼 때, 빈칸에 들어갈 문구로 가장 적절한 것은?

> 과거 은행은 지점 중심의 대면 거래를 기반으로 예금, 대출, 송금 등 기본적인 금융 서비스를 제공하는 역할을 수행해 왔다. 그러나 모바일 뱅킹과 인터넷 뱅킹의 보편화로 인해 고객은 시간과 장소에 구애받지 않고 금융 거래를 처리할 수 있게 되었고, 이에 따라 은행의 핵심 경쟁 요소 또한 변화하고 있다. 단순한 거래 처리 기능만으로는 차별성을 확보하기 어려워지면서, 은행들은 고객 데이터를 기반으로 한 맞춤형 서비스 제공에 주목하고 있다. 디지털 기술의 확산이 은행의 영업 방식을 크게 변화시킨 것이다.
>
> 특히 인공지능과 빅데이터 기술을 활용한 신용평가 시스템의 도입은 금융 서비스의 구조를 혁신적으로 바꾸어 놓았다. 기존에는 소득 수준이나 담보 여부와 같은 정형화된 지표를 중심으로 대출 심사가 이루어졌다면, 최근에는 소비 패턴, 거래 이력, 비금융 데이터까지 종합적으로 분석하여 고객의 신용도를 평가하는 방식이 확대되고 있다. 이러한 변화는 금융 접근성이 낮았던 계층에게 새로운 기회를 제공하는 한편, 데이터 활용의 범위와 방식에 대한 논의도 함께 불러일으키고 있다.
>
> 한편 비대면 거래의 확대는 은행의 비용 구조에도 영향을 미치고 있다. 지점 운영 비용과 인력 부담이 감소하는 대신, 디지털 인프라 구축과 보안 시스템 강화에 대한 투자가 증가하고 있는 것이다. 특히 금융 데이터의 중요성이 커지면서 사이버 보안 위협에 대응하기 위한 기술적·제도적 장치 마련이 중요한 과제로 부상하고 있다. 단 한 번의 보안 사고도 금융기관의 신뢰를 크게 훼손할 수 있기 때문이다.
>
> 이와 동시에 금융 산업의 경쟁 구도 역시 변화하게 되었다. 전통적인 은행뿐만 아니라 핀테크 기업과 빅테크 기업이 금융 서비스 시장에 진입하면서 경쟁이 심화되고 있다. 이들은 사용자 친화적인 인터페이스와 빠른 서비스 혁신을 강점으로 내세우며 기존 금융기관과 차별화된 경험을 제공한다. 이에 따라 은행은 단순한 금융 서비스 제공자를 넘어 종합적인 금융 플랫폼으로의 전환을 모색하고 있다.
>
> 결국 이러한 변화 속에서 은행이 지속적인 경쟁력을 확보하기 위해서는 (   )이 중요하다. 기술적 편의성과 금융의 본질적 가치인 안정성과 신뢰 사이에서 균형을 유지하는 것이 향후 금융기관의 핵심 과제가 될 것이다.

① 디지털 기술을 적극 도입하여 금융 서비스의 편의성과 효율성을 극대화하는 것

② 디지털 기술을 활용한 서비스 혁신과 함께, 고객 신뢰를 기반으로 한 안정적인 운영 체계를 구축하는 것

③ 고객 데이터를 최대한 활용하여 맞춤형 금융 서비스를 확대하는 것

④ 핀테크 및 빅테크 기업과의 경쟁에서 우위를 확보하기 위해 혁신 속도를 높이는 것

⑤ 서비스 혁신과 안정적 운영을 병행하되, 경쟁력 확보를 위해 데이터 활용 범위를 제한하는 것

> ✔해설 ② 마지막 문장에서도 알 수 있듯이, 지문은 디지털 기술 확산으로 인한 서비스 혁신과 함께 보안과 신뢰 유지라는 과제가 동시에 중요해지고 있음을 설명한다. 따라서 은행의 경쟁력 확보는 단순한 기술 도입이나 혁신에 그치지 않고, 안정성과 신뢰를 기반으로 한 운영 체계를 함께 구축하는 데에 있다는 사실을 알 수 있다.

12 〈보기〉의 문장이 들어갈 위치로 가장 적절한 것은?

> 〈보기〉
>
> 오늘날 우표는 단순한 종잇조각이 아니라 국가의 상징물이자 문화의 전달자이며, 종합 예술품으로 평가받고 있다.

ⓐ 우표란 우편 요금의 납부를 증명하기 위해 발행하는 작은 증표이다. 1840년 영국에서 전국의 우편 요금을 균일하게 책정해 미리 내는 제도를 마련하면서 당시 여왕의 초상을 요판으로 인쇄한 1페니와 2펜스 우표가 세계 최초의 우표로 등장했다. ⓑ 우리나라에서는 1884년에 우정총국이 역사적인 업무를 개시함으로써 우리나라 최초의 우표인 '문위우표'가 발행되었다. 문위우표는 이때 발행된 우표의 액면이 당시의 화폐 단위인 '문(文)'이었기 때문에 수집가들 사이에서 붙여진 이름이다. ⓒ 우표에는 여러 종류가 있는데, 보통우표는 일반 우편에 널리 쓰이는 가장 기본적인 형태이며, 기념우표는 역사적 사건이나 인물의 업적을 기념하기 위해 발행된다. 연하우표는 연말연시를 맞아, 특별우표는 국가적 사업이나 행사를 홍보하기 위해 발행된다. 또 시리즈우표는 특정 주제를 정해 일정 간격으로 연속 발행되어 수집가들에게 인기가 높다. ⓓ 시간이 흐르면서 우표는 단순한 요금 납부 증표의 기능을 넘어섰다. 실제로 우표는 발행국의 정치·경제·사회·문화를 드러내는 작은 포스터라고 할 수 있다. 디자인과 인쇄 기술, 종이의 독창성까지 어우러지며 그 나라 문화 산업의 수준을 보여 주는 예술품으로 인정받기도 한다. ⓔ

① ⓐ
② ⓑ
③ ⓒ
④ ⓓ
⑤ ⓔ

✔해설 ⑤ 〈보기〉 문장은 우표가 지닌 의미를 종합적으로 정리하는 결론 부분이다. 지문은 우표의 정의 → 우표 등장 → 우표의 종류 → 문화적 가치를 차례로 설명한 뒤 마지막에 전체 내용을 요약·정리한다. 따라서 가장 적절한 위치는 글의 끝부분인 ⓔ이다.

13 다음 글의 내용을 근거로 한 설명 중 바르지 않은 것은?

> 우리의 의지나 노력과는 크게 상관없이 국제 정세 및 금융시장 등의 변화에 따라 우리나라가 수입에 의존하는 원자재 가격은 크게 출렁이곤 한다. 물론 이러한 가격 변동은 다른 가격에도 영향을 미치게 된다. 예를 들어 중동지역의 불안한 정세로 인해 원유 가격이 상승했고, 이로 인해 국내의 전기료도 올랐다고 해 보자. 그러면 국내 주유소들은 휘발유 가격을 그대로 유지할지 아니면 어느 정도 인상할 것인지에 대해 고민에 빠질 것이다. 만일 어느 한 주유소가 혼자 휘발유 가격을 종전에 비해 2% 정도 인상한다면, 아마 그 주유소의 매상은 가격이 오른 비율 2%보다 더 크게 줄어들어 주유소 문을 닫아야 할 지경에 이를지도 모른다. 주유소 주인의 입장에서는 가격 인상 폭이 미미한 것이라 하여도, 고객들이 즉시 값이 싼 다른 주유소에서 휘발유를 구입하기 때문이다. 그러나 전기료가 2% 오른다 하더라도 전기 사용량에는 큰 변화가 없을 것이다. 사람들이 물론 전기를 아껴 쓰게 되겠지만, 전기 사용량을 갑자기 크게 줄이기도 힘들고 더군다나 다른 전기 공급자를 찾기도 어렵기 때문이다.
>
> 이처럼 휘발유시장과 전기시장은 큰 차이를 보이는데, 그 이유는 두 시장에서 경쟁의 정도가 다르기 때문이다. 우리 주변에 휘발유를 파는 주유소는 여러 곳인 반면, 전기를 공급하는 기업은 그 수가 제한되어 있어 한 곳에서 전기 공급을 담당하는 것이 보통이다. 휘발유시장이 비록 완전경쟁시장은 아니지만, 전기시장에 비해서는 경쟁의 정도가 훨씬 크다. 휘발유시장의 공급자와 수요자는 시장 규모에 비해 개별 거래규모가 매우 작기 때문에 어느 한 경제주체의 행동이 시장가격에 영향을 미치기는 어렵다. 즉, 휘발유시장은 어느 정도 경쟁적이다. 이와는 대조적으로 전기 공급자는 시장가격에 영향을 미칠 수 있는 시장 지배력을 갖고 있기 때문에, 전기시장은 경쟁적이지 못하다.

① 재화의 소비자와 생산자의 수 측면에서 볼 때 휘발유시장은 전기시장보다 더 경쟁적이다.

② 새로운 기업이 시장 활동에 참가하는 것이 얼마나 자유로운가의 정도로 볼 때 휘발유시장은 전기시장보다 더 경쟁적이다.

③ 기존 기업들이 담합을 통한 단체행동을 할 수 있다는 측면에서 볼 때 휘발유시장이 완전경쟁적이라고 할 수는 없다.

④ 휘발유시장의 경우와 같이 전기 공급자가 많아지게 된다면 전기시장은 휘발유시장보다 더 경쟁적인 시장이 된다.

⑤ 시장지배력 측면에서 볼 때 휘발유시장은 전기시장보다 더 경쟁적이다.

> **✔ 해설** ④ 전기 공급자가 많아지면 전기시장은 지금보다 더욱 경쟁적인 시장이 될 것이라고 판단할 수는 있으나, 그 경우 전기시장이 휘발유시장보다 더 경쟁적인 시장이 될 것이라고 판단할 근거가 제시되어 있지는 않다.
> ① 시장에 참여하는 가계와 기업의 수가 많다면 이 시장은 경쟁적인 시장이 될 수 있으나, 그 수가 적은 경우 시장은 경쟁적일 수 없다.
> ② 시장으로의 진입장벽이 낮을수록 시장은 경쟁적이며, 진입장벽이 높을수록 기존 기업은 소비자들에 대해 어느 정도의 영향력을 갖게 된다.
> ③ 기존 기업들이 담합하여 단체행동을 하는 경우에는 그렇지 않은 경우에 비해 시장 지배력이 커져 이 시장은 경쟁시장의 특성에서 멀어진다. 즉, 휘발유시장은 완전경쟁시장이라고 할 수는 없다.
> ⑤ 전기시장이 휘발유시장보다 시장가격에 영향을 미칠 수 있는 더 큰 시장 지배력을 갖고 있기 때문에, 전기시장은 휘발유시장보다 경쟁적이지 못하다.

14 다음 표준 임대차 계약서의 일부를 보고 추론할 수 없는 내용은?

[임대차계약서 계약조항]

제1조[보증금] 을(乙)은 상기 표시 부동산의 임대차보증금 및 차임(월세)을 다음과 같이 지불하기로 한다.
- 보증금 : 금○○원으로 한다.
- 계약금 : 금○○원은 계약 시에 지불한다.
- 중도금 : 금○○원은 2017년 ○월 ○일에 지불한다.
- 잔　금 : 금○○원은 건물명도와 동시에 지불한다.
- 차임(월세) : 금○○원은 매월 말일에 지불한다.

제4조[구조변경, 전대 등의 제한] 을(乙)은 갑(甲)의 동의 없이 상기 표시 부동산의 용도나 구조 등의 변경, 전대, 양도, 담보제공 등 임대차 목적 외에 사용할 수 없다.

제5조[계약의 해제] 을(乙)이 갑(甲)에게 중도금(중도금 약정이 없는 경우에는 잔금)을 지불하기 전까지는 본 계약을 해제할 수 있는 바, 갑(甲)이 해약할 경우에는 계약금의 2배액을 상환하며 을(乙)이 해약할 경우에는 계약금을 포기하는 것으로 한다.

제6조[원상회복의무] 을(乙)은 존속기간의 만료, 합의 해지 및 기타 해지사유가 발생하면 즉시 원상회복하여야 한다.

① 중도금 약정 없이 계약이 진행될 수도 있다.
② 부동산의 용도를 변경하려면 갑(甲)의 동의가 필요하다.
③ 을(乙)은 계약금, 중도금, 보증금의 순서대로 임대보증금을 지불해야 한다.
④ 중도금 혹은 잔금을 지불하기 전까지만 계약을 해제할 수 있다.
⑤ 원상회복에 대한 의무는 을(乙)에게만 생길 수 있다.

✔ **해설**　③ 제1조에 을(乙)은 갑(甲)에게 계약금 → 중도금 → 잔금 순으로 지불하도록 규정되어 있다.
① 제1조에 중도금은 지불일이 정해져 있으나, 제5조에 '중도금 약정이 없는 경우'가 있을 수 있음이 명시되어 있다.
② 제4조에 명시되어 있다.
④ 제5조의 규정으로, 을(乙)이 갑(甲)에게 중도금을 지불하기 전까지는 을(乙), 갑(甲) 중 어느 일방이 본 계약을 해제할 수 있다. 단, 중도금 약정이 없는 경우에는 잔금 지불하기 전까지 계약을 해제할 수 있다.
⑤ 제6조에 명시되어 있다.

〈농작물재해보험 사업 운영 지침 및 가입 안내〉

1. 사업 목적 및 적용 대상

본 사업은 자연재해로 인한 농작물 피해를 보상하여 농가의 경영 안정을 도모하기 위한 정책보험이다.

• 가입 자격 : 보험대상 농작물을 재배하는 개인 또는 법인으로, 농업경영체 등록을 필한 자에 한한다.

• 대상 품목 : 사과, 배, 단감, 떫은감(이상 과수 4종)을 포함하여 벼, 밀, 고구마 등 총 73종의 농작물

• 가입 면적 기준 : 과수 품목의 경우 단일 농지 면적이 $1,000m^2$ 이상이어야 하며, 벼의 경우 농지별 가입 금액이 50만 원 이상이어야 한다. 단, 인접한 두 개의 농지를 합산하여 기준 면적을 충족하는 경우에는 예외적으로 가입을 허용한다.

2. 보험료 지원 및 혜택

농업인의 보험료 부담을 경감하기 위해 정부와 지방자치단체에서 보험료의 상당 부분을 지원한다.

• 보험료 구성 : 국고 지원(50%), 지방자치단체 지원(10 ~ 40% 내외, 지역별 상이), 자부담(10 ~ 40%)

• 보장 내용 : 태풍(강풍), 우박, 집중호우 등 자연재해와 조수해(새, 짐승 피해), 화재로 인한 수확량 감소를 보상한다.

• 특별 약정 : '나무보장 특약' 가입 시 과실뿐만 아니라 재해로 인한 식물체(나무)의 고사 피해도 보상하며, '병해충 특약'(벼 품목 한정) 가입 시 흰잎마름병 등 지정된 병해충 피해를 보상받을 수 있다.

3. 운영 방식 및 사고 처리

• 운영 주체 : 정부가 주관하며, A손해보험이 업무를 위탁받아 전국 지역은행을 통해 판매 및 접수를 진행한다.

• 손해 평가 : 사고 접수 시 3일 이내에 손해평가인 또는 손해평가사가 현장을 방문하여 피해 규모를 확인한다.

4. 가입 시 유의사항 및 제한 사항

• 시설 기준 : 하우스 등 가시설물에서 재배되는 농작물은 '농업용 시설물 특약'에 별도로 가입되어 있어야 보상이 가능하다.

• 보상 제외 : 통상적인 영농 활동(제초 작업, 시비 관리 등)을 게을리하여 발생한 손해나 병해충 특약에 가입하지 않은 상태에서 발생한 병충해 피해는 보상하지 않는다.

• 중복 가입 금지 : 동일한 농지에 대해 타 보험사와 중복하여 재해보험을 가입할 수 없으며, 허위 사실 기재 시 보험 계약이 무효 처리됨은 물론 향후 3년간 가입이 제한될 수 있다.

15 위 지문에 대한 설명으로 가장 적절하지 않은 것을 고르면?

① 농작물재해보험은 자연재해로 인한 농가 피해 보상을 목적으로 한다.
② 보험 대상은 농업경영체 등록을 완료한 개인 또는 법인에 한정된다.
③ 과수 품목은 반드시 단일 농지 면적이 $1,000m^2$ 이상이어야만 가입 가능하다.
④ 보험료는 정부와 지방자치단체의 지원을 포함하여 구성된다.
⑤ 병해충 피해 보상은 특정 조건 하에서만 가능하다.

> ✔해설 ③ 과수 품목의 경우 단일 농지 면적이 $1,000m^2$ 이상이어야 하지만, 인접한 두 개의 농지를 합산하여 기준 면적을 충족하는 경우에는 예외적으로 가입을 허용한다고 명시하고 있다. 따라서 반드시 단일 농지 기준을 충족해야 하는 것은 아니다.

16 다음 중 보험 가입이 가능한 경우에 해당하는 것은?

① 과수 농지 $800m^2$를 단독으로 재배하는 경우
② 서로 떨어진 두 농지(각 $600m^2$)를 합산하여 과수 재배를 하는 경우
③ 농업경영체 등록을 하지 않았으나 실제 과수 단일 농지 면적이 $2,000m^2$인 경우
④ 농지별 가입 금액이 45만 원인 벼 농지를 단독으로 가입 신청하는 경우
⑤ 인접한 두 과수 농지(각 $600m^2$)를 합산하여 가입을 진행하는 경우

> ✔해설 ⑤ 각 $600m^2$씩 두 농지를 합산하면 총 $1,200m^2$가 되어 기준을 충족하므로 가입이 가능하다.
> ① 기준 면적 $1,000m^2$에 미달하여 가입할 수 없다.
> ② 두 농지가 인접한 경우에만 합산이 가능하다.
> ③ 농업경영체 등록은 필수 요건이므로, 이를 충족하지 않으면 면적 조건을 만족하더라도 가입할 수 없다.
> ④ 벼의 경우 농지별 가입 금액이 50만 원 이상이어야 한다.

17 신재생 에너지의 보급과 관련된 다음 글을 참고할 때, 밑줄 친 '에너지 문제 해결'의 특징으로 가장 거리가 먼 것은?

> 신재생 에너지는 태양광, 풍력, 지열 등 자연 상태의 에너지를 활용하는 재생에너지와 수소, 연료전지 등 기술 혁신을 기반으로 하는 신에너지를 포괄하는 개념이다. 이는 탄소중립 실현의 핵심 수단으로 주목받고 있으며, 관리 효율성과 사용자 편의성을 높이기 위한 연구 개발이 지속적으로 이루어지고 있다. 특히 주요국들이 그리드 패리티에 도달함에 따라, 신재생 에너지는 생산 비용 측면에서 화석 연료와 경쟁 가능한 수준에 이르렀다.
>
> 이러한 변화에 따라 전력 공급 체계는 기존의 중앙집중식에서 지역 단위의 분산형 전원 체계로 전환되고 있다. 이에 전력망과 정보통신기술을 결합한 스마트 그리드와 소규모 단위의 마이크로 그리드 구축이 중요해지고 있으며, 나아가 분산된 에너지원을 통합 관리하는 가상 발전소(VPP) 기술도 확대되고 있다.
>
> 그러나 신재생 에너지는 기상 조건에 따라 발전량이 변동하는 간헐성 문제를 지닌다. 이를 해결하기 위해서는 주택과 빌딩 등에서 생성되는 에너지 데이터를 실시간으로 수집·분석·제어할 수 있는 지능형 애플리케이션의 도입이 필수적으로 이루어져야 한다. 이는 향후 <u>에너지 문제 해결</u>의 핵심 요소로 작용할 것이다.

① 중앙집중식에서 지역 단위의 분산형 시스템으로 전력 공급 체계 전환
② 대규모 발전소 중심의 전력 생산을 통한 안전성 유지
③ 모니터링 및 제어가 가능한 모바일 컨트롤 기능 보편화
④ 화석 연료 대비 신재생 에너지의 경제적 우위 확보
⑤ 전력망과 정보통신기술의 결합을 통한 에너지 관리 효율성 증대

> **✔ 해설** ② 신재생 에너지 확대에 따라 전력 공급 체계가 기존의 중앙집중식에서 지역 단위의 분산형 구조로 전환되고 있다고 명시하고 있다. 이는 대규모 발전소 중심의 생산 방식에서 벗어나, 소규모 분산된 에너지원을 활용하는 방향으로 변화하고 있음을 의미한다. 따라서 "대규모 발전소 중심의 전력 생산을 통한 안전성 유지"는 이러한 흐름과 반대되는 내용임을 알 수 있다.

18 다음 글을 통해 추론할 수 있는 것은?

데이터 통신에서 '패킷 교환'은 정보를 일정한 크기의 데이터 단위로 나누어 각각 독립적으로 전송한 뒤, 목적지에서 다시 재조합하는 방식을 의미한다. 이 방식은 네트워크 자원을 효율적으로 활용하기 위해 고안되었으며, 하나의 전용 경로를 점유하지 않고 여러 사용자가 동시에 네트워크를 공유할 수 있도록 한다. 패킷은 출발지와 목적지의 주소, 순서 정보 등을 포함하고 있어 서로 다른 경로를 통해 전달되더라도 최종적으로 올바르게 결합될 수 있다. 또한 전송 중 일부 패킷이 손실되거나 오류가 발생할 경우 해당 패킷만 재전송하면 되므로 전체 통신의 효율성과 신뢰성이 향상된다.

패킷 교환 방식은 데이터 전달 방식에 따라 크게 데이터그램 방식과 가상 회선 방식으로 구분된다. 데이터그램 방식은 각 패킷이 독립적으로 라우팅되며, 네트워크 상황에 따라 서로 다른 경로를 통해 전달될 수 있다. 이로 인해 전송 순서가 뒤바뀌거나 일부 패킷이 지연될 수 있지만, 네트워크 장애 발생 시에도 다른 경로를 통해 유연하게 전송이 가능하다는 장점이 있다. 반면 가상 회선 방식은 통신을 시작하기 전에 송신자와 수신자 간에 논리적인 경로를 설정하여 모든 패킷이 동일한 경로를 따라 전달되는 방식이다. 이 경우 패킷의 순서가 유지되고 안정적인 전송이 가능하지만, 경로 설정 과정이 필요하며 네트워크 일부 구간에 문제가 발생하면 전체 통신에 영향을 받을 수 있다.

두 방식의 차이는 네트워크 자원 활용 방식과 전송 안정성 사이의 균형에서 비롯된다. 데이터그램 방식은 유연성과 효율성을 중시하는 환경에 적합하며, 가상 회선 방식은 일정한 품질과 순서를 보장해야 하는 환경에서 주로 사용된다. 따라서 통신의 목적과 네트워크 조건에 따라 적절한 방식이 선택되어야 할 것이다.

① 패킷 교환 방식은 전용 회선을 사용하므로 네트워크 자원 활용 효율은 높으나, 다수 사용자의 동시 이용에는 적합하지 않다.

② 특정 전송 경로에 장애가 발생했을 때, 다른 경로를 찾아 통신을 지속할 수 있는 네트워크 생존성은 가상 회선 방식이 데이터그램 방식보다 더 우수하다.

③ 데이터그램 방식은 패킷들이 각기 다른 경로로 전달되어 도착 순서가 뒤바뀌더라도, 패킷에 포함된 순서 정보 등을 이용해 수신 측에서 원래 데이터를 정상적으로 복원할 수 있다.

④ 패킷 교환 방식에서 일부 패킷의 오류 발생 시 해당 패킷만 재전송하는 메커니즘은, 정보 전체를 재전송하는 방식에 비해 자원의 효율성을 떨어뜨린다.

⑤ 가상 회선 방식은 모든 패킷이 동일한 경로를 따라 전달되므로 데이터그램 방식에 비해 초기 전송 지연 시간이 짧다.

✔ 해설 ③ 데이터그램 방식에서는 각 패킷이 서로 다른 경로로 전달되어 도착 순서가 달라질 수 있으나, 패킷에 포함된 순서 정보를 통해 수신 측에서 원래의 데이터로 재조합할 수 있다.

<그린 상생 직장인 대출>

1. 상품특징 : 정부의 탄소중립 정책에 부응하여, 우량 직장인의 금융 비용 절감과 사회적 가치 실현을 결합한 통합 신용 대출상품
2. 대출 대상
- 공통 : 당행 선정 우량기관에 1년 이상 정규직 재직 중인 연 소득 4,500만 원 이상 급여소득자
- 비대면(인터넷 및 모바일) 신청 : 위 조건 충족 및 'H – 디지털 인증'을 완료한 고객(단, 최근 6개월 내 이직 · 휴직자 및 타행 대출 연체 이력이 있는 경우 비대면 신청 제한)
3. 대출한도 및 기간
- 한도 : 최대 3억 원 이내 (단, 비대면 신청 시 최대 1억 5천만 원 이내)
- 기간 : 일시상환(1년 이내, 10년까지 연장 가능), 할부상환(5년 이내)
4. 대출금리

항목	요율	비고
기준금리	연 4.20%	시장 연동 금리 (1년 주기 변동)
우대금리	최대 연 0.60%p	•아래 항목별 합산 적용 •대출기간 중 변동 가능
최종금리	연 3.60 ~ 4.20%	기준금리 – 우대금리

- 우대사항 세부항목
  - 그린 상생 : 탄소중립 실천 포인트제 가입 고객(0.30%p)
  - 디지털 충성도 : H뱅크 월 10회 이상 접속 및 당행 급여이체(0.30%p)
  - 청년 우대 : 만 34세 이하 사회초년생(0.20%p)
- 연체이자율 : 연체 기간과 관계없이 '채무자 대출금리 + 3.00%p' 적용
5. 고객부담 수수료(인지세)
- 5천만 원 초과 ~ 1억 원 이하 : 고객 부담 35,000원
- 1억 원 초과 ~ 4억 원 이하 : 고객 부담 75,000원(총 인지세의 50%를 은행과 절반씩 부담)

19 다음 중 안내문의 설명과 일치하지 않는 것은?

① 본 상품의 기준금리는 대출 실행 시점의 시장 상황에 따라 결정되며, 일단 대출을 받은 후에도 1년 주기로 금리가 변동될 수 있다.

② 일시상환 대출을 선택하여 가입한 고객은 본인의 의사와 은행의 승인 여부에 따라 최초 대출 기간을 포함하여 총 11년 동안 대출 상태를 유지할 수 있다.

③ 만 34세 이하인 고객이 탄소중립 실천 포인트제에 가입하고 H뱅크를 활발히 이용하더라도 일부 항목의 우대율은 온전히 적용받지 못한다.

④ 할부상환 방식을 선택한 고객은 일시상환 방식과 달리 대출 기간을 연장할 수 없으므로, 대출 실행 시점으로부터 5년 이내에 원금과 이자를 모두 상환해야 한다.

⑤ 영업점 방문을 통해 2억 원을 대출받는 고객이 부담해야 하는 인지세는 동일한 금액을 비대면으로 신청할 때보다 2배 더 높다.

 ⑤ 인지세는 대출 금액 구간에 따라 고객 부담액이 정해질 뿐 신청 방식에 따른 차이는 명시되어 있지 않다.

① 기준금리는 시장 연동 금리로 1년 주기로 변동된다고 명시되어 있으므로, 대출 실행 이후에도 금리가 변동될 수 있다.

② 일시상환 방식은 1년 이내로 설정하되 최대 10년까지 연장이 가능하므로, 최초 기간을 포함하여 최대 11년 동안 대출을 유지할 수 있다.

③ 우대금리는 항목별 합산이 가능하나 최대 0.60%p까지만 적용되므로, 모든 조건을 충족하더라도 일부 우대율은 온전히 반영되지 못할 수 있다.

④ 할부상환은 5년 이내로만 가능하며, 연장에 대한 별도 규정이 없으므로 5년 이내에 상환해야 한다.

20 다음은 위 대출 상품을 이용하려는 고객들과의 상담 내용이다. 안내문의 내용과 부합하지 않는 응답을 한 직원을 고르면?

① 김 대리 : 고객님은 만 30세이시고 탄소중립 포인트도 받고 계시네요. 급여이체까지 저희 은행으로 하시면 모든 우대 혜택을 합산해서 연 3.60%의 금리를 적용받으실 수 있습니다.

② 최 과장 : 고객님은 2억 5천만 원의 대출을 원하시는군요. 해당 경우 온라인으로 신청하실 수 없습니다. 번거로우시겠지만 영업점을 직접 방문해 주시기 바랍니다.

③ 고 차장 : 인지세 걱정 마세요. 1억 2천만 원을 대출하셔도 총 인지세 15만 원을 은행과 반씩 나누어 내기 때문에 고객님이 실제로 내시는 돈은 75,000원뿐입니다.

④ 정 팀장 : 연체가 걱정되시나요? 저희 상품은 연체 기간이 길어져도 가산 금리가 3%p로 고정되어 있습니다. 고객님은 3.70% 금리를 받고 계시니 연체하면 기간 상관없이 6.70%가 적용됩니다.

⑤ 박 주임 : 이직하신 지 3개월밖에 안 되셨군요. 비대면 신청은 불가능하지만, 영업점 방문 신청은 지금 바로 가능합니다.

 ⑤ 1년 이상 정규직 재직 요건을 충족해야 하므로 적절하지 않다.

① 항목별 합산 시 0.80%p이나 우대금리는 최대 0.60%p까지만 적용되므로 기준금리 4.20%에서 0.60%p를 차감한 3.60%가 된다.

② 비대면 신청 한도가 최대 1억 5천만 원이므로, 2억 5천만 원 대출은 온라인 신청이 불가능하다.

③ '1억 원 초과 ~ 4억 원 이하' 구간은 인지세를 은행과 절반씩 부담하므로 고객 부담액이 75,000원이라는 설명은 적절하다.

④ 연체이자율은 기간 관계없이 '대출금리 + 3.00%p'이므로 적절하다.

수리능력

[수리능력] 출제유형

① 기초연산능력 : 사칙연산, 검산과 관련한 문제가 출제된다. 데이터나 통계를 확인하여 기초연산을 하는 문제가 주로 출제된다.
② 기초통계능력 : 업무 수행에 필요한 수량계산, 표본을 통한 특성 유추, 논리적으로 결론을 추출하기 위한 문제가 출제된다.
③ 도표분석능력 : 도표가 제시되고 그에 따른 연산문제가 출제된다.
④ 도표작성능력 : 제시된 통계를 확인하고 도표를 작성하는 문제이다.

[수리능력] 출제경향

업무를 수행함에 있어 필요한 기본적인 수리능력은 물론이고 지원자의 논리성까지 파악할 수 있는 문항들로 구성된다. 사칙연산, 방정식과 부등식, 응용계산, 자료해석 등이 혼합형으로 출제된다. 금융 관련 이론을 활용한 문제와 수치가 복잡한 문제도 출제되기 때문에 다양한 공식의 이해와 빠르고 정확한 계산 능력을 요구한다. 짧은 시간 내에 취사선택하여 최대한 많은 문제를 푸는 전략이 필요하다.

[수리능력] 빈출유형

응용계산									
도표분석									
그래프 분석 · 작성									

예제 01 도표분석능력

다음 자료를 보고 주어진 상황에 대한 물음에 답하시오.

〈근로소득에 대한 간이 세액표〉

월 급여액(천 원) [비과세 및 학자금 제외]		공제대상 가족 수				
이상	미만	1	2	3	4	5
2,500	2,520	38,960	29,280	16,940	13,570	10,190
2,520	2,540	40,670	29,960	17,360	13,990	10,610
2,540	2,560	42,380	30,640	17,790	14,410	11,040
2,560	2,580	44,090	31,330	18,210	14,840	11,460
2,580	2,600	45,800	32,680	18,640	15,260	11,890
2,600	2,620	47,520	34,390	19,240	15,680	12,310
2,620	2,640	49,230	36,100	19,900	16,110	12,730
2,640	2,660	50,940	37,810	20,560	16,530	13,160
2,660	2,680	52,650	39,530	21,220	16,960	13,580
2,680	2,700	54,360	41,240	21,880	17,380	14,010
2,700	2,720	56,070	42,950	22,540	17,800	14,430
2,720	2,740	57,780	44,660	23,200	18,230	14,850
2,740	2,760	59,500	46,370	23,860	18,650	15,280

※ 갑근세는 제시되어 있는 간이 세액표에 따름
※ 주민세 = 갑근세의 10%
※ 국민연금 = 급여액의 4.50%
※ 고용보험 = 국민연금의 10%
※ 건강보험 = 급여액의 2.90%
※ 교육지원금 = 분기별 100,000원(매 분기별 첫 달에 지급)

박○○ 사원의 5월 급여내역이 다음과 같다. 전월과 동일하게 근무하였으나 특별수당은 없고 차량지원금으로 100,000원을 받게 된다면, 6월에 받게 되는 급여는 얼마인가? (단, 원 단위 절삭)

(주) A플랜테크 5월 급여내역			
성명	박○○	지급일	5월 12일
기본급여	2,240,000	갑근세	39,530
직무수당	400,000	주민세	3,950
명절 상여금		고용보험	11,970
특별수당	20,000	국민연금	119,700
차량지원금		건강보험	77,140
교육지원		기타	
급여계	2,660,000	공제합계	252,290
		지급총액	2,407,710

① 2,443,910

② 2,453,910

③ 2,463,910

④ 2,473,910

출제의도

업무상 계산을 수행하거나 결과를 정리하고 업무비용을 측정하는 능력을 평가하기 위한 문제로서. 주어진 자료에서 문제를 해결하는 데에 필요한 부분을 빠르고 정확하게 찾아내는 것이 중요하다.

해설

기본급여	2,240,000	갑근세	46,370
직무수당	400,000	주민세	4,630
명절상여금		고용보험	12,330
특별수당		국민연금	123,300
차량지원금	100,000	건강보험	79,460
교육지원		기타	
급여계	2,740,000	공제합계	266,090
		지급총액	2,473,910

답 ④

다음 식을 바르게 계산한 것은?

$$1 + \frac{2}{3} + \frac{1}{2} - \frac{3}{4}$$

① $\dfrac{13}{12}$

② $\dfrac{15}{12}$

③ $\dfrac{17}{12}$

④ $\dfrac{19}{12}$

출제의도

직장생활에서 필요한 기초적인 사칙연산과 계산방법을 이해하고 활용할 수 있는 능력을 평가하는 문제로서, 분수의 계산과 통분에 대한 기본적인 이해가 필요하다.

해설

$$\frac{12}{12} + \frac{8}{12} + \frac{6}{12} - \frac{9}{12} = \frac{17}{12}$$

답 ③

예제 03 기초통계능력

인터넷 쇼핑몰에서 회원가입을 하고 디지털캠코더를 구매하려고 한다. 다음은 구입하고자 하는 모델에 대하여 인터넷 쇼핑몰 세 곳의 가격과 조건을 제시한 표이다. 표에 있는 모든 혜택을 적용하였을 때 디지털캠코더의 배송비를 포함한 실제 구매가격을 바르게 비교한 것은?

구분	A 쇼핑몰	B 쇼핑몰	C 쇼핑몰
정상가격	129,000원	131,000원	130,000원
회원혜택	7,000원 할인	3,500원 할인	7% 할인
할인쿠폰	5% 쿠폰	3% 쿠폰	5,000원
중복할인여부	불가	가능	불가
배송비	2,000원	무료	2,500원

① A < B < C

② B < C < A

③ C < A < B

④ C < B < A

출제의도

직장생활에서 자주 사용되는 기초적인 통계기법을 활용하여 자료의 특성과 경향성을 파악하는 능력이 요구되는 문제이다.

해설

㉠ A 쇼핑몰

- 회원혜택을 선택한 경우 : $129,000 - 7,000 + 2,000 = 124,000$(원)
- 5% 할인쿠폰을 선택한 경우 : $129,000 \times 0.95 + 2,000 = 124,550$

㉡ B 쇼핑몰 : $131,000 \times 0.97 - 3,500 = 123,570$

㉢ C 쇼핑몰

- 회원혜택을 선택한 경우 : $130,000 \times 0.93 + 2,500 = 123,400$
- 5,000원 할인쿠폰을 선택한 경우 : $130,000 - 5,000 + 2,500 = 127,500$

∴ C<B<A

답 ④

예제 04 기초연산능력

둘레의 길이가 4.4km인 정사각형 모양의 공원이 있다. 이 공원의 넓이는 몇 a인가?

① 12,100a

② 1,210a

③ 121a

④ 12.1a

출제의도

길이, 넓이, 부피, 들이, 무게, 시간, 속도 등 단위에 대한 기본적인 환산 능력을 평가하는 문제로서, 소수점 계산이 필요하며, 자릿수를 읽고 구분할 줄 알아야 한다.

해설

공원의 한 변의 길이는

$4.4 \div 4 = 1.1(\mathrm{km})$이고

$1\mathrm{km}^2 = 10{,}000\mathrm{a}$이므로

공원의 넓이는

$$1.1\mathrm{km} \times 1.1\mathrm{km} = 1.21km^2$$
$$= 12{,}100a$$

답 ①

예제 05 도표분석능력

다음 표는 2025 ~ 2026년 지역별 직장인들의 자기개발에 관해 조사한 내용을 정리한 것이다. 이에 대한 분석으로 옳은 것은?

(단위 : %)

연도 구분 지역	2025년				2026년			
	자기 개발 하고 있음	자기개발 비용 부담 주체			자기 개발 하고 있음	자기개발 비용 부담 주체		
		직장 100%	본인 100%	직장50%+ 본인50%		직장 100%	본인 100%	직장50%+ 본인50%
충청도	36.8	8.5	88.5	3.1	45.9	9.0	65.5	24.5
제주도	57.4	8.3	89.1	2.9	68.5	7.9	68.3	23.8
경기도	58.2	12	86.3	2.6	71.0	7.5	74.0	18.5
서울시	60.6	13.4	84.2	2.4	72.7	11.0	73.7	15.3
경상도	40.5	10.7	86.1	3.2	51.0	13.6	74.9	11.6

① 2025년과 2026년 모두 자기개발 비용을 본인이 100% 부담하는 사람의 수는 응답자의 절반 이상이다.

② 자기개발을 하고 있다고 응답한 사람의 수는 2025년과 2026년 모두 서울시가 가장 많다.

③ 자기개발 비용을 직장과 본인이 각각 절반씩 부담하는 사람의 비율은 2025년과 2026년 모두 서울시가 가장 높다.

④ 2025년과 2026년 모두 자기개발을 하고 있다고 응답한 비율이 가장 높은 지역에서 자기개발비용을 직장이 100% 부담한다고 응답한 사람의 비율이 가장 높다.

출제의도

그래프, 그림, 도표 등 주어진 자료를 이해하고 의미를 파악하여 필요한 정보를 해석하는 능력을 평가하는 문제이다.

해설

② 지역별 인원수가 제시되어 있지 않으므로, 각 지역별 응답자 수는 알 수 없다.

③ 2025년에는 경상도에서, 2026년에는 충청도에서 가장 높은 비율을 보인다.

④ 2025년과 2026년 모두 '자기개발을 하고 있다'고 응답한 비율이 가장 높은 지역은 서울시이며, 2026년의 경우 자기개발 비용을 직장이 100% 부담한다고 응답한 사람의 비율이 가장 높은 지역은 경상도이다.

답 ①

1 다음 표를 보고 이해한 내용으로 적절한 것은?

〈가구당 순자산 보유액 구간별 가구 분포〉

(단위 : %, %p)

순자산 (억원)		−1 미만	−1~0 미만	0~1 미만	1~2 미만	2~3 미만	3~4 미만	4~5 미만	5~6 미만	6~7 미만	7~8 미만	8~9 미만	9~10 미만	10 이상	평균 (만원)	중앙값 (만원)
가구분포	2024년	0.2	2.6	31.9	19.1	13.9	9.5	6.3	4.5	3.0	2.0	1.5	1.2	4.6	29,918	17,740
	2025년	0.2	2.7	31.2	18.5	13.6	9.4	6.8	4.6	3.2	2.2	1.5	1.2	5.1	31,142	18,525
	전년대비	0.0	0.1	−0.7	−0.6	−0.3	−0.1	0.5	0.1	0.2	0.2	0.0	0.0	0.5	4.1	4.4

① 순자산 보유액이 많은 가구보다 적은 가구의 2025년 비중이 전년보다 더 증가하였다.

② 순자산이 많은 가구의 소득은 2024년 대비 2025년에 더 감소하였다.

③ 소수의 사람들이 많은 순자산을 가지고 있다.

④ 2025년의 순자산 보유액이 3억 원 미만인 가구는 전체의 50%가 조금 안 된다.

⑤ 1억 원 미만의 순자산을 보유한 가구의 비중은 2025년에 전혀 줄어들지 않았다.

 **해설** ③ 중앙값이 1억 8,525만 원이며, 평균이 3억 1,142만 원임을 알 수 있다. 평균이 3억 원이 넘는 수치인데 중앙값이 평균값에 비해 매우 적다는 것은 소수의 사람들에게 순자산 보유액이 집중되어 있다는 것을 의미한다고 볼 수 있다.

① 4 ~ 5억 원 기준으로 구분해 보면, 순자산 보유액이 많은 가구가 적은 가구보다 2025년 비중이 더 증가하였다.

② 주어진 표로 소득을 알 수는 없으나, 순자산이 많은 가구의 소득은 전년보다 증가하였다고 추론해 볼 수 있다.

④ 전체의 66.2%를 차지한다.

⑤ 34.7% → 34.1%로 소폭이지만 0.6%p 줄어들었다.

2 다음 자료를 참고할 때, 해당 수치가 가장 큰 것은?

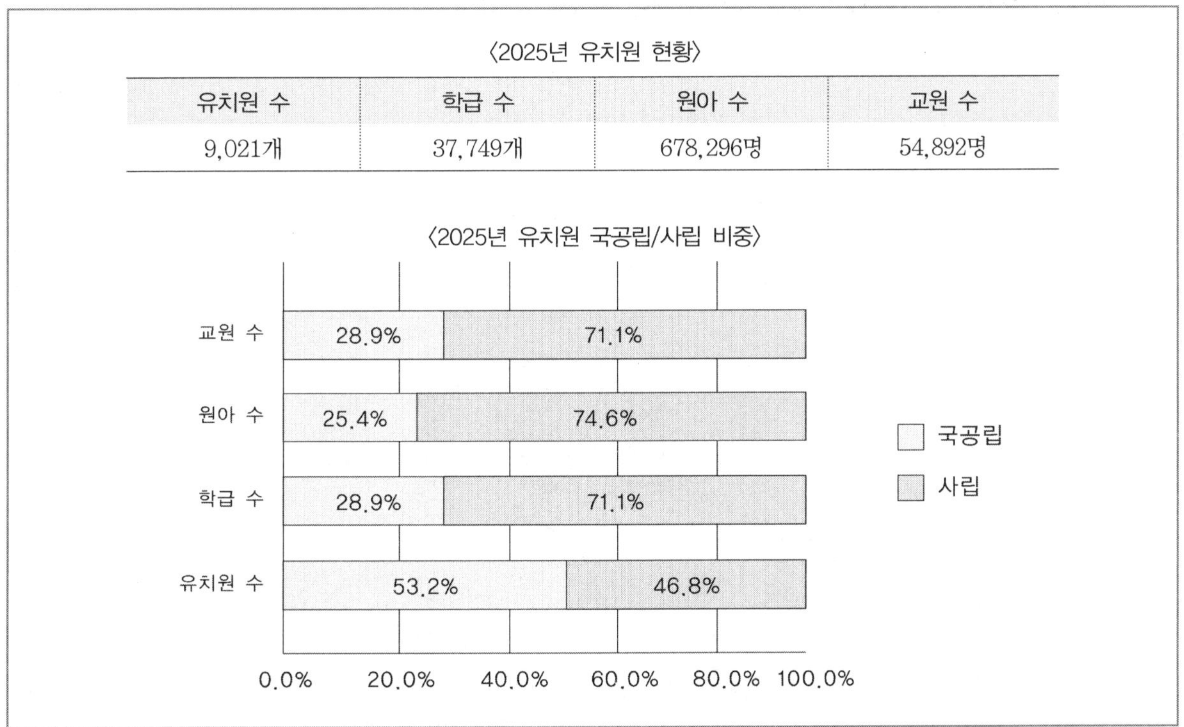

① 국공립 유치원 1개당 평균 원아 수
② 사립 유치원 1개당 평균 학급 수
③ 사립 유치원 1개당 평균 교원 수
④ 국공립 유치원 교원 1인당 평균 원아 수
⑤ 사립 유치원 교원 1인당 평균 원아 수

✔ 해설 ① 주어진 자료를 통해 다음과 같은 구체적인 수치를 확인하여 도표로 정리할 수 있다.

	유치원 수	학급 수	원아 수	교원 수
국공립	4,799개	10,909개	172,287명	15,864명
사립	4,222개	26,840개	506,009명	39,028명

따라서 국공립 유치원 1개당 평균 원아 수는 172,287 ÷ 4,799 = 약 35.9명으로 가장 큰 수치가 된다.
② 26,840 ÷ 4,222 = 약 6.4개
③ 39,028 ÷ 4,222 = 약 9.2명
④ 172,287 ÷ 15,864 = 약 10.9명
⑤ 506,009 ÷ 39,028 = 약 13.0명

ANSWER 1.③ 2.①

3 다음은 K전자의 연도별 매출 자료이다. 2024년 1분기의 판관비가 2억 원이며, 매 시기 1천만 원씩 증가하였다고 가정할 때, K전자의 매출 실적에 대한 올바른 설명은?

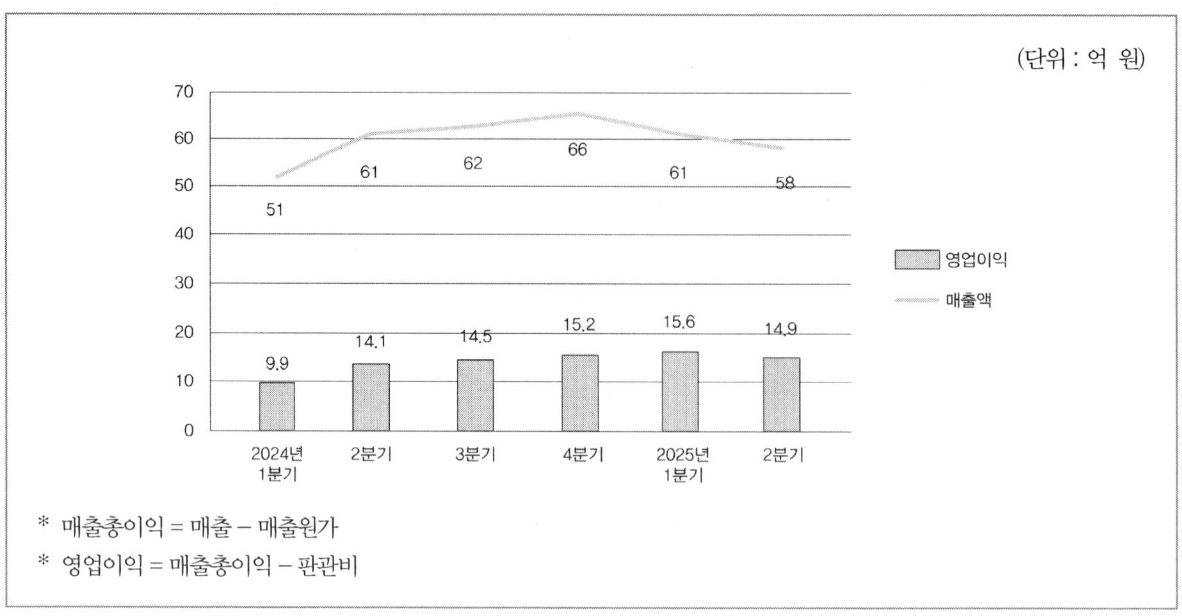

① 매출원가가 가장 큰 시기의 매출총이익도 가장 크다.

② 매출액 대비 영업이익을 나타내는 영업이익률은 2025년 1분기가 가장 크다.

③ 매출총이익에서 판관비가 차지하는 비중은 2024년 1분기가 가장 크다.

④ 매출원가와 매출총이익의 증감 추이는 영업이익의 증감 추이와 매 시기 동일하다.

⑤ 매출액 대비 매출총이익 비중은 매 시기 조금씩 증가하였다.

✔ 해설 ③ 판관비를 대입하여 시기별 매출 자료를 다음과 같이 정리해 볼 수 있다.

	'24. 1분기	2분기	3분기	4분기	'25. 1분기	2분기
매출액	51억 원	61억 원	62억 원	66억 원	61억 원	58억 원
매출원가	39.1억 원	44.8억 원	45.3억 원	48.5억 원	43.0억 원	40.6억 원
매출총이익	11.9억 원	16.2억 원	16.7억 원	17.5억 원	18.0억 원	17.4억 원
판관비	2.0억 원	2.1억 원	2.2억 원	2.3억 원	2.4억 원	2.5억 원
영업이익	9.9억 원	14.1억 원	14.5억 원	15.2억 원	15.6억 원	14.9억 원

따라서 매출총이익에서 판관비가 차지하는 비중은 $2.0 \div 11.9 \times 100 =$ 약 16.8%인 2024년 1분기가 가장 큰 것을 확인할 수 있다.

① 매출원가는 2024년 4분기가 가장 크나, 매출총이익은 2025년 1분기가 가장 크다.

② 영업이익률은 2025년 1분기가 $15.6 \div 61 \times 100 =$ 약 25.6%이며, 2025년 2분기가 $14.9 \div 58 \times 100 =$ 약 25.7%이다.

④ 2025년 1분기에는 매출총이익과 영업이익이 증가하였으나, 매출원가는 감소하였다.

⑤ 매출액 대비 매출총이익 비중은 시기별로 23.3%, 26.6%, 26.9%, 26.5%, 29.5%, 30.0%로 2024년 4분기에는 감소하였음을 알 수 있다.

4 N은행의 대출심사부에서는 가계대출상품의 상품설명서 내용 중 연체이자에 대한 다음과 같은 사항을 고객에게 안내하려고 한다. 다음을 참고할 때, 주택담보대출(원금 1억2천만 원, 약정이자율 연 5%)의 월납이자(50만 원)를 미납하여 연체가 발생하고, 연체 발생 후 3개월 시점에 납부할 경우의 연체이자는 얼마인가?

> 가. 연체이자율은 [대출이자율 + 연체기간별 연체가산이자율]로 적용합니다.
>   ※ 연체가산이자율은 연 3%로 적용합니다.
> 나. 연체이자율은 최고 15%로 합니다.
> 다. 상품에 따라 연체이자율이 일부 달라지는 경우가 있으므로 세부적인 사항은 대출거래 약정서 등을 참고하시기 바랍니다.
> 라. 연체이자(지연배상금)를 내셔야 하는 경우
>   ※ 「이자를 납입하기로 약정한 날」에 납입하지 아니한 때에는 이자를 납입하여야 할 날의 다음날부터 1개월(주택담보대출의 경우 2개월)까지는 내셔야 할 약정이자에 대해 연체이자가 적용되고, 그 후 1개월(주택담보대출의 경우 2개월)이 경과하면 기한이익상실로 인하여 대출원금에 연체이율을 곱한 연체이자를 내셔야 합니다.

① 798,904원   ② 775,304원

③ 750,992원   ④ 731,528원

⑤ 710,044원

✔해설 ① 주택담보대출의 경우이므로 3개월의 연체기간을 월별로 나누어 계산해 보면 다음 표와 같이 정리할 수 있다.

연체기간	계산 방법	연체이자
연체발생 ~ 30일분	지체된 약정이자(50만 원) × 연8%(5% + 3%) × 30/365	3,288원
연체 31일 ~ 60일분	지체된 약정이자(100만 원) × 연8%(5% + 3%) × 30/365	6,575원
연체 61일 ~ 90일분	원금(1억2천만 원) × 연8%(5% + 3%) × 30/365	789,041원
합계		798,904원

따라서 798,904원이 정답이다.

5 다음 중 위의 자료에 대한 올바른 판단만을 〈보기〉에서 모두 고른 것은?

〈투자 목적에 대한 비율〉

연도 \ 목적	주택관련	노후 대책	결혼자금 마련	사고와 질병 대비	자녀교육비 마련	부채 상환	기타
2024년	16.7%	57.4%	2.9%	3.5%	6.4%	8.6%	4.5%
2025년	15.5%	57.2%	2.8%	3.4%	5.7%	9.6%	5.8%

〈투자 시 선호하는 운용 방법에 대한 비율〉

연도 \ 선호방법	예금				개인 연금	주식			계(契)	기타
		은행 예금	저축은행 예금	비은행 금융기관 예금			주식	수익증권 (간접투자)		
2024년	91.8%	75.0%	5.7%	11.2%	1.8%	4.1%	2.4%	1.7%	0.1%	2.2%
2025년	91.9%	75.7%	5.5%	10.8%	1.8%	4.7%	3.0%	1.6%	0.1%	1.6%

〈투자 전 우선 고려 사항에 대한 비율〉

연도 \ 고려사항	합계	수익성	안전성	현금화 가능성	접근성	기타
2024년	100.0%	12.8%	75.0%	5.8%	6.2%	0.2%
2025년	100.0%	13.8%	74.5%	5.4%	6.1%	0.1%

〈보기〉

㈎ 투자 운용 방법으로 예금 중 은행예금을 선호하는 사람의 비중은 2025년에 더 감소하였다.

㈏ 금융자산 투자 시의 운용 방법 비중에 전년보다 가장 큰 변동이 있는 것은 은행예금이다.

㈐ 노후 대책을 투자 목적으로 하는 사람들은 안전성이 있는 은행예금의 방법을 선택할 가능성이 가장 높다.

㈑ 금융 투자 전에는 현금화 가능성보다 접근성을 더 많이 고려한다.

① ㈎, ㈏   ② ㈏, ㈐

③ ㈏, ㈑   ④ ㈐, ㈑

⑤ ㈎, ㈐

✔ **해설** ㈏ 은행예금은 75%의 비중에서 75.7%의 비중으로 증가하여 가장 많은 변동이 있는 운용 방법이 된다.

㈑ 두 비교시기 모두 현금화 가능성보다 접근성을 더 많이 고려하고 있다.

㈎ 2024년은 75 ÷ 91.8 × 100 = 약 81.7%이며, 2025년은 75.7 ÷ 91.9 × 100 = 약 82.4%로 2025년에 비중이 더 증가하였다.

㈐ 노후 대책, 안정성, 은행예금은 각 자료에서 가장 비중이 높은 항목이나, 〈보기〉에서 언급한 바와 같은 상호 연관성을 찾을 수 있는 근거는 제시되어 있지 않다.

6 다음 〈표〉는 스노보드 빅에어 경기 결승전에 출전한 선수 '갑 ~ 정'의 심사위원별 점수에 관한 자료이다. 이에 대한 〈보기〉의 설명 중 옳은 것만을 모두 고르면?

〈심사위원별 점수〉

선수	시기	심사위원				평균점수	최종점수
		A	B	C	D		
갑	1차	88점	90점	89점	92점	89.5점	
	2차	48점	55점	60점	45점	51.5점	183.5점
	3차	95점	96점	92점	( )점	( )점	
을	1차	84점	87점	87점	88점	( )점	
	2차	28점	40점	41점	39점	39.5점	( )점
	3차	81점	77점	79점	79점	( )점	
병	1차	74점	73점	85점	89점	79.5점	
	2차	89점	88점	88점	87점	88.0점	167.5점
	3차	68점	69점	73점	74점	( )점	
정	1차	79점	82점	80점	85점	81.0점	
	2차	94점	95점	93점	96점	94.5점	( )점
	3차	37점	45점	39점	41점	40.0점	

1) 각 시기의 평균점수는 심사위원 A ~ D의 점수 중 최고점과 최저점을 제외한 2개 점수의 평균임
2) 각 선수의 최종점수는 1 ~ 3차 시기 평균점수 중 최저점을 제외한 2개 점수의 합임

〈보기〉

㉠ 최종점수는 정이 을보다 낮다.
㉡ 3차 시기의 평균점수는 갑이 병보다 낮다.
㉢ 정이 1차 시기에서 심사위원 A ~ D에게 10점씩 더 높은 점수를 받는다면, 최종점수가 가장 높다.
㉣ 1차 시기에서 심사위원 C는 4명의 선수 모두에게 심사위원 A보다 높은 점수를 부여했다.

① ㉡
② ㉣
③ ㉠, ㉡
④ ㉡, ㉢
⑤ ㉢, ㉣

✔**해설** ㉢ 정의 1차 시기 점수에 10점씩을 더하게 되면 평균점수는 91.0, 최종점수는 $91.0 + 94.5 = 185.5$가 되어 갑, 을, 병의 점수보다 높다.

㉣ 1차 시기 A와 C가 각 선수에게 부여한 점수는 '갑(A : 88 < C : 89), 을(A : 84 < C : 87), 병(A : 74 < C : 85), 정(A : 79 < C : 80)'이다.

㉠ 정의 최종점수는 $81.0 + 94.5 = 175.5$이고, 을의 최종점수는 $87 + 79 = 166$이다.

㉡ 갑의 최종점수 183.5는 1차, 3차 시기 평균점수의 합이므로, 갑의 3차 시기 평균점수는 $183.5 - 89.5 = 94$이다. 병의 3차 시기 평균점수는 심사위원 B, C의 평균인 71이므로 갑의 점수보다 낮다.

▎7~8▎ 다음은 A, B 두 경쟁회사의 판매제품별 시장 내에서의 기대 수익을 표로 나타낸 자료이다. 이를 보고 이어지는 물음에 답하시오.

〈판매 제품별 수익체계〉

A회사		B회사		
		X제품	Y제품	Z제품
	P 제품	(4, −3)	(5, −1)	(−2, 5)
	Q 제품	(−1, −2)	(3, 4)	(−1, 7)
	R 제품	(−3, 5)	(11, −3)	(8, −2)

- 괄호 안의 숫자는 A회사와 B회사의 제품으로 얻는 수익(억 원)을 뜻한다. (A회사 월 수익액, B회사의 월 수익액)
- ex) A회사가 P제품을 판매하고 B회사가 X제품을 판매하였을 때 A회사의 월 수익액은 4억 원이고, B회사의 월 수익액은 −3억 원이다.

〈B회사의 분기별 수익체계 증감 분포〉

	1분기	2분기	3분기	4분기
X제품	0%	30%	20%	−50%
Y제품	50%	0%	−30%	0%
Z제품	−50%	−20%	50%	20%

- 제품별로 분기에 따른 수익의 증감률을 의미한다.
- 50% : 월 수익에서 50% 증가, 월 손해에서 50% 감소
- −50% : 월 수익에서 50% 감소, 월 손해에서 50% 증가

7 다음 자료를 참고할 때, A회사와 B회사의 수익의 합이 가장 클 경우는 양사가 각각 어느 제품을 판매하였을 때인가? (단, 판매 시기는 고려하지 않음)

	A회사	B회사
①	Q제품	X제품
②	Q제품	Y제품
③	P제품	Z제품
④	P제품	X제품
⑤	R제품	Y제품

✔ **해설** ⑤ A회사가 R제품, B회사가 Y제품을 판매하였을 때가 11 − 3 = 8억 원으로 수익의 합이 가장 크게 된다.

8 다음 중 3분기의 양사 수익 변동에 대한 설명으로 올바른 것은? (단, A회사의 3분기 수익은 월 평균 수익과 동일하다.)

① 두 회사의 수익의 합이 가장 커지는 제품의 조합은 변하지 않는다.

② X제품은 P제품과 판매하였을 때의 수익이 가장 많다.

③ 두 회사의 수익의 합이 가장 적은 제품의 조합은 Q제품과 X제품이다.

④ 3분기의 수익액 합이 가장 큰 B회사의 제품은 Y제품이다.

⑤ 3분기에는 B회사가 Y제품을 판매할 때의 양사의 수익액 합이 가장 크다.

✔ 해설 ③ 3분기에는 B회사의 수익이 분기별 증감 분포표에 따라 바뀌게 되므로 다음과 같은 수익체계표가 작성될 수 있다.

A회사		B회사		
		X제품	Y제품	Z제품
	P 제품	(4, −2.4)	(5, −1.3)	(−2, 7.5)
	Q 제품	(−1, −1.6)	(3, 2.8)	(−1, 10.5)
	R 제품	(−3, 6)	(11, −3.9)	(8, −1)

따라서 Q제품과 X제품을 판매할 때의 수익의 합이 $-1 - 1.6 = -2.6$억 원으로 가장 적은 것을 알 수 있다.

① R제품, Y제품 조합에서 Q제품, Z제품의 조합으로 바뀌게 된다.

② X제품은 R제품과 함께 판매하였을 때의 수익이 3억 원으로 가장 크게 된다.

④ 3분기의 수익액 합이 가장 큰 제품은 Z제품이다.

⑤ B회사가 Y제품을 판매할 때의 양사의 수익액 합은 $5 - 1.3 + 3 + 2.8 + 11 - 3.9 = 16.6$억 원이며, Z제품을 판매할 때의 양사의 수익액 합은 22억 원이 된다.

9 NH농협은행 고객인 S씨는 작년에 300만 원을 투자하여 3년 만기, 연리 2.3% 적금 상품(비과세, 단리 이율)에 가입하였다. 올해 추가로 여유 자금이 생긴 S씨는 200만 원을 투자하여 신규 적금 상품에 가입하려 한다. 신규 적금 상품은 복리가 적용되는 이율 방식이며, 2년 만기라 기존 적금 상품과 동시에 만기가 도래하게 된다. 만기 시 두 적금 상품의 원리금의 총 합계가 530만 원 이상이 되기 위해서는 올해 추가로 가입하는 적금 상품의 연리가 적어도 몇 %여야 하는가? (모든 금액은 절삭하여 원 단위로 표시하며, 이자율은 소수 첫째 자리까지만 계산한다.)

① 2.2%   ② 2.3%

③ 2.4%   ④ 2.5%

⑤ 2.6%

✔ 해설 ② 단리 이율 계산 방식은 원금에만 이자가 붙는 방식이다. 원금은 변동이 없으므로 매년 이자액이 동일하다. 반면, 복리 이율 방식은 '원금 + 이자'에 이자가 붙는 방식으로 매년 이자가 붙어야 할 금액이 불어나 갈수록 원리금이 커지게 된다.

작년에 가입한 상품의 만기 시 원리금은

$3,000,000 + (3,000,000 \times 0.023 \times 3) = 3,000,000 + 207,000 = 3,207,000$원이 된다.

따라서 올해 추가로 가입하는 적금 상품의 만기 시 원리금이 2,093,000원 이상이어야 한다. 이것은 곧 다음과 같은 공식이 성립하게 됨을 알 수 있다.

추가 적금 상품의 이자율을 A%, 이를 100으로 나눈 값을 x라 하면,

$2,000,000 \times (1 - x)^2 \geq 2,093,058$이 된다.

주어진 보기의 값을 대입해 보면, 이자율이 2.3%일 때 x가 0.023이 되어

$2,000,000 \times 1.023 \times 1.023 = 2,093,058$이 된다.

따라서 올해 추가로 가입하는 적금 상품의 이자율(연리)은 적어도 2.3%가 되어야 만기 시 두 상품의 원리금 합계가 530만 원 이상이 될 수 있다.

10 S사 경영진은 최근 경기 침체로 인한 이익감소를 극복하기 위하여 신규사업을 검토 중이다. 현재 회사는 기존 사업에서 평균 투자액 기준으로 12%의 회계적 이익률을 보이고 있으며, 신규사업에서 예상되는 당기순이익은 다음과 같을 때, 회사는 신규사업을 위해 2,240,000원을 투자해야 하며 3년 후의 잔존가치는 260,000원으로 예상된다. 최초투자액을 기준으로 하여 신규사업의 회계적 이익률을 구하면? (회사는 정액법에 의해 감가상각한다. 또한 회계적 이익률은 소수점 둘째 자리에서 반올림한다.)

구분	신규사업으로 인한 당기순이익
1년	200,000원
2년	300,000원
3년	400,000원

① 약 11.4% ② 약 12.4%

③ 약 13.4% ④ 약 14.4%

⑤ 약 15.4%

✔ **해설** ③ 회계적 이익률은 $\dfrac{\text{연평균 순이익}}{\text{초기투자액}}$ 이므로

연평균 순이익 $= \dfrac{200,000 + 300,000 + 400,000}{3} = 300,000$원

이익률 $= \dfrac{300,000}{2,240,000} = 13.392 \cdots ≒ 13.4\%$

11 다음 표는 A시 10개구의 대기 중 오염물질 농도 및 오염물질별 대기환경지수 계산식에 관한 것이다. 이에 대한 〈보기〉의 설명 중 옳은 것만을 모두 고르면?

〈대기 중 오염물질 농도〉

지역 \ 오염물질	미세먼지	초미세먼지	이산화질소
B구	$46\mu g/m^3$	$36\mu g/m^3$	0.018ppm
C구	$44\mu g/m^3$	$31\mu g/m^3$	0.019ppm
D구	$49\mu g/m^3$	$35\mu g/m^3$	0.034ppm
E구	$67\mu g/m^3$	$23\mu g/m^3$	0.029ppm
F구	$46\mu g/m^3$	$10\mu g/m^3$	0.051ppm
G구	$57\mu g/m^3$	$25\mu g/m^3$	0.037ppm
H구	$48\mu g/m^3$	$22\mu g/m^3$	0.041ppm
I구	$56\mu g/m^3$	$21\mu g/m^3$	0.037ppm
J구	$44\mu g/m^3$	$23\mu g/m^3$	0.042ppm
K구	$53\mu g/m^3$	$14\mu g/m^3$	0.022ppm
평균	$51\mu g/m^3$	$24\mu g/m^3$	0.033ppm

〈오염물질별 대기환경지수 계산식〉

오염물질 \ 계산식	조건	계산식
미세먼지($\mu g/m^3$)	농도가 51 이하일 때	0.9 × 농도
	농도가 51 초과일 때	1.0 × 농도
초미세먼지($\mu g/m^3$)	농도가 25 이하일 때	2.0 × 농도
	농도가 25 초과일 때	1.5 × (농도 − 25) + 51
이산화질소(ppm)	농도가 0.04 이하일 때	1,200 × 농도
	농도가 0.04 초과일 때	800 × (농도 − 0.04) + 51

* 통합대기환경지수는 오염물질별 대기환경지수 중 최댓값임

〈보기〉

㉠ D구의 통합대기환경지수는 E구의 통합대기환경지수보다 작다.

㉡ J구의 미세먼지 농도와 초미세먼지 농도는 각각의 평균보다 낮고, 이산화질소 농도는 평균보다 높다.

㉢ H구의 통합대기환경지수는 미세먼지의 대기환경 지수와 같다.

㉣ 세 가지 오염물질 농도가 각각의 평균보다 모두 높은 구는 2개 이상이다.

① ㉠, ㉡

② ㉠, ㉢

③ ㉢, ㉣

④ ㉠, ㉡, ㉣

⑤ ㉡, ㉢, ㉣

✔ 해설 ㉠ D구와 E구의 통합대기환경지수는 다음과 같다.

		D구	E구
오염물질별 대기환경지수	미세먼지	$0.9 \times 49 = 44.1$	$1.0 \times 67 = 67$
	초미세먼지	$1.5 \times (35 - 25) + 51 = 66$	$2.0 \times 23 = 46$
	이산화질소	$1,200 \times 0.034 = 40.8$	$1,200 \times 0.029 = 34.8$
통합대기환경지수		66	67

㉡ J구의 미세먼지(44), 초미세먼지(23) 농도는 평균(각각 51, 24)보다 낮고, 이산화질소의 농도(0.042)는 평균(0.033)보다 높다.

㉢ H구의 대기환경지수 중 미세먼지 43.2(= 0.9 × 48), 초미세먼지 44(= 2.0 × 22), 이산화질소 51.8[= 800 × (0.041 − 0.04) + 51]이므로 최댓값을 가지는 이산화질소의 대기환경지수가 통합대기환경지수가 된다.

㉣ 세 가지 오염물질 농도가 모두 평균보다 높은 것은 G구뿐이다.

ANSWER 11.①

12 개인종합자산관리(ISA) 계좌는 개인이 운용하는 적금, 예탁금, 파생결합증권, 펀드를 한 계좌에서 운용하면서 각각의 상품의 수익 증감을 합산하여 발생한 수익에 대해 과세하는 금융상품으로 그 내용은 다음과 같다.

가입대상	• 거주자 중 직전 과세기간 또는 해당 과세기간에 근로소득 또는 사업소득이 있는 자 및 대통령령으로 정하는 농어민(모든 금융기관 1인 1계좌) • 신규 취업자 등은 당해 연도 소득이 있는 경우 가입 가능 　※ 직전년도 금융소득과세 대상자는 제외
납입한도	연간 2천만 원(5년간 누적 최대 1억 원) ※ 기가입한 재형저축 및 소장펀드 한도는 납입한도에서 차감
투자가능상품	• 예/적금, 예탁금 • 파생결합증권, 펀드
가입기간	2026년 12월 31일까지 가능
상품간 교체	가능
의무가입기간	• 일반 5년 • 청년층, 서민층 3년
세제혜택	계좌 내 상품 간 손익통산 후 순이익 중 200만 원까지는 비과세 혜택, 200만 원 초과분은 9.9% 분리과세(지방소득세 포함)
기타	• ISA 계좌를 5년 이내 해지하면 각 상품에서 실현한 이익금의 15.4%를 세금으로 부과 • 해지수수료 면제

갑은 ISA에 가입하고 5년 후에 여유 자금으로 ○○증권과 ○○펀드에 가입하였다. 1년 후 수익을 따져보니 증권에서는 750만 원의 이익을 보고, 펀드에서는 350만 원의 손해를 보았다. 갑이 ISA 계좌를 해지하지 않는다면 얼마의 세금을 내야 하는가? (단, 은행수수료는 없다.)

① 198,000원　　　　　　　　　　② 398,000원
③ 598,000원　　　　　　　　　　④ 798,000원
⑤ 1,198,000원

 ① 750만 원의 수익과 350만 원의 손해
　　　7,500,000 − 3,500,000 = 4,000,000원
　　　200만 원 초과분은 9.9% 분리과세(지방소득세 포함)한다고 했으므로 기초 공제금 200만 원을 제하면 2,000,000원의 순수 이익이 남는다.
　　　따라서 2,000,000 × 0.099 = 198,000원이 된다.

13 다음은 한 은행의 외화송금 수수료에 대한 규정이다. 수수료 규정을 참고할 때, 외국에 있는 친척과 〈보기〉와 같이 3회에 걸쳐 거래를 한 A 씨가 지불한 총 수수료 금액은 얼마인가?

		국내 간 외화송금	실시간 국내송금
외화자금국내이체 수수료(당 · 타발)		U$5,000 이하 : 5,000원 U$10,000 이하 : 7,000원 U$10,000 초과 : 10,000원	U$10,000 이하 : 5,000원 U$10,000 초과 : 10,000원
		인터넷 뱅킹 : 5,000원 실시간 이체 : 타발 수수료는 없음	
해외로 외화송금	송금 수수료	U$500 이하 : 5,000원 U$2,000 이하 : 10,000원 U$5,000 이하 : 15,000원 U$20,000 이하 : 20,000원 U$20,000 초과 : 25,000원 ※ 인터넷 뱅킹 이용 시 건당 3,000 ~ 5,000원	
		해외 및 중계은행 수수료를 신청인이 부담하는 경우 국외 현지 및 중계은행의 통화별 수수료를 추가로 징구	
	전신료	8,000원 인터넷 뱅킹 및 자동이체 5,000원	
	조건변경 전신료	8,000원	
해외/타행에서 받은 송금		건당 10,000원	

〈보기〉

1. 외국으로 U$3,500 송금 / 인터넷 뱅킹 최저 수수료 적용
2. 외국으로 U$600 송금 / 은행 창구
3. 외국에서 U$2,500 입금

① 32,000원
② 34,000원
③ 36,000원
④ 38,000원
⑤ 40,000원

✔**해설** • 인터넷 뱅킹을 통한 해외 외화 송금이므로 금액에 상관없이 건당 최저수수료 3,000원과 전신료 5,000원 발생 → 합 8,000원
• 은행 창구를 통한 해외 외화 송금이므로 송금 수수료 10,000원과 전신료 8,000원 발생 → 합 18,000원
• 금액에 상관없이 건당 수수료 발생 → 10,000원
따라서 총 지불한 수수료는 8,000 + 18,000 + 10,000 = 36,000원이다.

14 다음 표는 A ~ E 리조트의 1박 기준 일반요금 및 회원할인율에 관한 자료이다. 이에 대한 〈보기〉의 설명 중 옳은 것만을 모두 고르면?

〈비수기 및 성수기 일반요금(1박 기준)〉

구분＼리조트	A	B	C	D	E
비수기	30만 원	25만 원	20만 원	15만 원	10만 원
성수기	50만 원	35만 원	30만 원	25만 원	20만 원

〈비수기 및 성수기 회원할인율(1박 기준)〉

구분	회원유형	A	B	C	D	E
비수기	기명	50%	45%	40%	30%	20%
	무기명	35%	40%	25%	20%	15%
성수기	기명	35%	30%	30%	25%	15%
	무기명	30%	25%	20%	15%	10%

※ 회원할인율(%) $= \dfrac{\text{일반요금} - \text{회원요금}}{\text{일반요금}} \times 100$

〈보기〉

㉠ 리조트 1박 기준, 성수기 일반요금이 낮은 리조트일수록 성수기 무기명 회원요금이 낮다.

㉡ 리조트 1박 기준, B 리조트의 회원요금 중 가장 높은 값과 가장 낮은 값의 차이는 125,000원이다.

㉢ 할인율을 가장 크게 받는 방법으로 1박을 이용한다고 할 때의 회원요금은, 1박 기준 일반요금이 가장 적은 경우를 기명으로 이용할 때의 회원요금의 2배가 넘는다.

① ㉠

② ㉢

③ ㉠, ㉡

④ ㉡, ㉢

⑤ ㉠, ㉡, ㉢

 ⊙ A ~ E의 성수기 무기명 회원요금을 a ~ e라고 할 때,

- A : $30 = \dfrac{50 - a}{50} \times 100$
- B : $25 = \dfrac{35 - b}{35} \times 100$
- C : $20 = \dfrac{30 - c}{30} \times 100$
- D : $15 = \dfrac{25 - d}{25} \times 100$
- E : $10 = \dfrac{20 - e}{20} \times 100$

따라서 a = 35, b = 26.25, c = 24, d = 21.25, e = 18이 되어 성수기 일반요금(A > B > C > D > E)이 낮아질수록 성수기 무기명 회원요금이 낮다.

⊙ B 리조트의 다음 경우에 따른 회원요금을 각각 b_1, b_2, b_3, b_4라고 할 때

	기명	무기명
비수기	$45 = \dfrac{25 - b_1}{25} \times 100$, $b_1 = 13.75$	$40 = \dfrac{25 - b_2}{25} \times 100$, $b_2 = 15$
성수기	$30 = \dfrac{35 - b_3}{35} \times 100$, $b_3 = 24.5$	$25 = \dfrac{35 - b_4}{35} \times 100$, $b_4 = 26.25$

따라서 가장 높은 값($b_4 = 26.25$)과 가장 낮은 값($b_1 = 13.75$)의 차이는 12.5만 원이다.

⊙ 가장 큰 할인율(50)을 받는 A 리조트의 비수기 기명일 때 회원요금을 a라고 하면

$50 = \dfrac{30 - a}{30} \times 100$, $a = 15$만 원이다.

일반요금이 가장 적은 E 리조트를 기명으로 이용할 때 회원요금을 e라고 하면

$20 = \dfrac{10 - e}{10} \times 100$, $e = 8$만 원이다.

ANSWER 14.③

15 다음 표는 질병진단키트 A ～ D의 임상실험 결과 자료이다. 표와 〈정의〉에 근거하여 〈보기〉의 설명 중 옳은 것만을 모두 고르면?

〈질병진단키트 A ～ D의 임상실험 결과〉

A		
판정 \ 질병	있음	없음
양성	100명	20명
음성	20명	100명

B		
판정 \ 질병	있음	없음
양성	80명	40명
음성	40명	80명

C		
판정 \ 질병	있음	없음
양성	80명	30명
음성	30명	100명

D		
판정 \ 질병	있음	없음
양성	80명	20명
음성	20명	120명

※ 질병진단키트당 피실험자 240명을 대상으로 임상실험한 결과임

〈정의〉

• 민감도 : 질병이 있는 피실험자 중 임상실험 결과에서 양성 판정된 피실험자의 비율
• 특이도 : 질병이 없는 피실험자 중 임상실험 결과에서 음성 판정된 피실험자의 비율
• 양성 예측도 : 임상실험 결과 양성 판정된 피실험자 중 질병이 있는 피실험자의 비율
• 음성 예측도 : 임상실험 결과 음성 판정된 피실험자 중 질병이 없는 피실험자의 비율

〈보기〉

㉠ 민감도가 가장 높은 질병진단키트는 A이다.
㉡ 특이도가 가장 높은 질병진단키트는 B이다.
㉢ 질병진단키트 C의 민감도와 양성 예측도는 동일하다.
㉣ 질병진단키트 D의 양성 예측도와 음성 예측도는 동일하다.

① ㉠, ㉡

② ㉠, ㉢

③ ㉡, ㉢

④ ㉠, ㉢, ㉣

⑤ ㉡, ㉢, ㉣

✔ 해설 ㉠㉡ 민감도가 가장 높은 것은 A, 특이도가 가장 높은 것은 D이다.

구분	A	B	C	D
민감도	$\dfrac{100}{100+20}$	$\dfrac{80}{80+40}$	$\dfrac{80}{80+30}$	$\dfrac{80}{80+20}$
특이도	$\dfrac{100}{100+20}$	$\dfrac{80}{40+80}$	$\dfrac{100}{30+100}$	$\dfrac{120}{120+20}$

㉢ C의 민감도＝양성 예측도＝$\dfrac{80}{110}$

㉣ D의 양성 예측도$\left(=\dfrac{80}{100}\right) \neq$ D의 음성 예측도$\left(=\dfrac{120}{140}\right)$

16 다음은 갑국의 최종에너지 소비량에 대한 자료이다. 이에 대한 설명으로 옳은 것들로만 바르게 짝지어진 것은?

〈2023 ~ 2025년 유형별 최종에너지 소비량 비중〉

연도 \ 유형	석탄		석유제품	도시가스	전력	기타
	무연탄	유연탄				
2023년	2.7%	11.6%	53.3%	10.8%	18.2%	3.4%
2024년	2.8%	10.3%	54.0%	10.7%	18.6%	3.6%
2025년	2.9%	11.5%	51.9%	10.9%	19.1%	3.7%

〈2025년 부문별 유형별 최종에너지 소비량〉

(단위 : 천TOE)

부문 \ 유형	석탄		석유제품	도시가스	전력	기타	합
	무연탄	유연탄					
산업	4,750	15,317	57,451	9,129	23,093	5,415	115,155
가정 · 상업	901	4,636	6,450	11,105	12,489	1,675	37,256
수송	0	0	35,438	188	1,312	0	36,938
기타	0	2,321	1,299	669	152	42	4,483
계	5,651	22,274	100,638	21,091	37,046	7,132	193,832

※ TOE는 석유 환산 톤수를 의미

> ㉠ 2023 ~ 2025년 동안 전력 소비량은 매년 증가한다.
> ㉡ 2025년에는 산업부문의 최종에너지 소비량이 전체 최종에너지 소비량의 50% 이상을 차지한다.
> ㉢ 2023 ~ 2025년 동안 석유제품 소비량 대비 전력 소비량의 비율이 매년 증가한다.
> ㉣ 2025년에는 산업부문과 가정 · 상업부문에서 유연탄 소비량 대비 무연탄 소비량의 비율이 각각 25% 이하이다.

① ㉠, ㉡

② ㉠, ㉣

③ ㉡, ㉢

④ ㉡, ㉣

⑤ ㉢, ㉣

✔ **해설** ㉠ 2023 ~ 2025년 동안의 유형별 최종에너지 소비량 비중이므로 전력 소비량의 수치는 알 수 없다.

㉡ 2025년의 산업부문의 최종에너지 소비량은 115,155천TOE이다. 전체 최종 에너지 소비량인 193,832천TOE의 50%인 96,916천TOE보다 많으므로 50% 이상을 차지한다고 볼 수 있다.

㉢ 2023 ~ 2025년 동안 석유제품 소비량 대비 전력 소비량의 비율은 $\dfrac{전력}{석유제품}$ 으로 계산하면

2023년 $\dfrac{18.2}{53.3} \times 100 = 34.1\%$, 2024년 $\dfrac{18.6}{54} \times 100 = 34.4\%$, 2025년 $\dfrac{19.1}{51.9} \times 100 = 36.8\%$이므로 매년 증가함을 알 수 있다.

㉣ 2025년 산업부문과 가정 · 상업부문에서 $\dfrac{무연탄}{유연탄}$ 을 구하면 산업부문의 경우 $\dfrac{4,750}{15,317} \times 100 = 31\%$, 가정 · 상업부문의 경우 $\dfrac{901}{4,636} \times 100 = 19.4\%$이므로 모두 25% 이하인 것은 아니다.

17 다음 〈표〉는 6개 광종의 위험도와 경제성 점수에 관한 자료이다. 〈표〉와 〈분류기준〉을 이용하여 광종을 분류할 때, 〈보기〉의 설명 중 옳은 것만을 모두 고르면?

〈표〉 6개 광종의 위험도와 경제성 점수

항목 \ 광종	금광	은광	동광	연광	아연광	철광
위험도	2.5점	4.0점	2.5점	2.7점	3.0점	3.5점
경제성	3.0점	3.5점	2.5점	2.7점	3.5점	4.0점

〈분류기준〉

위험도와 경제성 점수가 모두 3.0점을 초과하는 경우에는 '비축필요광종'으로 분류하고, 위험도와 경제성 점수 중 하나는 3.0점 초과, 다른 하나는 2.5점 초과 3.0점 이하인 경우에는 '주시광종'으로 분류하며, 그 외는 '비축제외광종'으로 분류한다.

〈보기〉

㉠ '주시광종'으로 분류되는 광종은 1종류이다.
㉡ '비축필요광종'으로 분류되는 광종은 '은광', '아연광', '철광'이다.
㉢ 모든 광종의 위험도와 경제성 점수가 현재보다 각각 20% 증가하면, '비축필요광종'으로 분류되는 광종은 4종류가 된다.
㉣ '주시광종' 분류기준을 '위험도와 경제성 점수 중 하나는 3.0점 초과, 다른 하나는 2.5점 이상 3.0점 이하'로 변경한다면, '금광'과 '아연광'은 '주시광종'으로 분류된다.

① ㉠, ㉢
② ㉠, ㉣
③ ㉢, ㉣
④ ㉠, ㉡, ㉢
⑤ ㉡, ㉢, ㉣

✔ **해설** ㉠ 조건에 따라 '주시광종'으로 분류되는 광종은 아연광 하나이다.
㉢ 20% 증가한 위험도와 경제성 점수는 다음과 같다.

항목 \ 광종	금광	은광	동광	연광	아연광	철광
위험도	3점	4.8점	3점	3.24점	3.6점	4.2점
경제성	3.6점	4.2점	3점	3.24점	4.2점	4.8점

두 항목 모두 3.0을 초과하는 은광, 연광, 아연광, 철광 4광종이 '비축필요광종'으로 분류된다.
㉡ 은광, 철광은 '비축필요광종', 아연광은 '주시광종'에 해당한다.
㉣ 기준을 변경하더라도 금광은 3.0을 초과하는 항목이 없다.

18 다음 그림은 A기업의 2024년과 2025년 자산총액의 항목별 구성비를 나타낸 자료이다. 이에 대한 〈보기〉의 설명 중 옳은 것만을 모두 고르면?

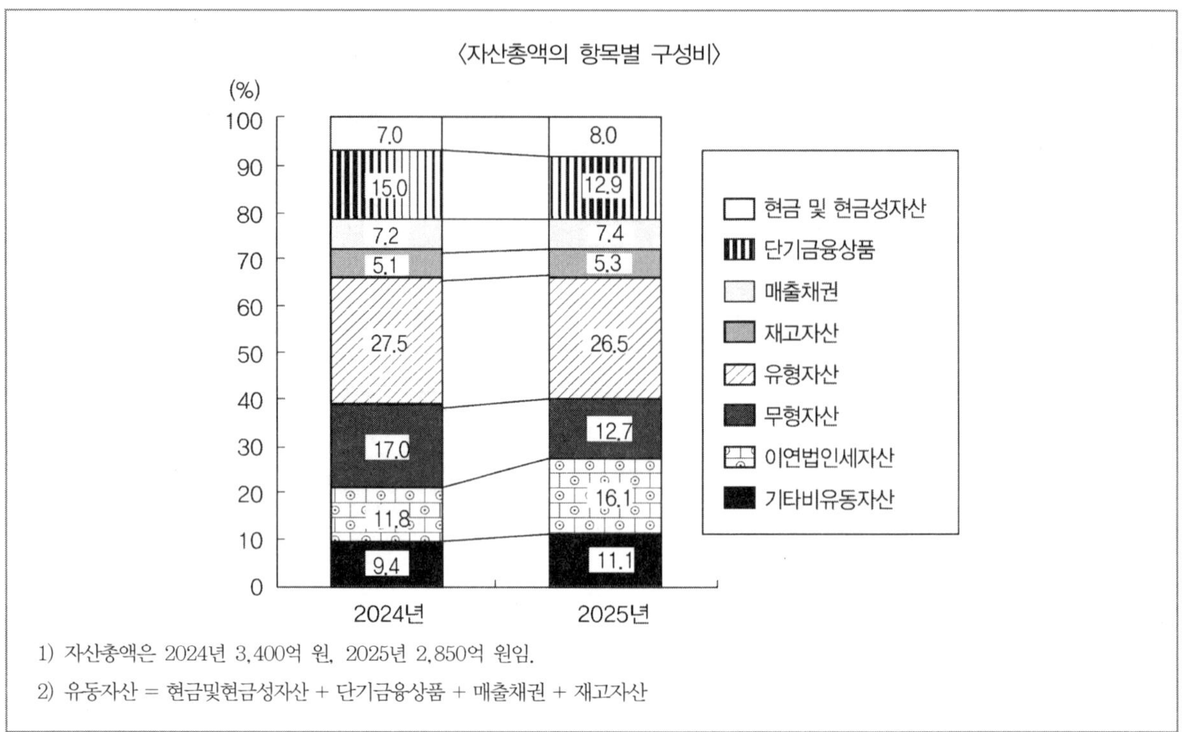

1) 자산총액은 2024년 3,400억 원, 2025년 2,850억 원임.
2) 유동자산 = 현금및현금성자산 + 단기금융상품 + 매출채권 + 재고자산

〈보기〉
㉠ 2024년 항목별 금액의 순위가 2025년과 동일한 항목은 4개이다.
㉡ 2024년 유동자산 중 '단기금융상품'의 구성비는 45% 미만이다.
㉢ '현금 및 현금성자산' 금액은 2025년이 2024년보다 크다.
㉣ 2024년 대비 2025년에 '무형자산' 금액은 4.3% 감소하였다.

① ㉠, ㉡
② ㉠, ㉢
③ ㉡, ㉢
④ ㉠, ㉡, ㉣
⑤ ㉡, ㉢, ㉣

해설 ㉠ 단기금융상품(3위), 재고자산(8위), 유형자산(1위), 기타비유동자산(5위)의 4개 항목이 2024년과 2025년 순위가 동일하다.

㉡ $\dfrac{15.0}{7.0+15.0+7.2+5.1} \times 100 \fallingdotseq 43.73\%$

㉢ 2024년 238억 원(= 3,400억 원 × 0.07) > 2025년 228억 원(= 2,850억 원 × 0.08)

㉣ 전체에서 차지하는 비율이 4.3% 감소한 것이며, 2024년과 2025년의 자산총액이 다르므로 '금액'이 4.3%의 비율만큼 감소했다고 말할 수 없다.

19 다음은 2022년과 2025년 세 나라 A, B, C의 재화 수출액 및 수입액을 정리한 표와 무역수지와 무역특화지수에 대한 용어정리이다. 이에 대한 〈보기〉의 내용 중 옳은 것만 고른 것은?

연도	국가 수출입액 재화	A		B		C	
		수출액	수입액	수출액	수입액	수출액	수입액
2022년	원자재	578억 달러	832억 달러	741억 달러	1,122억 달러	905억 달러	1,707억 달러
	소비재	117억 달러	104억 달러	796억 달러	138억 달러	305억 달러	847억 달러
	자본재	1,028억 달러	668억 달러	955억 달러	991억 달러	3,583억 달러	1,243억 달러
2025년	원자재	2,015억 달러	3,232억 달러	5,954억 달러	9,172억 달러	2,089억 달러	4,760억 달러
	소비재	138억 달러	375억 달러	4,083억 달러	2,119억 달러	521억 달러	1,362억 달러
	자본재	3,444억 달러	1,549억 달러	12,054억 달러	8,209억 달러	4,541억 달러	2,209억 달러

〈용어정리〉

- 무역수지 = 수출액 − 수입액
- 무역수지 값이 양(+)이면 흑자, 음(−)이면 적자이다.
- 무역특화지수 $= \dfrac{수출액 - 수입액}{수출액 + 수입액}$
- 무역특화지수의 값이 클수록 수출경쟁력이 높다.

〈보기〉

㉠ 2025년 A, B, C 각각에서 원자재 무역수지는 적자이다.
㉡ 2025년 A의 원자재, 소비재, 자본재 수출액은 2022년 비해 각각 50% 이상 증가하였다.
㉢ 2025년 자본재 수출경쟁력은 C가 A보다 높다.

① ㉠
② ㉡
③ ㉠, ㉡
④ ㉠, ㉢
⑤ ㉡, ㉢

✔ 해설 ㉠ A : 2,015 − 3,232 = −1,217, B : 5,954 − 9,172 = −3,218, C: 2,089 − 4,760 = −2,671이므로 모두 적자이다.
㉡ 소비재는 50% 이상 증가하지 않았다.

	원자재	소비재	자본재
2025년	2,015억 달러	138억 달러	3,444억 달러
2022년	578억 달러	117억 달러	1,028억 달러

㉢ 자본재 수출경쟁력을 구하면 A가 C보다 높다.

$$A = \frac{3,444 - 1,549}{3,444 + 1,549} = 0.38 \qquad C = \frac{12,054 - 8,209}{12,054 + 8,209} = 0.19$$

20 다음은 3D기술 분야 특허등록 건수 상위 10개국의 국가별 영향력지수와 기술력지수를 나타낸 자료이다. 이에 대한 〈보기〉의 설명 중 옳은 것만을 모두 고르면?

〈국가별 특허 기술력 및 영향력 비교〉

국가 \ 구분	특허등록 건수	영향력지수	기술력지수
미국	500건	( )	600.0
일본	269건	1.0	269.0
독일	( )건	0.6	45.0
한국	59건	0.3	17.7
네덜란드	( )건	0.8	24.0
캐나다	22건	( )	30.8
이스라엘	( )건	0.6	10.2
태국	14건	0.1	1.4
프랑스	( )건	0.3	3.9
핀란드	9건	0.7	6.3

1) 기술력지수 = 해당국가의 특허등록건수 × 해당국가의 영향력지수

2) 영향력지수 = $\dfrac{\text{해당국가의 피인용비}}{\text{전세계 피인용비}}$

3) 피인용비 = $\dfrac{\text{해당국가의 특허피인용건수}}{\text{해당국가의 특허등록건수}}$

4) 3D기술 분야의 전세계 피인용비는 10임

〈보기〉
㉠ 캐나다의 영향력지수는 미국의 영향력지수보다 크다.
㉡ 프랑스와 태국의 특허피인용 건수의 차이는 프랑스와 핀란드의 특허피인용 건수의 차이보다 크다.
㉢ 특허등록 건수 상위 10개국 중 한국의 특허피인용 건수는 네 번째로 많다.
㉣ 네덜란드의 특허등록 건수는 한국의 특허등록 건수의 50% 미만이다.

① ㉠, ㉡

② ㉠, ㉢

③ ㉡, ㉣

④ ㉠, ㉢, ㉣

⑤ ㉡, ㉢, ㉣

 2)와 4)의 정보에 따라 해당국가의 피인용비 = 영향력지수 × 10이다.

3)의 식을 정리하면 해당국가의 특허피인용건수 = 특허등록건수 × 피인용비 = 특허등록건수 × (영향력지수 × 10)
= 기술력지수 × 10

㉠ 1)에 따라 영향력지수는 미국이 $1.2(=\dfrac{600.0}{500})$, 캐나다가 $1.4(=\dfrac{30.8}{22})$이다.

㉡ 특허피인용건수는 프랑스 39, 태국 14, 핀란드 63이므로 프랑스와 태국의 차이(25)가 프랑스와 핀란드의 차이(24)보다 크다.

㉢ 특허피인용건수는 기술력지수에 비례하므로 기술력지수의 순위에 따라 한국은 여섯 번째로 특허피인용건수가 많은 국가이다.

㉣ 네덜란드 특허등록건수는 $30(=\dfrac{24}{0.8})$이므로 한국의 특허등록건수 59의 50% 이상이다.

문제해결능력

[문제해결능력] 출제유형

① 사고력 : 개인이 가지고 있는 경험과 지식을 통해 가치 있는 아이디어를 산출하는 사고능력이다. 논리문제가 주로 출제된다.
② 문제처리능력 : 목표를 분석하고 이를 토대로 문제를 도출하여 최적의 해결책을 찾는 문제이다.

[문제해결능력] 출제경향

사고력과 문제처리능력을 파악할 수 있는 문항들로 구성된다. 주어진 자료를 고려하여 비용 및 시간, 순서 등을 파악하거나, 문제처리 방법을 파악하는 유형이 주로 출제된다. 최근 필기시험에서는 리더십 유형, 브레인스토밍 등의 기본 이론은 자주 출제되지 않았으며, 긴 상황형 지문과 논리 문제가 주로 출제되어 시간 내로 푸는 것이 어려웠다. 시간 관리가 중요하므로 조건을 체계적으로 정리하며 해결 전략을 세우는 능력이 중요하다.

[문제해결능력] 빈출유형

명제 및 진위관계													
SWOT 분석													
의사결정													
자료해석													

예제 01 문제처리능력

D회사 신입사원으로 입사한 귀하는 신입사원 교육 중 업무수행과정에서 발생하는 설정형 문제를 하나씩 찾아오라는 지시를 받았다. 이에 대해 당신은 교육받은 내용을 다시 복습하려고 한다. 설정형 문제에 해당하는 것은?

① 현재 직면하여 해결하기 위해 고민하는 문제
② 현재의 상황을 개선하거나 효율을 높이기 위한 문제
③ 앞으로 어떻게 할 것인가 하는 문제
④ 원인이 내재되어 있는 원인지향적인 문제

출제의도
업무수행 중 문제가 발생하였을 때 문제 유형을 구분하는 능력을 측정하는 문항이다.

해설
업무수행과정에서 발생하는 문제 유형으로는 발생형 문제, 탐색형 문제, 설정형 문제가 있으며 ①④는 발생형 문제이며 ②는 탐색형 문제, ③이 설정형 문제이다.

답 ③

예제 02 사고력

M사 홍보팀에서 근무하고 있는 당신은 입사 5년차로 창의적인 기획안을 제출하기로 유명하다. S 부장은 이번 신입사원 교육 때 당신에게 창의적인 사고란 무엇인지 설명하는 교육을 맡아달라고 부탁하였다. 창의적인 사고에 대한 당신의 설명으로 옳지 않은 것은?

① 창의적인 사고는 새롭고 유용한 아이디어를 생산해 내는 정신적인 과정이다.
② 창의적인 사고는 특별한 사람들만이 할 수 있는 대단한 능력이다.
③ 창의적인 사고는 기존의 정보들을 특정한 요구조건에 맞거나 유용하도록 새롭게 조합시킨 것이다.
④ 창의적인 사고는 통상적인 것이 아니라 기발하거나, 신기하며 독창적인 것이다.

출제의도
창의적 사고에 대한 개념을 정확히 파악하고 있는지를 묻는 문항이다.

해설
창의적인 사고는 이미 알고 있는 경험과 지식을 해체하여 다시 새로운 정보로 결합하여 가치 있는 아이디어를 산출하는 사고라고 할 수 있다.

답 ②

예제 03 문제처리능력

L사에서 주력 상품으로 밀고 있는 TV의 판매 이익이 감소하고 있는 상황에서 당신은 B 부장으로부터 3C분석을 통해 해결방안을 강구해 오라는 지시를 받았다. 다음 중 3C에 해당하지 않는 것은?

① Customer
② Company
③ Competitor
④ Content

출제의도
3C의 개념과 구성요소를 정확히 숙지하고 있는지를 측정하는 문항이다.

해설
3C 분석에서 사업 환경을 구성요소는 사(Company), 경쟁사(Competitor), 고객을 3C (Customer)이다.

답 ④

예제 04 문제처리능력

C사는 최근 국내 매출이 지속적으로 하락하고 있어 사내 분위기가 심상치 않다. Y 부장은 이 문제를 극복하고자 문제처리 팀을 구성하여 해결방안을 모색하도록 지시하였다. 문제처리 팀의 문제해결 절차를 올바른 순서로 나열한 것은?

① 문제 인식 → 원인 분석 → 해결안 개발 → 문제 도출 → 실행 및 평가
② 문제 도출 → 문제 인식 → 해결안 개발 → 원인 분석 → 실행 및 평가
③ 문제 인식 → 원인 분석 → 문제 도출 → 해결안 개발 → 실행 및 평가
④ 문제 인식 → 문제 도출 → 원인 분석 → 해결안 개발 → 실행 및 평가

출제의도
실제 업무 상황에서 문제가 일어났을 때 해결 절차를 알고 있는지를 측정하는 문항이다.

해설
일반적인 문제해결절차는 '문제 인식 → 문제 도출 → 원인 분석 → 해결안 개발 → 실행 및 평가'로 이루어진다.

답 ④

1 다음은 인플레이션을 감안하지 않은 명목이자율과 물가변동을 감안한 실질이자율에 대한 설명이다. 설명을 참고할 때, 〈보기〉의 경우 A 씨의 1년 후 실질이자율은?

> 누군가가 '이자율이 상승하는 경우 저축을 늘리겠는가?' 라는 질문을 했다고 해 보자. 얼핏 생각할 때, 그 대답은 '예'일 것 같지만 보다 정확한 답은 '알 수 없다'이다. 질문 자체가 정확하지 않기 때문이다. 즉, 질문에서 얘기하는 이자율이 명목이자율인지 아니면 실질이자율인지가 불분명하기 때문이다.
>
> 만약 질문한 사람이 명목이자율을 염두에 두고 있었다면, 다시 그 사람에게 '물가상승률은 어떻습니까?' 라고 되물어야 할 것이다. 명목이자율에서 물가상승률을 뺀 실질이자율이 어느 수준인지가 예금에 대한 의사 결정에 영향을 미치기 때문이다.
>
> 현실에서는 예금을 통해 번 이자 소득에 세금이 부과된다. 우리나라의 경우 이자 소득세율은 15.4%이다. 따라서 명목이자율이 물가상승률보다 커 실질이자율이 양(+)의 값을 갖는다 하더라도, 이자 소득세를 납부한 후의 실질이자율은 음(−)의 값을 가질 수도 있다. 물론 이러한 경우 예금을 하면 구매력 차원에서 따졌을 때 오히려 손해를 보게 된다.

> 〈보기〉
>
> 현재 갑국 금융기관에서 취급하고 있는 1년 만기 정기예금의 연평균 명목이자율은 2.1%이다. A 씨는 1억 원을 1년 동안 예금할 예정이며, 만기 시점인 1년 후의 물가는 1% 상승했다고 가정한다.

① 약 0.56% ② 약 0.77%

③ 약 0.95% ④ 약 2.10%

⑤ 약 2.24%

✔**해설** ② 1억 원을 1년 동안 예금하면 이자 소득은 210만 원이 된다. 이자 소득의 15.4%에 해당하는 세금 32만 3,400원을 제하면 실제로 예금주가 받게 되는 이자는 177만 6,600원이다. 즉, 세후 명목이자율은 1.77%를 조금 넘는 수준에 지나지 않는다. 만기가 돌아오는 1년 후에 물가가 1.0% 상승했다고 가정했으므로 세후 실질이자율은 1.77% − 1.0% = 0.77%가 된다.

2 다음 글을 근거로 판단할 때, A가 구매해야 할 재료와 그 양으로 옳은 것은?

A는 아내, 아들과 함께 짬뽕을 만들어 먹기로 했다. 짬뽕요리에 필요한 재료를 사기 위해 근처 전통시장에 들른 A는 아래 〈조건〉을 만족하도록 재료를 모두 구매한다. 다만 짬뽕요리에 필요한 각 재료의 절반 이상이 냉장고에 있으면 그 재료는 구매하지 않는다.

〈조건〉

1) A와 아내는 각각 성인 1인분, 아들은 성인 0.5인분을 먹는다.
2) 매운 음식을 잘 먹지 못하는 아내를 고려하여 '고추'라는 단어가 들어간 재료는 모두 절반만 넣는다.
3) 아들은 성인 1인분의 새우를 먹는다.

냉장고에 있는 재료	면 200*g*, 오징어 240*g*, 돼지고기 100*g*, 청양고추 15*g*, 양파 100*g*, 고추기름 100*ml*, 대파 10*cm*, 간장 80*ml*, 마늘 5*g*
짬뽕요리 재료 (성인 1인분 기준)	면 200*g*, 해삼 40*g*, 소라 30*g*, 오징어 60*g*, 돼지고기 90*g*, 새우 40*g*, 양파 60*g*, 양송이버섯 50*g*, 죽순 40*g*, 고추기름 20*ml*, 건고추 8*g*, 청양고추 10*g*, 대파 10*cm*, 마늘 10*g*, 청주 15*ml*

① 면 200*g*

② 양파 50*g*

③ 새우 100*g*

④ 건고추 7*g*

⑤ 돼지고기 125*g*

✔ **해설** ⑤ 상황과 조건에 따른 내용을 정리해보면 다음과 같다.

요리 재료	필요량	냉장고에 있는 재료	구매여부(구매량)
면	$200 \times 2.5^{조건1)} = 500$	200	○(300)
해삼	$40 \times 2.5 = 100$	–	○(100)
소라	$30 \times 2.5 = 75$	–	○(75)
오징어	$60 \times 2.5 = 150$	240	×
돼지고기	$90 \times 2.5 = 225$	100	○(125)
새우	$40 \times 3^{조건3)} = 120$	–	○(120)
양파	$60 \times 2.5 = 150$	100	×
양송이버섯	$50 \times 2.5 = 125$	–	○(125)
죽순	$40 \times 2.5 = 100$	–	○(100)
고추기름	$20 \times 2.5 \times 0.5^{조건2)} = 25$	100	×
건고추	$8 \times 2.5 \times 0.5 = 10$	–	○(10)
청양고추	$10 \times 2.5 \times 0.5 = 12.5$	15	×
대파	$10 \times 2.5 = 25$	10	○(15)
마늘	$10 \times 2.5 = 25$	5	○(20)
청주	$15 \times 2.5 = 37.5$	–	○(37.5)
		간장 80	–

ANSWER 1.② 2.⑤

3 다음에서 설명하고 있는 실업크레딧 제도를 올바르게 이해한 설명은?

실업크레딧 제도

〈개요〉

구직급여 수급자가 연금보험료 납부를 희망하는 경우 보험료의 75%를 지원하고 그 기간을 가입기간으로 추가 산입하는 제도

※ 구직급여 … 고용보험에 가입되었던 사람이 이직 후 일정수급요건을 갖춘 경우 재취업 활동을 하는 기간에 지급하는 급여

※ 실업기간에 대하여 일정요건을 갖춘 사람이 신청하는 경우에 가입기간으로 추가 산입하는 제도이므로 국민연금 제도의 가입은 별도로 확인 처리해야 함

〈제도안내〉

(1) (지원대상) 국민연금 가입자 또는 가입자였던 사람 중 18세 이상 60세 미만의 구직급여 수급자
- 다만 재산세 과세금액이 6억 원을 초과하거나 종합소득(사업·근로소득 제외)이 1,680만 원을 초과하는 자는 지원 제외

(2) (지원방법) 인정소득 기준으로 산정한 연금보험료의 25%를 본인이 납부하는 경우에 나머지 보험료인 75%를 지원
- 인정소득은 실직 전 3개월 평균소득의 50%로 하되 최대 70만 원을 넘지 않음

(3) (지원기간) 구직급여 수급기간으로 하되, 최대 1년(12개월)까지 지원
- 구직급여를 지급받을 수 있는 기간은 120 ~ 270일(월로 환산 시 4 ~ 9개월)

(4) (신청 장소 및 신청기한) 전국 국민연금공단 지사 또는 고용센터
- 고용센터에 실업신고 하는 경우 또는 실업인정신청 시 실업크레딧도 함께 신청 가능하며, 구직급여 수급인정을 받은 사람은 국민연금공단 지사에 구직급여를 지급받을 수 있는 날이 속한 달의 다음달 15일까지 신청할 수 있음

① 실직 중이라도 실업크레딧 제도의 혜택을 받은 사람은 자동적으로 국민연금에 가입된 것이 된다.

② 국민연금을 한 번도 거르지 않고 납부해 온 62세의 구직급여 수급자는 실업크레딧의 지원 대상이 된다.

③ 실업 중이며 조그만 자동차와 별도의 사업소득으로 약 1,800만 원의 구직급여 수급자인 A 씨는 실업크레딧 지원 대상이다.

④ 인정소득 70만 원, 연금보험료는 63,000원인 구직급여 수급자가 15,750원을 납부하면 나머지 47,250원을 지원해 주는 제도이다.

⑤ 회사 사정으로 급여의 변동이 심하여 실직 전 3개월간 각각 300만 원, 80만 원, 60만 원의 급여를 받았고 재산세와 종합소득 기준이 부합되는 자는 직전 3개월 평균소득의 50%를 인정받을 수 있다.

 ④ 63,000원의 25%인 15,750원을 납부하면 나머지 75%인 47,250원을 지원해 주는 제도이다.
① 국민연금 제도의 가입은 별도로 확인 처리해야 한다고 언급되어 있다.
② 18세 이상 60세 미만의 구직급여 수급자로 제한되어 있다.
③ 종합소득(사업·근로소득 제외)이 1,680만 원을 초과하는 자는 지원 제외 대상이다.
⑤ 300 + 80 + 60 = 440만 원이므로 평균소득이 약 147만 원이며, 이의 50%는 70만 원을 넘게 되므로 인정소득 한도를 넘게 된다.

4 다음 '중복급여의 조정'에 관한 안내 글을 읽고 이를 도표로 정리한 내용 ⑺ ~ ⑽ 중, 안내 글의 내용과 일치하지 않는 것은?

〈중복급여의 조정〉

우리보다 앞서 사회보장제도를 실시하고 있는 일본, 영국, 미국, 덴마크 등과 같이 우리나라에서도 한 사람에게 국민연금 또는 다른 사회보험에 의한 급여가 중복 지급되는 것을 제한하거나 조정하고 있습니다. 이는 한 사람에게 급여가 집중되는 것을 방지하여 한정된 재원으로 좀 더 많은 사람들이 골고루 혜택을 누려야 한다는 사회보험의 원리에 따른 것입니다.

한 사람에게 둘 이상의 국민연금 급여가 발생한 경우 원칙적으로 선택한 하나만 지급받을 수 있으나, 일정한 경우에는 선택하지 않은 급여의 일부를 지급받을 수 있습니다. 예를 들어, 장애연금을 받고 있는 사람에게 노령연금이 발생한 경우에는 선택한 하나의 연금이 지급되고 다른 연금의 지급은 정지되나, 선택하지 아니한 급여가 유족연금일 경우 선택한 급여와 유족연금액의 30% 지급(단, 선택한 급여가 반환일시금일 경우 유족연금액의 30%를 지급하지 아니함)하며, 선택하지 아니한 급여가 반환일시금일 경우 선택한 급여를 전액 지급하고 반환일시금은 '국민연금법 제80조 제2항에 상당하는 금액(사망일시금 상당액)'을 지급합니다. (단, 선택한 급여가 장애연금이고 선택하지 않은 급여가 본인의 연금보험료 납부로 인한 반환일시금일 경우 장애연금만 지급함)

선택	비선택	최종지급
장애연금	노령연금	⑺ 장애연금
장애연금	유족연금	⑻ 장애연금 + 유족연금 30%
반환일시금	유족연금	⑼ 반환일시금 + 유족연금 30%
노령연금	반환일시금	⑽ 노령연금 + 사망일시금 상당액
장애연금	반환일시금	⑾ 장애연금

① ⑺   ② ⑻
③ ⑼   ④ ⑽
⑤ ⑾

 ③ 선택되지 않은 급여가 유족연금일 경우 선택한 급여와 유족연금의 30%도 함께 지급이 되나, 이 때 선택한 급여가 반환일시금일 경우엔 유족연금의 30%를 지급하지 않는다고 규정되어 있다.

ANSWER 3.④ 4.③

5 H공단에서는 신도시 건설 예상 지역에 수도 연결과 관련한 사업 타당성 조사를 벌여 다음과 같은 SWOT 환경 분석 보고서를 작성하고 그에 맞는 전략을 제시하였다. 다음 자료를 참고하여 세운 전략이 적절하지 않은 것은?

> SWOT 분석은 내부 환경요인과 외부 환경요인의 2개의 축으로 구성되어 있다. 내부 환경요인은 자사 내부의 환경을 분석하는 것으로 분석은 다시 자사의 강점과 약점으로 분석된다. 외부 환경요인은 자사 외부의 환경을 분석하는 것으로 분석은 다시 기회와 위협으로 구분된다. 내부 환경요인과 외부 환경요인에 대한 분석이 끝난 후에 매트릭스가 겹치는 SO, WO, ST, WT에 해당되는 최종 분석을 실시하게 된다. 내부의 강점과 약점을, 외부의 기회와 위협을 대응시켜 기업의 목표를 달성하려는 SWOT 분석에 의한 발전전략의 특성은 다음과 같다.
> - SO전략 : 외부 환경의 기회를 활용하기 위해 강점을 사용하는 전략 선택
> - ST전략 : 외부 환경의 위협을 회피하기 위해 강점을 사용하는 전략 선택
> - WO전략 : 자신의 약점을 극복함으로써 외부 환경의 기회를 활용하는 전략 선택
> - WT전략 : 외부 환경의 위협을 회피하고 자신의 약점을 최소화하는 전략 선택
>
> | 강점(Strength) | • 수도관 건설에 따른 수익률 개선 및 주변 지역 파급효과 기대
• H공단의 축적된 기술력과 노하우 |
> |---|---|
> | 약점(Weakness) | • 해당 지역 연락사무소 부재로 원활한 업무 기대난망
• 과거 건설사고 경험으로 인해 계약 낙찰 불투명 |
> | 기회(Opportunity) | • 현지 가용한 근로인력 다수 확보 가능
• 신도시 건설 예상지이므로 정부의 규제 및 제도적 지원 가능 |
> | 위협(Threat) | • 지반 문제로 인한 수도관로 건설비용 증가 예상
• 경쟁업체와의 극심한 경쟁 예상 |

① 자사의 우수한 기술력을 통해 경쟁을 극복하려는 것은 ST전략이다.

② 입찰 전이라도 현지에 연락사무소를 미리 설치하여 경쟁업체의 동향을 파악해 보는 것은 WT전략이다.

③ 현지에 근로인력에게 자사의 기술을 교육 및 전수하여 공사를 진행하려는 것은 SO전략이다.

④ 건설비용 추가 발생 우려가 있으나 인근 지역 개발 기회가 부여될 수 있다는 기대감에 중점을 두는 것은 WO전략이다.

⑤ 사고 경험은 경쟁사와의 경쟁에 치명적 약점이 될 수 있으므로 우수 건설 사례를 찾아 적극 홍보하려는 전략은 WT전략이다.

 ④ 건설비용 추가 발생 우려는 H공단의 위협 요인(T)이며, 인근 지역의 개발 기회를 통해 이러한 비용 부분이 만회(S)될 수 있다는 것이므로 ST전략이다.
① 자사의 우수한 기술력(S) + 경쟁 극복(T) → ST전략
② 연락사무소 설치(W) + 경쟁업체 동향 파악(T)으로 약점 최소화 → WT전략
③ 현지 근로인력 이용(O) + 우수 기술 교육 및 전수(S) → SO전략
⑤ 사고 경험(W) + 우수 사례로 경쟁 극복(T)하여 위협 제거 및 약점 최소화 → WT전략

6 전문가 6명(A ~ F)의 '회의 참여 가능 시간'과 '회의 장소 선호도'를 반영하여 〈조건〉을 충족하는 회의를 월요일 ~ 금요일 중에 개최하려 한다. 다음에 제시된 표 및 〈조건〉을 보고 판단한 것 중 옳은 것은?

〈회의 참여 가능 시간〉

전문가 \ 요일	월	화	수	목	금
A	13:00 ~ 16:20	15:00 ~ 17:30	13:00 ~ 16:20	15:00 ~ 17:30	16:00 ~ 18:30
B	13:00 ~ 16:10	–	13:00 ~ 16:10	–	16:00 ~ 18:30
C	16:00 ~ 19:20	14:00 ~ 16:20	–	14:00 ~ 16:20	16:00 ~ 19:20
D	17:00 ~ 19:30	–	17:00 ~ 19:30	–	17:00 ~ 19:30
E	–	15:00 ~ 17:10	–	15:00 ~ 17:10	–
F	16:00 ~ 19:20	–	16:00 ~ 19:20	–	16:00 ~ 19:20

〈회의 장소 선호도〉

장소 \ 전문가	A	B	C	D	E	F
가	5점	4점	5점	6점	7점	5점
나	6점	6점	8점	6점	8점	8점
다	7점	8점	5점	6점	3점	4점

〈조건〉

1) 전문가 A ~ F 중 3명 이상이 참여할 수 있어야 회의 개최가 가능하다.
2) 회의는 1시간 동안 진행되며, 회의 참여자는 회의 시작부터 종료까지 자리를 지켜야 한다.
3) 회의 시간이 정해지면, 해당 일정에 참여 가능한 전문가들의 선호도를 합산하여 가장 높은 점수가 나온 곳을 회의 장소로 정한다.

① 월요일에는 회의를 개최할 수 없다.

② 금요일 16시에 회의를 개최할 경우 회의 장소는 '가'이다.

③ 금요일 18시에 회의를 개최할 경우 회의 장소는 '다'이다.

④ A가 반드시 참여해야 할 경우 목요일 16시에 회의를 개최할 수 있다.

⑤ C, D를 포함하여 4명 이상이 참여해야 할 경우 금요일 17시에 회의를 개최할 수 있다.

✔해설 ⑤ 금요일 17시에 회의를 개최할 경우 C, D를 포함하여 A, B, F가 회의에 참여할 수 있다.
　① 17:00 ~ 19:20 사이에 3명(C, D, F)의 회의가능 시간이 겹치므로 월요일에 회의를 개최할 수 있다.
　② 금요일 16시 회의에 참여 가능한 전문가는 A, B, C, F이며 네 명의 회의 장소 선호도는 '가: 19점', '나: 28점', '다: 24점'으로 가장 높은 점수인 '나'가 회의 장소가 된다.
　③ 금요일 18시 회의에 참여하는 전문가는 C, D, F이고 회의 장소 선호도를 합산한 결과 '나' 장소가 된다(나 : 22점 > 가 : 16점 > 다 : 15점).
　④ 목요일 16시에 회의를 개최하면 참여 가능한 전문가는 A, E 둘뿐이므로 회의개최가 불가능하다.

ANSWER 5.④ 6.⑤

7 A구와 B구로 이루어진 신도시 '가' 시에는 어린이집과 복지회관이 없다. 이에 '가' 시는 60억 원의 건축 예산을 사용하여 〈건축비와 만족도〉와 〈조건〉하에서 시민 만족도가 가장 높도록 어린이집과 복지회관을 신축하려고 한다. 다음을 근거로 판단할 때 옳지 않은 것은?

〈건축비와 만족도〉

지역	시설 종류	건축비(억 원)	만족도
A구	어린이집	20	35
	복지회관	15	30
B구	어린이집	15	40
	복지회관	20	50

〈조건〉

1) 예산 범위 내에서 시설을 신축한다.
2) 시민 만족도는 각 시설에 대한 만족도의 합으로 계산한다.
3) 각 구에는 최소 1개의 시설을 신축해야 한다.
4) 하나의 구에 동일 종류의 시설을 3개 이상 신축할 수 없다.
5) 하나의 구에 동일 종류의 시설을 2개 신축할 경우, 그 시설 중 한 시설에 대한 만족도는 20% 하락한다.

① 예산은 모두 사용될 것이다.

② A구에는 어린이집이 신축될 것이다.

③ B구에는 2개의 시설이 신축될 것이다.

④ '가' 시에 신축되는 시설의 수는 4개일 것이다.

⑤ '조건 5'가 없더라도 신축되는 시설의 수는 달라지지 않을 것이다.

✔ 해설 ② 예산 60억 원을 모두 사용한다고 했을 때, 건축비 15억 원이 소요되는 시설 4개를 지을 수 있는 경우는 (조건 3, 4에 의해) 'A구에 복지회관 2개, B구에 어린이집 2개'인 경우(만족도 126)뿐이다. 3개를 지을 때 최대로 만족도를 얻을 수 있는 경우는 다음과 같다.

지역-시설종류	건축비	만족도	지역-시설종류	건축비	만족도
B-복지회관	20억 원	50	B-복지회관	20억 원	50
B-어린이집	15억 원	40	B-복지회관	20억 원	40[조건5)]
A-어린이집	20억 원	35	A-어린이집	20억 원	35
	55억 원	125		60억 원	125

따라서 A구에 복지회관 2개, B구에 어린이집 2개를 신축할 경우에 시민 만족도가 가장 높다.

8 새로이 형성된 뉴타운에 새로 개점한 NH농협은행 ○○지점장은 은행의 수익을 향상시키기 위해 여러 가지 방안을 모색하지만 뾰족한 수가 떠오르지 않았다. 기업컨설팅회사에 근무하는 친구에게 자문을 구했더니 은행 주변 환경을 조사하여 방법을 찾아보라는 조언을 받았다. 친구의 조언을 받고 은행 주변의 환경을 조사하였더니 다음과 같이 4개의 블록별로 정리할 수 있었다. 은행에서 판매하는 각종 대출상품을 각 블록에 매치하여 마케팅을 한다고 할 경우 지점장의 마케팅 전략으로 옳지 않은 것은?

A블록 : 30평형대 아파트 단지, 30 ~ 40대가 주로 거주하며 회사원이 대부분이고 전세자가 많다.
B블록 : 40평형대 아파트 단지, 주로 50대 이상이 거주하며 기업을 경영하거나 자영업을 하는 사람들이 많고, 대부분 부부들만 거주한다.
C블록 : 준거주지와 준상업지역으로 음식점, 커피숍 등 상가 밀집지역이다.
D블록 : 학원가와 소규모 사무실이 대부분이며 주간에는 주로 직원들이 근무하고 야간에는 학생들이 활동하는 지역이다.

㉠ 우량기업 직장인을 대상으로 대출한도 및 대출금리를 우대하는 신용대출 상품인 「튼튼직장인대출」을 적극 홍보한다.
㉡ 은퇴 이후 주요 소득원인 연금소득이 있는 고객에게 주요 가계 지출 시 우대금리를 제공하는 시니어전용 대출 상품인 「100세 플랜 연금대출」 상품을 적극 홍보한다.
㉢ 소규모 사업자의 사업경영에 필요한 자금을 시장금리보다 낮은 이자율로 지원하는 「소상공인정책자금」 상품을 홍보한다.
㉣ 주택도시보증공사의 전세보증금반환보증과 전세자금대출특약보증의 결합상품으로서 전세자금을 지원하고, 반환보증을 통해 전세계약 만료 시 전세보증금을 안전하게 돌려받아 대출금을 상환할 수 있도록 하는 「전세금안심대출」 상품을 홍보한다.
㉤ 사업자등록증이 있는 개인사업자에게 담보여신에 추가하여 최대 1억 5천만 원까지 무보증신용여신을 지원하는 「성공비즈니스대출」 상품을 홍보한다.

---

① A블록 아파트 단지는 「튼튼직장인대출」 상품을 적극 홍보한다.
② B블록 아파트 단지는 거주자 연령대를 감안하여 「100세 플랜 연금대출」 상품을 홍보하는 게 유리하다.
③ C블록은 상가 형성지역이므로 「소상공인정책자금」 상품을 수시로 홍보한다.
④ D블록은 학원가와 소규모 사무실이 형성되어 있으므로 농협은행을 주 거래로 하고 거래실적이 높은 학원이나 업체를 대상으로 「성공비즈니스대출」 상품을 홍보한다.
⑤ A블록 아파트 단지는 전세자가 많으므로 「전세금안심대출」 상품을 홍보하는 게 유리하다.

> **✔해설** ⑤ A블록은 30평형대 아파트 단지, 30~40대가 주로 거주하며 회사원이 대부분이고 전세자가 많다. 전세자가 많다는 것은 이미 전세를 살고 있다는 것이므로 전세금안심대출을 홍보할 필요가 없다.

9 갑은 2026년 1월 전액 현금으로만 다음 표와 같이 지출하였다. 만약 갑이 2026년 1월에 A ~ C 신용카드 중 하나만을 발급받아 할인 전 금액이 표와 동일하도록 그 카드로만 지출하였다면, 신용카드별 할인혜택에 근거한 할인 후 예상청구액이 가장 적은 카드부터 순서대로 바르게 나열한 것은?

〈표〉 2026년 1월 지출내역

분류	세부항목		금액	합계
교통비	버스 · 지하철 요금		8만 원	20만 원
	택시 요금		2만 원	
	KTX 요금		10만 원	
식비	외식비	평일	10만 원	30만 원
		주말	5만 원	
	카페 지출액		5만 원	
	식료품 구입비	대형마트	5만 원	
		재래시장	5만 원	
의류구입비	온라인		15만 원	30만 원
	오프라인		15만 원	
여가 및 자기계발비	영화관람료(1만원/회 × 2회)		2만 원	30만 원
	도서구입비 (2만원/권 × 1권, 1만5천원/권 × 2권, 1만원/권 × 3권)		8만 원	
	학원 수강료		20만 원	

〈신용카드별 할인혜택〉

○ A 신용카드
- 버스, 지하철, KTX 요금 20% 할인(단, 할인액의 한도는 월 2만원)
- 외식비 주말 결제액 5% 할인
- 학원 수강료 15% 할인
- 최대 총 할인한도액은 없음
- 연회비 1만 5천 원이 발급 시 부과되어 합산됨

○ B 신용카드
- 버스, 지하철, KTX 요금 10% 할인(단, 할인액의 한도는 월 1만원)
- 온라인 의류구입비 10% 할인
- 도서구입비 권당 3천 원 할인(단, 권당 가격이 1만 2천 원 이상인 경우에만 적용)
- 최대 총 할인한도액은 월 3만 원
- 연회비 없음

○ C 신용카드
  • 버스, 지하철, 택시 요금 10% 할인(단, 할인액의 한도는 월 1만 원)
  • 카페 지출액 10% 할인
  • 재래시장 식료품 구입비 10% 할인
  • 영화관람료 회당 2천원 할인(월 최대 2회)
  • 최대 총 할인한도액은 월 4만 원
  • 연회비 없음

※ 할부나 부분청구는 없으며, A∼C 신용카드는 매달 1일부터 말일까지의 사용분에 대하여 익월 청구됨

① A − B − C
② A − C − B
③ B − A − C
④ B − C − A
⑤ C − A − B

✔해설 ① 할인내역을 정리하면 다음과 같다.
　　○ A 신용카드
　　 • 교통비 20,000원
　　 • 외식비 2,500원
　　 • 학원수강료 30,000원
　　 • 연회비 15,000원
　　 • 할인합계 37,500원
　　○ B 신용카드
　　 • 교통비 10,000원
　　 • 온라인 의류구입비 15,000원
　　 • 도서구입비 9,000원
　　 • 할인합계 30,000원
　　○ C 신용카드
　　 • 교통비 10,000원
　　 • 카페 지출액 5,000원
　　 • 재래시장 식료품 구입비 5,000원
　　 • 영화관람료 4,000원
　　 • 할인합계 24,000원

10 다음 글의 내용과 날씨를 근거로 판단할 경우 A가 여행을 다녀온 시기로 가능한 것은?

- A는 선박으로 '포항 → 울릉도 → 독도 → 울릉도 → 포항' 순으로 3박 4일의 여행을 다녀왔다.
- '포항 → 울릉도' 선박은 매일 오전 10시, '울릉도 → 포항' 선박은 매일 오후 3시에 출발하며, 편도 운항에 3시간이 소요된다.
- 울릉도에서 출발해 독도를 돌아보는 선박은 매주 화요일과 목요일 오전 8시에 출발하여 당일 오전 11시에 돌아온다.
- 최대 파고가 3m 이상인 날은 모든 노선의 선박이 운항되지 않는다.
- A는 매주 금요일에 술을 마시는데, 술을 마신 다음날은 멀미가 심해 선박을 탈 수 없다.
- 이번 여행 중 A는 울릉도에서 호박엿 만들기 체험을 했는데, 호박엿 만들기 체험은 매주 월·금요일 오후 6시에만 할 수 있다.

날씨

(㉠ : 최대 파고)

日	月	火	水	木	金	土
16 ㉠ 1.0m	17 ㉠ 1.4m	18 ㉠ 3.2m	19 ㉠ 2.7m	20 ㉠ 2.8m	21 ㉠ 3.7m	22 ㉠ 2.0m
23 ㉠ 0.7m	24 ㉠ 3.3m	25 ㉠ 2.8m	26 ㉠ 2.7m	27 ㉠ 0.5m	28 ㉠ 3.7m	29 ㉠ 3.3m

① 19일(水) ~ 22일(土)
② 20일(木) ~ 23일(日)
③ 23일(日) ~ 26일(水)
④ 25일(火) ~ 28일(金)
⑤ 26일(水) ~ 29일(土)

 ③ 23일 일요일 오후 1시에 울릉도 도착, 24일 월요일 호박엿 만들기 체험, 25일 화요일 독도 방문, 26일 수요일에 다시 포항에 도착한다.

① 19일 수요일 오후 1시 울릉도 도착, 20일 목요일 독도 방문, 22일 토요일은 복귀하는 날인데 A는 매주 금요일에 술을 마시므로 멀미로 인해 선박을 이용하지 못한다.

② 20일 목요일 오후 1시 울릉도 도착, 독도는 화요일과 목요일만 돌아볼 수 있으므로 불가능하다.

④ 25일 화요일 오후 1시 울릉도 도착, 27일 목요일 독도 방문, 28일 금요일 호박엿 만들기 체험은 오후 6시인데, 복귀하는 선박은 오후 3시 출발이라 불가능하다.

⑤ 26일 수요일 오후 1시 울릉도 도착, 27일 목요일 독도 방문, 28일 금요일 호박엿 만들기 체험, 매주 금요일은 술을 마시므로 다음날 선박을 이용하지 못하며, 29일은 파고가 3m를 넘어 선박이 운항하지 않아 불가능하다.

11 다음의 (개), (내)는 100만 원을 예금했을 때 기간에 따른 이자에 대한 표이다. 이에 대한 설명으로 옳은 것은? (단, 예금할 때 약정한 이자율은 변하지 않는다.)

구분	1년	2년	3년
(개)	50,000원	100,000원	150,000원
(내)	40,000원	81,600원	124,864원

> ㉠ (개)는 단순히 원금에 대한 이자만을 계산하는 이자율이 적용되었다.
> ㉡ (개)의 경우, 매년 물가가 5% 상승할 경우(원금＋이자)의 구매력은 모든 기간에 같다.
> ㉢ (내)의 경우, 매년 증가하는 이자액은 기간이 길어질수록 커진다.
> ㉣ (내)와 달리 (개)와 같은 이자율 계산 방법은 현실에서는 볼 수 없다.

① ㉠, ㉢
② ㉠, ㉣
③ ㉡, ㉣
④ ㉡, ㉢
⑤ ㉠, ㉡, ㉢

✔해설 ㉡ (개)의 경우 매년 물가가 5% 상승하면 두 번째 해부터 구매력은 점차 감소한다.
㉣ 금융 기관에서는 단리뿐 아니라 복리 이자율이 적용되는 상품 또한 판매하고 있다.

12 한 마을에 약국이 A, B, C, D, E 다섯 군데가 있다. 다음의 조건에 따를 때 문을 연 약국에 해당하는 곳이 바르게 나열된 것은?

> • A와 B 모두 문을 열지는 않았다.
> • A가 문을 열었다면, C도 문을 열었다.
> • A가 문을 열지 않았다면, B가 문을 열었거나 C가 문을 열었다.
> • C는 문을 열지 않았다.
> • D가 문을 열었다면, B가 문을 열지 않았다.
> • D가 문을 열지 않았다면, E도 문을 열지 않았다.

① A
② B
③ A, E
④ D, E
⑤ B, D, E

✔해설 • A와 B 모두 문을 열지는 않았다. → A 또는 B가 문을 열었다.
• A가 문을 열었다면, C도 문을 열었다. → A가 문을 열지 않으면 C도 문을 열지 않는다.
• A가 문을 열지 않았다면, B가 문을 열었거나 C가 문을 열었다. → B가 문을 열었다.
• C는 문을 열지 않았다. → C가 열지 않았으므로 A도 열지 않았다.
• D가 문을 열었다면, B가 문을 열지 않았다. → B가 문을 열었으므로 D는 열지 않았다.
• D가 문을 열지 않았다면, E도 문을 열지 않았다.
∴ A, C, D, E는 문을 열지 않았다.

ANSWER 10.③ 11.① 12.②

13 다음은 영업사원인 윤석씨가 오늘 미팅해야 할 거래처 직원들과 방문해야 할 업체에 관한 정보이다. 다음의 정보를 모두 반영하여 하루의 일정을 짠다고 할 때 순서가 올바르게 배열된 것은? (단, 장소 간 이동 시간은 없는 것으로 가정한다.)

〈거래처 직원들의 요구 사항〉

• A거래처 과장 : 회사 내부 일정으로 인해 미팅은 10시 ~ 12시 또는 16 ~ 18시까지 2시간 정도 가능합니다.
• B거래처 대리 : 12시부터 점심식사를 하거나, 18시부터 저녁식사를 하시죠. 시간은 2시간이면 될 것 같습니다.
• C거래처 사원 : 외근이 잡혀서 오전 9시부터 10시까지 1시간만 가능합니다.
• D거래처 부장 : 외부일정으로 18시부터 저녁식사만 가능합니다.

〈방문해야 할 장소와 가능시간〉

• E서점 : 14 ~ 18시, 소요시간은 2시간
• F은행 : 12 ~ 16시, 소요시간은 1시간
• G미술관 관람 : 하루 3회(10시, 13시, 15시), 소요시간은 1시간

---

① C거래처 사원 – A거래처 과장 – B거래처 대리 – E서점 – G미술관 – F은행 – D거래처 부장
② C거래처 사원 – A거래처 과장 – F은행 – B거래처 대리 – G미술관 – E서점 – D거래처 부장
③ C거래처 사원 – G미술관 – F은행 – B거래처 대리 – E서점 – A거래처 과장 – D거래처 부장
④ C거래처 사원 – A거래처 과장 – B거래처 대리 – F은행 – G미술관 – E서점 – D거래처 부장
⑤ C거래처 사원 – A거래처 과장 – G미술관 – B거래처 대리 – F은행 – E서점 – D거래처 부장

> **✔해설** ④ C거래처 사원(9시 ~ 10시) – A거래처 과장(10시 ~ 12시) – B거래처 대리(12시 ~ 14시) – F은행(14시 ~ 15시) – G미술관(15시 ~ 16시) – E서점(16 ~ 18시) – D거래처 부장(18시 ~)
> ① E서점까지 들리면 16시가 되는데, 그 이후에 G미술관을 관람할 수 없다.
> ② F은행까지 들리면 13시가 되는데, B거래처 대리 약속은 18시에 가능하다.
> ③ G미술관 관람을 마치고 나면 11시가 되는데, F은행은 12시에 가야 한다. 1시간 기다려서 F은행 일이 끝나면 13시가 되는데, B거래처 대리 약속은 18시에 가능하다.
> ⑤ A거래처 과장을 만나고 나면 1시간을 기다려서 G미술관 관람을 하여야 하며, 관람을 마치면 14시가 되어 B거래처 대리를 18시에 만나게 될 수밖에 없다. 그렇게 되면 D거래처 부장은 만날 수 없다.

14 다음의 내용에 따라 두 번의 재배정을 한 결과, 병이 홍보팀에서 수습 중이다. 다른 신입사원과 최종 수습부서를 바르게 연결한 것은?

> 신입사원을 뽑아서 1년 동안의 수습기간을 거치게 한 후, 정식사원으로 임명을 하는 한 회사가 있다. 그 회사는 올해 신입사원으로 2명의 여자 직원 갑과 을, 그리고 2명의 남자 직원 병과 정을 뽑았다. 처음 4개월의 수습기간 동안 갑은 기획팀에서, 을은 영업팀에서, 병은 총무팀에서, 정은 홍보팀에서 각각 근무하였다. 그 후 8개월 동안 두 번의 재배정을 통해서 신입사원들은 다른 부서에서도 수습 중이다. 재배정할 때마다 다음의 세 원칙 중 한 가지 원칙만 적용되었고, 같은 원칙은 다시 적용되지 않았다.

> 〈원칙〉
> 1. 기획팀에서 수습을 거친 사람과 총무팀에서 수습을 거친 사람은 서로 교체해야 하고, 영업팀에서 수습을 거친 사람과 홍보팀에서 수습을 거친 사람은 서로 교체한다.
> 2. 총무팀에서 수습을 거친 사람과 홍보팀에서 수습을 거친 사람만 서로 교체한다.
> 3. 여성 수습사원만 서로 교체한다.

① 갑 – 총무팀   ② 을 – 영업팀
③ 을 – 총무팀   ④ 정 – 영업팀
⑤ 정 – 총무팀

✔해설 ⑤ 사원과 근무부서를 표로 나타내면 다음과 같다.

배정부서	기획팀	영업팀	총무팀	홍보팀
처음 배정 부서	갑	을	병	정
2번째 배정 부서				
3번째 배정 부서				병

규칙 3을 먼저 적용하고 규칙 2를 적용하면 병이 홍보팀에 배정되므로 조건을 만족한다.

배정부서	기획팀	영업팀	총무팀	홍보팀
처음 배정 부서	갑	을	병	정
2번째 배정 부서	을	갑	병	정
3번째 배정 부서	을	갑	정	병

15 '가' 은행 '나' 지점에서는 3월 11일 회계감사 관련 서류 제출을 위해 본점으로 출장을 가야 한다. 다음에 제시된 〈조건〉과 〈상황〉을 바탕으로 판단할 때, 출장을 함께 갈 수 있는 직원들의 조합으로 가능한 것은?

〈조건〉

1) 08시 정각 출발이 확정되어 있으며, 출발 후 '나' 지점에 복귀하기까지 총 8시간이 소요된다. 단, 비가 오는 경우 1시간이 추가로 소요된다.
2) 출장인원 중 한 명이 직접 운전하여야 하며, '운전면허 1종 보통' 소지자만 운전할 수 있다.
3) 출장시간에 사내 업무가 겹치는 경우에는 출장을 갈 수 없다.
4) 출장인원 중 부상자가 포함되어 있는 경우, 서류 박스 운반 지연으로 인해 30분이 추가로 소요된다.
5) 차장은 책임자로서 출장인원에 적어도 한 명 포함되어야 한다.
6) 주어진 조건 외에는 고려하지 않는다.

〈상황〉

1) 3월 11일은 하루 종일 비가 온다.
2) 3월 11일 당직 근무는 17시 10분에 시작한다.

직원	직급	운전면허	건강상태	출장 당일 사내 업무
A	차장	1종 보통	부상	없음
B	차장	2종 보통	건강	17시 15분 계약업체 담당
C	과장	없음	건강	17시 35분 고객 상담
D	과장	1종 보통	건강	당직 근무
E	대리	2종 보통	건강	없음

① A, B, C
② A, C, D
③ B, C, E
④ B, D, E
⑤ C, D, E

✔해설 ④ 3월 11일에 하루 종일 비가 온다고 했으므로 복귀하기까지 총 소요 시간은 9시간이며, 복귀 시간은 부상자가 없을 경우 17시가 된다. 부상이 있는 A가 출장을 갈 경우, 17시 15분에 사내 업무가 있는 B, 17시 10분부터 당직 근무를 서야 하는 D는 A와 함께 출장을 갈 수 없다. ③의 경우 1종 보통 운전면허 소지자가 없으며, ⑤의 경우 책임자인 차장이 포함되어 있지 않다.

16 ○○기업은 A~E 다섯 명을 대상으로 면접시험을 실시하였다. 면접시험의 평가기준은 '가치관, 열정, 표현력, 잠재력, 논증력' 5가지 항목이며 각 항목 점수는 3점 만점이다. 〈면접시험 결과〉와 〈등수〉가 아래와 같을 때, 보기 중 옳은 것을 고르면? (단, 종합점수는 각 항목별 점수에 항목가중치를 곱하여 합산하며, 종합점수가 높은 순으로 등수를 결정하였다.)

〈면접시험 결과〉

(단위 : 점)

구분	A	B	C	D	E
가치관	3	2	3	2	2
열정	2	3	2	2	2
표현력	2	3	2	2	3
잠재력	3	2	2	3	3
논증력	2	2	3	3	2

〈등수〉

순위	면접 응시자
1	B
2	E
3	A
4	D
5	C

① 잠재력은 열정보다 항목가중치가 높다.

② 논증력은 열정보다 항목가중치가 높다.

③ 잠재력은 가치관보다 항목가중치가 높다.

④ 가치관은 표현력보다 항목가중치가 높다.

⑤ 논증력은 잠재력보다 항목가중치가 높다.

✔**해설** ③ A~E 중 비교 항목 외의 나머지 항목에서 같은 점수를 나타내는 두 면접 응시자를 비교함으로써 각 보기에서 비교하는 두 항목 간 가중치의 대소를 알 수 있다. 따라서 '잠재력'과 '가치관'의 항목가중치를 비교하려면 C와 D의 점수와 등수를 비교함으로써 알 수 있다. C는 가치관에서 D보다 1점 높고 D는 잠재력에서 C보다 1점 높은 상황에서 D의 등수가 C보다 높으므로 가중치는 '잠재력'에서 더 높은 것을 알 수 있다. 마찬가지로 ①의 경우 B와 E, ④의 경우 A와 E, ⑤의 경우 A와 C를 비교해봄으로써 항목 간 가중치의 높고 낮음을 알 수 있다. ②의 경우에는 주어진 조건에서 비교할 수 있는 대상이 없으므로 알 수 없는 내용이다.

〈등급별 성과급 지급액〉

성과평가 종합점수	성과 등급	등급별 성과급
95점 이상	S	기본급의 30%
90점 이상 ~ 95점 미만	A	기본급의 25%
85점 이상 ~ 90점 미만	B	기본급의 20%
80점 이상 ~ 85점 미만	C	기본급의 15%
75점 이상 ~ 80점 미만	D	기본급의 10%

〈항목별 평가 점수〉

	영업1팀	영업2팀	영업3팀	영업4팀	영업5팀
수익 달성률	90	93	72	85	83
매출 실적	92	78	90	88	87
근태 및 부서평가	90	89	82	77	93

＊ 항목별 평가 종합점수는 수익 달성률 점수의 40%, 매출 실적 점수의 40%, 근태 및 부서평가 점수의 20%를 합산해서 구함

〈각 팀별 직원의 기본급〉

직원	기본급
곽 대리(영업1팀)	210만 원
엄 과장(영업2팀)	260만 원
신 차장(영업3팀)	320만 원
남 사원(영업4팀)	180만 원
권 대리(영업5팀)	220만 원

＊ 팀별 성과급은 해당 팀의 모든 직원에게 적용됨

17 위의 자료를 참고할 때, 항목별 평가 종합점수 순위가 두 번째와 세 번째인 팀을 순서대로 짝지은 것은 어느 것인가?

① 영업2팀, 영업3팀
② 영업3팀, 영업4팀
③ 영업5팀, 영업2팀
④ 영업3팀, 영업2팀
⑤ 영업4팀, 영업2팀

 ③ 주어진 규정에 의해 항목별 평가 종합점수를 계산해 보면 다음과 같다.

	영업1팀	영업2팀	영업3팀	영업4팀	영업5팀
수익 달성률	$90 \times 0.4 = 36.0$	$93 \times 0.4 = 37.2$	$72 \times 0.4 = 28.8$	$85 \times 0.4 = 34$	$83 \times 0.4 = 33.2$
매출 실적	$92 \times 0.4 = 36.8$	$78 \times 0.4 = 31.2$	$90 \times 0.4 = 36$	$88 \times 0.4 = 35.2$	$87 \times 0.4 = 34.8$
근태 및 부서평가	$90 \times 0.2 = 18$	$89 \times 0.2 = 17.8$	$82 \times 0.2 = 16.4$	$77 \times 0.2 = 15.4$	$93 \times 0.2 = 18.6$
종합점수	90.8	86.2	81.2	84.6	86.6

따라서 항목별 평가 종합점수가 두 번째로 높은 팀은 영업5팀, 세 번째로 높은 팀은 영업2팀이 된다.

18 영업1팀의 곽 대리와 영업3팀의 신 차장이 받게 될 성과급은 각각 얼마인가?

① 55만 5천 원, 44만 원
② 54만 2천 원, 46만 원
③ 52만 5천 원, 48만 원
④ 51만 8천 원, 49만 원
⑤ 54만 5천 원, 44만 원

해설 ③ 영업1팀과 영업3팀은 항목별 평가 종합점수(각 90.8점, 81.2점)에 의해 성과 등급이 각각 A등급과 C등급이 된다. 따라서 곽 대리는 210만 원의 25%, 신 차장은 320만 원의 15%를 각각 성과급으로 지급받게 된다. 이를 계산하면 곽 대리는 52만 5천 원, 신 차장은 48만 원이 된다.

〈이번 달 담당의사별 진료 시간 안내〉

구분	신경외과							
	A과장		B과장		C과장		D과장	
	오전	오후	오전	오후	오전	오후	오전	오후
월요일	진료	수술	진료	수술	수술	진료	진료	수술
화요일	수술	진료	진료	수술	진료	수술	진료	수술
수요일	진료	수술	수술	진료	진료	수술	진료	수술
목요일	수술	진료	진료	수술	수술	진료	진료	수술
금요일	진료	수술	수술	진료	진료	수술	진료	수술
토요일	진료 또는 수술		진료		진료 또는 수술		수술	
토요일 휴무	넷째 주		둘째 주		첫째 주		셋째 주	

＊ 토요일 진료시간: 09:00 ~ 13:00

＊ 평일 진료시간: 09:00 ~ 12:30 / 14:00 ~ 18:00

＊ 접수마감 시간: 오전 12:00, 오후 17:30

〈기타 안내사항〉

－ 이번 달 15일(수) ~ 18일(토)은 병원 내부 공사로 인해 외래진료 및 수술, 신규 환자 접수는 불가합니다.

－ MRI 및 CT 촬영은 최소 3일 전 예약을 하셔야 합니다.

－ 외래진료 시 MRI 등 영상 자료가 있어야 합니다(필요한 경우에 한함).

－ 초진의 경우, 건강보험증을 지참하시고 원무과에서 접수를 하시기 바랍니다.

－ 접수 후 진료실에서 진료를 마친 환자분께서는 다시 원무과로 오셔서 진료비를 수납 후 P창구에서 처방전을 받아 약을 받아 가시기 바랍니다.

－ 예약 또는 재진하시는 환자분은 곧바로 진료실로 가셔서 진료 후 원무과에 수술 또는 영상 촬영 여부를 알려주시고, 수술이신 경우 H창구에서 입원을, 영상 촬영이 필요하신 분은 영상센터로 가시어 안내를 받으시기 바랍니다.

19 다음 중 위의 안내문에 대한 올바른 설명이 아닌 것은 어느 것인가?

① 일주일 전 예약을 하고 찾아 온 환자는 원무과를 거치지 않고 곧장 진료를 받으면 된다.

② 토요일 셋째 주에 수술이 가능한 의사는 A, C, D 과장이다.

③ 처음 내원한 환자는 '원무과 → 진료실 → 원무과 → P창구 → 약국'의 동선으로 이동하게 된다.

④ 평일의 경우, A ~ D 과장 모두 오전에 진료 일정이 더 많이 잡혀 있다.

⑤ 외래진료 환자는 15일~18일을 피해서 W병원에 내원해야 접수할 수 있다.

> ✔해설 ② D과장은 토요일에 수술을 하지만, 셋째 주는 휴무이다. 토요일 셋째 주에 수술이 가능한 의사는 A, C이다.
> ① 예약과 재진 환자의 경우 진료실을 곧바로 찾아가면 된다.
> ③ 안내 사항에 언급되어 있다.
> ④ 평일의 경우, A ~ C 과장 모두 진료 일정이 '오전 3회〉오후 2회'이며, D과장의 경우 진료 일정이 모두 오전에 잡혀 있다.
> ⑤ 15 ~ 18일에는 병원 내부 공사로 인해 외래진료 및 수술, 신규 환자 접수는 불가하다.

20 K씨는 평소 앓고 있던 허리 디스크를 고치기 위하여 이번 달에 수술을 하기로 결정하였다. W병원 신경외과의 A과장이나 C과장에게 꼭 수술을 받고자 하며, 가급적 오전에 수술하기를 원한다면, 다음 설명 중 올바른 것은 어느 것인가?

① 20일에 MRI 촬영 예약을 하여 23일에 MRI 촬영 및 진료 후 다음 날인 24일에 수술을 하면 된다.

② 25일에 A과장에게 수술을 받을 수 있다.

③ 수요일과 금요일에는 K씨가 원하는 시간에 수술을 받을 수 없다.

④ '이번 달'에 수술을 받을 수 있는 토요일은 모두 두 번 있다.

⑤ 마지막 주에 K씨가 선택할 수 있는 수술날짜 일정이 네 번으로 가장 많다.

> ✔해설 ③ 15일이 수요일이라 했으므로 달력을 그려 A과장과 C과장의 오전 수술 일정을 확인해 보면 다음과 같다.

일	월	화	수	목	금	토
			1	2 A, C	3	4 A
5	6 C	7 A	8	9 A, C	10	11 A, C
12	13 C	14 A	15 공사	16 공사	17 공사	18 공사
19	20 C	21 A	22	23 A, C	24	25 C
26	27 C	28 A	(29)	(30) A, C	(31)	

> 따라서 수요일과 금요일은 A과장과 C과장이 모두 오전 수술 일정이 없어 K씨가 원하는 시간에 수술을 받을 수 없는 요일이 된다.
> ① 24일은 금요일이므로 A과장이나 C과장의 오전 수술 일정이 없는 날이다.
> ② 25일은 넷째 주 토요일이므로 A과장 휴무일이다.
> ④ 공사가 예정되어 있는 18일을 제외하고 4일, 11일, 25일 토요일에 수술 받을 수 있다.
> ⑤ 마지막 주에는 선택할 수 있는 일정이 최대 3일(월-C, 화-A, 목-A, C)이다. 둘째 주와 넷째 주가 네 번(월, 화, 목, 토)으로 K씨가 수술 일정을 잡을 수 있는 선택지가 가장 많다.

ANSWER 19.② 20.③

04 정보능력

[정보능력] 출제유형

① 컴퓨터활용능력: 정보검색 연산자, 소프트웨어 등의 기본적인 활용 방법을 이해하고 있는지에 대한 문제이다. 엑셀 함수식 문제 등이 출제된다.
② 정보처리능력: 정보를 분석하고 가공하여 활용하는 일련의 과정에 대한 문제이다.

[정보능력] 출제경향

업무와 관련된 정보를 수집하고 분석하여 의미 있는 정보를 찾아내 활용하는 능력이다. 이러한 과정을 컴퓨터를 활용해 수행할 수 있는지 파악하는 문제들로 구성된다. 검색 연산자 활용, 엑셀 함수식 이해, 데이터나 자료를 제시하고 이를 활용하여 문제를 해결하는 유형 등이 주로 출제된다. 최근에는 기본적인 컴퓨터 일반 이론보다는 자료의 처리와 해석 능력을 요구하는 문제의 비중이 높아지는 추세이다. 제시된 지문 사이에서 문제풀이에 필요한 자료만을 선별하는 능력이 중요하다.

[정보능력] 빈출유형

정보처리이론											
정보활용											
소프트웨어 사용											

예제 01 **컴퓨터활용능력**

다음 중 [D2] 셀에서 사용하고 있는 함수식으로 옳은 것은? (금액 = 수량 × 단가)

	A	B	C	D
1	지역	상품 코드	수량	금액
2	甲	AA − 10	15	45,000
3	乙	BB − 20	25	125,000
4	丙	AA − 10	30	90,000
5	丁	CC − 30	35	245,000
6				
7		상품 코드	단가	
8		AA − 10	3,000	
9		BB − 20	7,000	
10		CC − 30	5,000	

① =C2*VLOOKUP(B2,$B$8:$C$10, 1, 1)

② =B2*HLOOKUP(C2,$B$8:$C$10, 2, 0)

③ =C2*VLOOKUP(B2,$B$8:$C$10, 2, 0)

④ =C2*HLOOKUP($B$8:$C$10, 2, B2)

출제의도

수식을 함수 형태로 작성할 수 있는지를 평가하고, 셀 참조를 활용해 계산식을 정확히 구성할 수 있는 컴퓨터활용능력을 측정하는 문항이다.

해설

상품코드별 단가가 수직(열)형태로 되어 있으므로, 그 단가를 가져오기 위해서는 VLOOKUP함수를 이용해야 되며, 상품코드별 단가에 수량(C2)를 곱한다.
$B$8:$C$10에서 단가는 2열이고 반드시 같은 상품코드 (B2)를 가져와야 되므로, 0(False)을 사용하여 VLOOKUP(B2,$B$8:$C$10, 2, 0)처럼 수식을 작성해야 한다.

답 ③

예제 02 **정보활용능력**

다음 중 '자료', '정보', '지식'의 관계에 대한 설명으로 옳지 않은 것은?

① 객관적 실제의 반영이며, 그것을 전달할 수 있도록 기호화한 것을 자료라고 한다.

② 특정 상황에서 그 가치가 평가된 데이터를 정보와 지식이라고 말한다.

③ 자료를 가공하여 이용 가능한 형태로 만드는 과정을 자료처리(data processing)라고도 하며 일반적으로 컴퓨터가 담당한다.

④ 업무 활동을 통해 알게 된 세부 데이터를 컴퓨터로 일목요연하게 정리해 둔 것은 지식이다.

출제의도

자료 · 정보 · 지식의 개념적 차이와 상호 관계를 정확히 이해하고, 이를 구체적인 상황에서 구분해 낼 수 있는 능력을 측정하는 문항이다.

해설

'지식'이란 '어떤 특정의 목적을 달성하기 위해 과학적 또는 이론적으로 추상화되거나 정립되어 있는 일반화된 정보'를 뜻하는 것으로, 어떤 대상에 대하여 원리적 · 통일적으로 조직되어 객관적 타당성을 요구할 수 있는 판단의 체계를 제시한다. ④는 가치가 포함되어 있지 않은 단순한 데이터베이스라고 볼 수 있다.

답 ④

┃1~2┃ 다음은 시스템 모니터링 중에 나타난 화면이다. 다음 화면에 나타나는 정보를 이해하고 시스템 상태를 파악하여 적절한 input code를 고르시오.

〈시스템 화면〉

System is checking........
Run.....

Error Found!
Index GTEMSHFCBA of file WODRTSUEAI

input code : ___________

항목	세부사항
Index '__' of file '__'	• 오류 문자 : Index 뒤에 나타나는 10개의 문자 • 오류 발생 위치 : file 뒤에 나타나는 10개의 문자
Error Value	오류 문자와 오류 발생 위치를 의미하는 문자에 사용된 알파벳을 비교하여 일치하는 알파벳의 개수를 확인 (단, 알파벳의 위치와 순서는 고려하지 않으며 동일한 알파벳이 속해 있는지만 확인한다.)
input code	Error Value를 통하여 시스템 상태를 판단

판단 기준	시스템 상태	input code
일치하는 알파벳의 개수가 0개인 경우	안전	safe
일치하는 알파벳의 개수가 1 ~ 3개인 경우	경계	alert
일치하는 알파벳의 개수가 4 ~ 6개인 경우	경계	vigilant
일치하는 알파벳의 개수가 7 ~ 9개인 경우	위험	danger
일치하는 알파벳의 개수가 10개인 경우	복구 불능	unrecoverable

1

〈시스템 화면〉

System is checking........
Run.....

Error Found!
Index DRHIZGJUMY of file OPAULMBCEX

input code : _____________

① alert　　　　　　　　　　② vigilant
③ danger　　　　　　　　　④ unrecoverable

✔해설　① 알파벳 중 U, M 2개가 일치하기 때문에 시스템 상태는 경계 수준이며, input code는 alert이다.

2

〈시스템 화면〉

System is checking........
Run.....

Error Found!
Index QWERTYUIOP of file POQWIUERTY

input code : _____________

① alert　　　　　　　　　　② vigilant
③ danger　　　　　　　　　④ unrecoverable

✔해설　④ 10개의 알파벳이 모두 일치하기 때문에 시스템 상태는 복구 불능 수준이며, input code는 unrecoverable이다.

❙ 3~4 ❙ 다음은 W사의 부서별 업무량에 관한 자료이다. 이 자료를 토대로 성과급을 지급한다고 했을 때 이어지는 물음에 답하시오.

소속부서	이름	직위	업무량	업무량 비율
교육기획	정건주	사원	615	4.3%
교육운영	민서연	대리	950	6.6%
교육운영	도상식	사원	841	5.8%
문화행정	양승엽	과장	672	4.7%
재무회계	윤승희	과장	1,272	8.8%
총무	정민철	대리	891	6.2%
홍보마케팅	태공실	대리	1,581	11.0%
총무	기도훈	사원	1,560	10.8%
사무행정	한민준	과장	995	6.9%
교육기획	김직무	대리	1,254	8.7%
홍보마케팅	이은지	사원	876	6.1%
경비청소	박민지	과장	1,134	7.9%
사무행정	김지훈	대리	911	6.3%
행사기획	윤혜린	과장	873	6.1%

※ 성과급 지급 기준 : 업무량 1,000 이상인 자

3 다음 중 성과급 지급 대상자의 명단으로 옳은 것은?

① 박민지, 기도훈, 태공실, 김지훈, 민서연
② 김직무, 한민준, 윤승희, 정민철, 박민지
③ 기도훈, 박민지, 양승엽, 태공실, 윤승희
④ 이은지, 김직무, 박민지, 윤승희, 박민지
⑤ 기도훈, 박민지, 태공실, 윤승희, 김직무

✔**해설** ⑤ 성과급 지급 대상자는 윤승희, 태공실, 기도훈, 김직무, 박민지이다.

4　성과급 지급 기준이 다음과 같다면 성과급 지급 대상인 직원은 누구인가?

> 업무량이 7% 이상이며 직급이 대리인 직원

① 기도훈　　　　　　　　　　　② 윤승희
③ 태공실　　　　　　　　　　　④ 김직무
⑤ 정건주

　　✔ **해설**　④ 직급이 대리이며 업무량이 7% 이상인 직원은 태공실과 김두준이다.

5　다음 설명을 참고할 때, 'ISBN 89 349 0490'코드를 EAN코드로 올바르게 바꾼 것은 어느 것인가?

> 　　한국도서번호란 국제적으로 표준화된 방법에 의해 전 세계에서 생산되는 각종 도서에 부여하는 국제표준도서번호(International Standard Book Number: ISBN) 제도에 따라 우리나라에서 발행되는 도서에 부여하는 고유번호를 말한다. 또한 EAN(European Article Number)은 바코드 중 표준화된 바코드를 말한다. 즉, EAN코드는 국내뿐만 아니라 전 세계적으로 코드체계(자리수와 규격 등)가 표준화되어 있어 소매점의 POS시스템 도입이나 제조업 혹은 물류업자의 물류관리 등에 널리 사용이 가능한 체계이다.
> 　　ISBN코드를 EAN코드로 변환하는 방법은 다음과 같다.
> 　　먼저 9자리로 구성된 ISBN코드의 맨 앞에 3자리 EAN 도서번호인 978을 추가한다. 이렇게 연결된 12자리 숫자의 좌측 첫 자리 수부터 순서대로 번갈아 1과 3을 곱한다. 그렇게 곱해서 산출된 모든 수들을 더하고, 다시 10으로 나누게 된다. 이 때 몫을 제외한 '나머지'의 값이 다음과 같은 체크기호와 대응된다.
>
> | 나머지 | 0 | 1 | 2 | 3 | 4 | 5 | 6 | 7 | 8 | 9 |
> |---|---|---|---|---|---|---|---|---|---|---|
> | 체크기호 | 0 | 9 | 8 | 7 | 6 | 5 | 4 | 3 | 2 | 1 |
>
> 　　나머지에 해당하는 체크기호가 확인되면 처음의 12자리 숫자에 체크기호를 마지막에 더하여 13자리의 EAN코드를 만들 수 있게 된다.

① EAN 9788934904909　　　　　② EAN 9788934904908
③ EAN 9788934904907　　　　　④ EAN 9788934904906
⑤ EAN 9788934904905

　　✔ **해설**　② ISBN코드의 9자리 숫자는 893490490이다. 따라서 다음과 같은 단계를 거쳐 EAN코드의 체크기호를 산출할 수 있다.
　　　1. 978 & 893490490 → 978893490490
　　　2. $(9 \times 1) + (7 \times 3) + (8 \times 1) + (8 \times 3) + (9 \times 1) + (3 \times 3) + (4 \times 1) + (9 \times 3) + (0 \times 1) + (4 \times 3) + (9 \times 1) + (0 \times 3) =$ 132
　　　3. $132 \div 10 = 13 \cdots 2$
　　　4. 나머지 2의 체크기호는 8
　　따라서 13자리의 EAN코드는 EAN 9788934904908이 된다.

---

6 '수량'과 '품목코드'별 단가를 이용하여 금액을 다음과 같이 산출하였다. 다음 중 'D2' 셀에 사용된 함수식으로 올바른 것은 어느 것인가?

	A	B	C	D
1	매장명	품목코드	수량	총금액
2	갑 지점	ST-03	15	45,000
3	을 지점	KL-15	25	125,000
4	병 지점	ST-03	30	90,000
5	정 지점	DY-20	35	245,000
6				
7		품목코드	단가	
8		ST-03	3000	
9		KL-15	7000	
10		DY-20	5000	

① =C2*VLOOKUP(B2,$B$8:$C$10,1,1)

② =B2*HLOOKUP(C2,$B$8:$C$10,2,0)

③ =B2*VLOOKUP(B2,$B$8:$C$10,1,1)

④ =C2*VLOOKUP(B2,$B$8:$C$10,2,0)

⑤ =C2*HLOOKUP($B$8:$C$10,2,B2)

해설 ④ VLOOKUP은 범위의 첫 열에서 찾을 값에 해당하는 데이터를 찾은 후 찾을 값이 있는 행에서 열 번호 위치에 해당하는 데이터를 구하는 함수이다. 단가를 구하기 위해서는 첫 번째 열에서 표목코드를 찾아 단가를 반환해야 하므로 VLOOKUP 함수를 사용해야 한다. 찾을 방법은 TRUE(1) 또는 생략할 경우, 찾을 값의 아래로 근삿값, FALSE(0)이면 정확한 값을 표시한다. VLOOKUP(B2,$B$8:$C$10,2,0)은 'B8:C10' 영역의 첫 열에서 ST-03에 해당하는 데이터를 찾아 2열에 있는 단가 값인 3000을 구하게 된다.

따라서 '=C2*VLOOKUP(B2,$B$8:$C$10,2,0)'은 15*3000이 되어 결괏값은 45,000이 된다.

7 다음 워크시트에서 부서명[E2:E4]을 번호[A2:A10] 순서대로 반복하여 발령부서[C2:C10]에 배정하고자 한다. 다음 중 [C2] 셀에 입력할 수식으로 옳은 것은?

	A	B	C	D	E
1	번호	이름	발령부서		부서명
2	1	갑			기획팀
3	2	을			재무팀
4	3	병			총무팀
5	4	정			
6	5	무			
7	6	기			
8	7	경			
9	8	신			
10	9	임			

① = INDEX($E$2:$E$4, MOD(A2, 3))

② = INDEX($E$2:$E$4, MOD(A2, 3) + 1)

③ = INDEX($E$2:$E$4, MOD(A2 − 1, 3) + 1)

④ = INDEX($E$2:$E$4, MOD(A2 − 1, 3) − 1)

⑤ =INDEX($E$2:$E$4, MOD(A2, 4) + 1)

해설 ③ INDEX(범위, 행, 열)이고 MOD 함수는 나누어 나머지를 구해서 행 값을 구한다.

= INDEX($E$2:$E$4, MOD(A2 − 1, 3) + 1)

㉠ 범위 : $E$2:$E$4

㉡ 행 : MOD(A2 − 1, 3) + 1

MOD 함수는 나머지를 구해주는 함수로, = MOD(숫자, 나누는 수), MOD(A2 − 1, 3) + 1의 형태이다. 번호 6 기의 경우, 6(A7의 값) − 1 = 5, 5를 3으로 나누면 나머지가 2이며, 2 + 1 = 3이므로 3번째 행의 총무팀 값이 들어감을 알 수 있다.

8 다음 워크시트에서 매출액[B3:B9]을 이용하여 매출 구간별 빈도수를 [F3:F6] 영역에 계산하고자 한다. 다음 중 이를 위한 배열수식으로 옳은 것은?

	A	B	C	D	E	F
1						
2		매출액		매출구간		빈도수
3		75		0	50	
4		93		51	100	
5		130		101	200	
6		32		201	300	
7		123				
8		257				
9		169				

① {=PERCENTILE(B3:B9, E3:E6)}

② {=PERCENTILE(E3:E6, B3:B9)}

③ {=FREQUENCY(B3:B9, E3:E6)}

④ {=FREQUENCY(E3:E6, B3:B9)}

⑤ {=PERCENTILE(E3:E9, B3:B9)}

 ③ FREQUENCY(배열1, 배열2)는 배열2의 범위에 대한 배열1 요소들의 빈도수를 계산한다.
*PERCENTILE(범위, 인수) : 범위에서 인수 번째 백분위수 값
함수 형태 = FREQUENCY(Data_array, Bins_array)
Data_array : 빈도수를 계산하려는 값이 있는 셀 주소 또는 배열
Bins_array : Data_array 를 분류하는데 필요한 구간 값들이 있는 셀 주소 또는 배열

9 다음 중 아래 워크시트에서 참고표를 참고하여 55,000원에 해당하는 할인율을 [C6]셀에 구하고자 할 때의 적절한 함수식은?

	A	B	C	D	E	F
1		〈참고표〉				
2		금액	30,000	50,000	80,000	150,000
3		할인율	3%	7%	10%	15%
4						
5		금액	55,000			
6		할인율				

① =LOOKUP(C5,C2:F2,C3:F3)

② =HLOOKUP(C5,B2:F3,1)

③ =VLOOKUP(C5,C2:F3,1)

④ =VLOOKUP(C5,B2:F3,2)

⑤ =HLOOKUP(C5,B2:F3,2)

✔ 해설 ① LOOKUP은 LOOKUP(찾는 값, 범위 1, 범위 2)로 작성하여 구한다.
VLOOKUP은 범위에서 찾을 값에 해당하는 열을 찾은 후 열 번호에 해당하는 셀의 값을 구하며, HLOOKUP은 범위에서 찾을 값에 해당하는 행을 찾은 후 행 번호에 해당하는 셀의 값을 구한다.

10 다음 중 아래 워크시트의 [A1] 셀에 사용자 지정 표시 형식 '#,###,'을 적용했을 때 표시되는 값은?

	A	B
1	2451648.81	
2		

① 2,451

② 2,452

③ 2

④ 2.4

⑤ 2.5

✔해설 ② '#,###,' 서식은 천 단위 구분 기호 서식 맨 뒤에 쉼표가 붙은 형태로, 소수점 이하는 없애고 정수 부분은 천 단위로 나타내면서 동시에 뒤에 있는 3자리를 없애준다. 반올림 대상이 있을 경우 반올림을 한다.
2451648.81에서 소수점 이하를 없애주면 2451648이 되고, 그 다음 정수 부분에서 뒤에 있는 3자리를 없애주는데, 맨 뒤에서부터 3번째 자리인 6이 5 이상이므로 반올림이 된다. 그러므로 결과는 2,452가 된다.

11 다음 자료는 '발전량' 필드를 기준으로 발전량과 발전량이 많은 순위를 엑셀로 나타낸 표이다. 태양광의 발전량 순위를 구하기 위한 함수식으로 'C3'셀에 들어가야 할 알맞은 것은 어느 것인가?

	A	B	C
1	〈에너지원별 발전량(단위 : Mwh)〉		
2	에너지원	발전량	순위
3	태양광	88	
4	풍력	100	
5	수력	70	
6	바이오	75	
7	양수	65	

① =ROUND(B3,$B$3:$B$7,0)

② =ROUND(B3,$B$3:$B$7,1)

③ =RANK(B3,$B$3:$B$7,1)

④ =RANK(B3,$B$2:$B$7,0)

⑤ =RANK(B3,$B$3:$B$7,0)

✔해설 ⑤ 지정 범위에서 인수의 순위를 구하는 경우 'RANK' 함수를 사용한다. 이 경우, 수식은 '=RANK(인수, 범위, 결정 방법)'이 된다. 결정 방법은 0 또는 생략하면 내림차순, 0 이외의 값은 오름차순으로 표시하게 된다.

12 다음 중 컴퓨터 보안 위협의 형태와 그 내용에 대한 설명이 올바르게 연결되지 않은 것은 어느 것인가?

① 피싱(Phishing) – 유명 기업이나 금융기관을 사칭한 가짜 웹사이트나 이메일 등으로 개인의 금융정보와 비밀번호를 입력하도록 유도하여 예금 인출 및 다른 범죄에 이용하는 수법

② 스푸핑(Spoofing) – 악의적인 목적으로 웹사이트를 구축해 일반 사용자의 방문을 유도한 후 시스템 권한을 획득하여 정보를 빼가거나 암호와 기타 정보를 입력하도록 속이는 해킹 수법

③ 디도스(DDoS) – 컴퓨터 시스템에 불법적인 행위를 하기 위해 다른 프로그램으로 위장하여 특정 프로그램을 침투시키는 행위

④ 스니핑(Sniffing) – 네트워크 주변을 지나다니는 패킷을 엿보면서 아이디와 패스워드를 알아내는 행위

⑤ 백 도어(Back Door) – 컴퓨터 시스템의 보안 예방책을 우회하여 시스템에 무단 접근하기 위해 사용되는 일종의 비상구

✔해설 ③ 디도스(DDoS)는 분산 서비스 거부 공격으로, 특정 사이트에 오버플로우를 일으켜서 시스템이 서비스를 거부하도록 만드는 것이다. 한편, 보기에 제시된 설명은 '트로이 목마'를 의미하는 내용이다.

13 다음은 엑셀 프로그램의 논리 함수에 대한 설명이다. 옳지 않은 것은?

① AND : 인수가 모두 TRUE이면 TRUE를 반환한다.

② OR : 인수가 하나라도 TRUE이면 TRUE를 반환한다.

③ NOT : 인수의 논리 역을 반환한다.

④ XOR : 모든 인수의 논리 배타적 AND를 반환한다.

⑤ IF : 조건식이 참이면 '참일 때 값', 거짓이면 '거짓일 때 값'을 출력한다.

✔해설 ④ XOR 또는 Exclusive OR이라고도 하며, 모든 인수의 논리 배타적 OR을 반환한다.

14 A사에서 근무하고 있는 김 대리는 최근 업무 때문에 HTML을 배우고 있다. 아직 초보라서 신입사원 H 씨로부터 도움을 많이 받고 있는데, H 씨가 자리를 비운 사이 김 대리가 HTML에서 사용할 수 있는 tag를 써 보았다. 다음 중 잘못된 것은 무엇인가?

① 줄을 바꾸기 위해 〈br〉을 사용하였다.

② 글자의 크기, 모양, 색상을 설정하기 위해 〈font〉를 사용하였다.

③ 표를 만들기 위해 〈table〉을 사용하였다.

④ 이미지를 삽입하기 위해 〈form〉을 사용하였다.

⑤ 연락처 정보를 넣기 위해 〈address〉를 사용하였다.

> **✔ 해설** ④ HTML에서 이미지를 삽입하기 위해서는 〈img〉 태그를 사용하여야 한다.

15 N은행 보안팀에서 근무하는 정 과장은 회사 내 컴퓨터 바이러스 예방 교육을 담당하고 있으며 한 달에 한 번 직원들을 교육시키고 있다. 정 과장의 교육 내용으로 옳지 않은 것은?

① 중요한 자료나 프로그램은 항상 백업을 해두셔야 합니다.

② 램에 상주하는 바이러스 예방 프로그램을 설치하셔야 합니다.

③ 최신 백신프로그램을 사용하여 디스크검사를 수행하셔야 합니다.

④ 의심 가는 메일은 반드시 열어본 후 삭제하셔야 합니다.

⑤ 실시간 보호를 통해 멜웨어를 찾고 디바이스에서 설치되거나 실행하는 것은 방지해야 합니다.

> **✔ 해설** ④ 의심 가는 메일은 열어보지 않고 삭제해야 한다.

16 다음 중 아래 시트에서 야근일수를 구하기 위해 [B9] 셀에 입력할 함수로 옳은 것은?

	A	B	C	D	E
1	4월 야근 현황				
2	날짜	갑	을	병	정
3	4월15일		V		V
4	4월16일	V		V	
5	4월17일	V	V	V	
6	4월18일		V	V	V
7	4월19일	V		V	
8	4월20일	V			
9	야근일수				

① =COUNTBLANK(B3:B8)

② =COUNT(B3:B8)

③ =COUNTA(B3:B8)

④ =SUM(B3:B8)

⑤ =SUMIF(B3:B8)

✔해설 ③ COUNTBLANK 함수는 비어 있는 셀의 개수를 세어 준다. COUNT 함수는 숫자가 입력된 셀의 개수를 세어 주는 반면, COUNTA 함수는 숫자는 물론 문자가 입력된 모든 셀의 개수를 세어 준다. 즉, 비어있지 않은 셀의 개수를 세어주기 때문에 이 문제에서는 COUNTA 함수를 사용하여야 한다.

　　NS그룹의 오 대리는 상사로부터 스마트폰 신상품에 대한 기획안을 제출하라는 업무를 받았다. 이에 오 대리는 먼저 기획안을 작성하기 위해 필요한 정보가 무엇인지 체계적으로 검토하였다. 이번에 개발하고자 하는 신상품은 노년층을 주 고객층으로 한 실용적이면서도 조작이 간편한 제품이므로, 해당 연령대의 소비자 특성과 사용 행태를 정확히 파악하는 것이 중요하다고 판단하였다. 특히 노년층은 디지털 기기 사용에 있어 편의성과 직관성을 중시하는 경향이 있기 때문에, 기존 제품 사용 경험에 대한 분석이 기획의 핵심이 될 수 있다고 보았다. 이에 따라 50~60대 고객들이 현재 사용하고 있는 스마트폰의 모델, 선호하는 디자인 요소, 사용 중 느끼는 불편사항, 기능 활용 수준, 그리고 제품 구매 시 지불 가능한 가격대 등에 대한 정보가 요구되었다. 오 대리는 이와 같은 정보가 사내에 축적된 고객 데이터베이스에 이미 포함되어 있을 가능성이 높다고 판단하였고, 이를 활용하면 별도의 설문조사나 시장조사를 실시하지 않고 자료를 확보할 수 있다고 생각하였다. 기획안을 다음 주까지 작성하여 제출해야 하기 때문에, 이번 주에는 모든 정보를 수집하기로 마음먹었다. 다만, 사내 고객정보는 다양한 연령층을 포함하고 있어 그대로 활용하기에는 한계가 있으므로, 이번 기획의 대상인 노년층에 해당하는 데이터만을 선별하여 분석할 필요가 있었다. 따라서 오 대리는 고객정보를 얻기 위해 고객센터에 근무하는 조 대리에게 관련 자료를 요청하며, 이때 가급적 연령대별로 구분된 자료를 제공해 줄 것을 당부하였다.

17　다음 중 오 대리가 수집하고자 하는 고객정보 중에서 반드시 포함되어야 할 사항으로 옳지 않은 것은?

① 연령

② 사용하고 있는 모델

③ 거주지

④ 사용 시 불편사항

⑤ 좋아하는 디자인

> ✔ **해설**　③ 오 대리가 수집하고자 하는 고객정보에는 고객의 연령과 현재 사용하고 있는 스마트폰의 모델, 좋아하는 디자인, 사용하면서 불편해 하는 사항, 지불 가능한 액수 등에 대한 정보가 반드시 필요하다.

18 다음 〈보기〉의 사항들 중 위 사례에 포함된 사항은 모두 몇 개인가?

〈보기〉

- WHAT(무엇을?)
- WHERE(어디에서?)
- WHEN(언제까지?)
- WHY(왜?)
- WHO(누가?)
- HOW(어떻게?)
- HOW MUCH(얼마나?)

---

① 3개   ② 4개
③ 5개   ④ 6개
⑤ 7개

✔ **해설** 정보활용의 전략적 기획(5W2H)
　㉠ WHAT(무엇을?) : 50 ~ 60대 고객들이 현재 사용하고 있는 스마트폰의 모델과 좋아하는 디자인, 사용하면서 불편해 하는 사항, 지불 가능한 액수 등에 대한 정보
　㉡ WHERE(어디에서?) : 사내에 저장된 고객정보
　㉢ WHEN(언제까지?) : 이번 주
　㉣ WHY(왜?) : 스마트폰 신상품에 대한 기획안을 작성하기 위해
　㉤ WHO(누가?) : 오 대리
　㉥ HOW(어떻게?) : 고객센터에 근무하는 조 대리에게 관련 자료를 요청
　㉦ HOW MUCH(얼마나?) : 정보수집으로 인한 비용이 따로 들지 않음

ANSWER 17.③　18.⑤

19 다음은 K공사의 신규 서비스 도입과 관련된 설명이다. 이를 읽고 알 수 있는 정보에 대한 설명으로 가장 적절하지 않은 것은?

　　K공사가 운영 중인 교통 취약 지역의 고정 노선 버스는 평균 좌석 점유율 12.5%로 이용률이 낮고 연간 약 45억 원의 적자를 기록하고 있다. 또한 초고령 사회 진입으로 교통 약자의 이동권 보장 요구가 증가하고 있으나, 기존 배차 시스템으로는 평균 45분에 달하는 대기 시간을 단축하는 데 한계가 있다.

　　이에 K공사는 실시간 수요에 따라 운행 경로를 조정하는 AI 기반 수요응답형 교통(DRT) 서비스 'K-세이프 모빌리티' 도입을 추진하고 있다. 해당 서비스는 이용자가 앱 또는 콜센터를 통해 목적지를 예약하면, AI가 유사 경로 이용자를 매칭하여 최적 경로로 차량을 배차하는 방식이다. 15인승 전기 승합차 20대를 활용하며, 구역 내 자유 승하차가 가능한 형태로 운영된다. 또한 기존 대중교통과의 환승 할인이 적용된다.

　　도입은 단계적으로 추진된다. 2026년 A지구 시범 운영을 시작으로, 2027년 B구역과 C구역으로 확대하며 기존 노선 버스 중 적자율이 80% 이상인 노선은 사전에 설정된 기준에 따라 자동적으로 DRT로 전환될 계획이다. 이후 전 지역을 대상으로 통합 모빌리티 서비스와 연계할 수 있을 것으로 예상된다.

　　서비스 도입 시 운행 거리는 20% 감소하고, 대기 시간은 15분 이내로 단축될 것으로 기대된다. 다만 고령층의 디지털 접근성 부족이 주요 리스크로 지적되며, 이를 해결하기 위해 현장 교육과 대리 예약 시스템 도입이 검토되고 있다. 또한 기존 운수업 종사자와의 갈등을 완화하기 위해 해당 인력을 우선 채용하는 방안도 고려되고 있다.

---

① 기존 고정 노선 버스 운영 자료는 실제 운영 결과에 기반한 내부 정보로, 의사결정에 활용 가능한 1차 정보이다.

② AI 기반 DRT 서비스의 운영 방식에 대한 설명은 향후 계획에 대한 정보로, 실제 효과와는 차이가 발생할 수 있다.

③ 서비스 도입 시 기대 효과(운행 거리 감소, 대기 시간 단축)는 불확실성을 내포하고 있다.

④ 고령층의 디지털 접근성 문제는 SNS 등 외부 의견을 통해 비정형 정보로 수집되어질 수 있다.

⑤ 적자율 80% 이상 노선의 전환 계획은 정책적 판단이 반영된 정보이다.

> ✔해설　⑤ 정책적 판단은 여러 요소를 종합하여 담당자의 재량과 선택이 개입되는 의사결정을 의미한다. 지문에서는 적자율이 80% 이상인 노선은 사전에 설정된 기준에 따라 자동적으로 DRT로 전환된다고 하였으므로, 이는 객관적 기준에 따른 기계적 결정이다. 따라서 정책적 판단이 반영된 정보라고 볼 수 없다.

20 다음은 직장인 A, B, C, D, E의 각 개인정보 처리와 관련된 대화이다. 이에 대한 내용으로 가장 적절하지 않은 것은?

> A : 최근 여행 정보 사이트에 가입하려고 했는데, 서비스 이용과 무관해 보이는 가족 정보와 소득 수준까지 요구하더라고요. 개인정보 과다 수집이 의심되어서 가입을 하지 않았습니다.
>
> B : 저는 여러 사이트에서 동일한 비밀번호를 사용하면 위험하다고 들어서 주기적으로 변경하고 있습니다. 다만 변경한 비밀번호를 잊지 않기 위해 메모지에 적어 모니터 옆에 붙여두고 있습니다.
>
> C : 입시 관련 사이트를 더 이상 이용하지 않게 되어 탈퇴를 진행했습니다. 탈퇴 과정에서 개인정보가 실제로 삭제되는지 확인한 후 진행했습니다.
>
> D : 무료 프로그램을 다운로드하려다 보안 경고 메시지가 나타났습니다. 악성코드 위험이 있을 수 있다고 판단하여 다운로드를 중단하였습니다. 평소에도 공식 사이트가 아닌 경우에는 함부로 프로그램을 설치하지 않으려 합니다.
>
> E : 여러 사이트에 가입할 때 편의를 위해 SNS 계정을 연동하여 로그인하고 있습니다. 추가 정보 제공 요청이 있을 경우 대부분 동의하고 진행합니다.

① 개인정보 최소 수집 원칙을 고려한 사람은 A이다.

② B의 행위는 비밀번호 관리 측면에서 보안의 취약점을 발생시킬 수 있다.

③ 보안 경고 메시지는 신뢰할 수 없는 소프트웨어에 대한 위험 알림이며, 다운로드를 중단한 것은 악성코드 감염이라는 침해 사고를 예방하기 위한 조치이다.

④ E의 행위는 바람직한 개인정보 자기결정권의 실행과 관련이 있다.

⑤ 추가 정보 제공에 대한 무분별한 동의는 개인정보의 제3자 제공 범위를 불필요하게 확대할 우려가 있는 관리 소홀에 해당한다.

> ✔ **해설** ④ 개인정보 자기결정권은 정보 주체가 자신의 개인정보 제공 여부와 범위를 스스로 통제하는 권리를 의미한다. 이는 정보의 필요성과 위험을 고려한 합리적 선택을 전제로 하는데, E는 SNS 연동 로그인과 더불어 추가 정보 제공 요청에 대해 대부분 동의하고 있어, 개인정보 제공 범위를 충분히 통제하지 못하고 있다.

자원관리능력

[자원관리능력] 출제유형

① 시간관리능력 : 업무를 수행하기 위해 필요한 시간을 확인하고, 그에 맞는 자원을 수집하여 업무에 적용하는 방법을 묻는 유형이다.
② 예산관리능력 : 업무 수행에 필요한 자본자원을 확인하고 최소비용으로 최대효과를 얻는 기업의 궁극적 목적을 달성할 수 있는 방법을 찾는 유형이다.
③ 물적자원관리능력 : 업무 수행을 위한 시설자원을 확인하고 주어진 상황에 적절히 활용하는 방식을 묻는 유형이다.
④ 인적자원관리능력 : 업무에 필요한 인적자원을 확보하고 제시된 상황에 어떻게 배치할 것인지를 묻는 유형이다.

[자원관리능력] 출제경향

시간, 예산, 인력, 물적 자원 등 조직 활동에 필요한 자원을 효율적으로 계획·배분·활용하여 목표를 달성하는 능력을 의미한다. 주로 일정표, 시간표, 예산 내역 등이 제시되어 주어진 문제를 해결하는 유형이나 자료를 분석하여 의사판단을 내리는 문제가 출제된다. 경우에 따라 다양한 계산이 복합적으로 사용되어야 하는 문제도 출제된다. 최근에는 지문과 조건이 늘어나는 추세에 따라 활용형 문제가 많이 출제되었으므로, 풀이 과정에 너무 긴 시간을 할애하지 않도록 주의해야 한다.

[자원관리능력] 빈출유형

시간표 · 일정 계산										
비용 계산										
인력 배치										
자료 분석										

예제 01 시간관리능력

당신은 A출판사 교육훈련 담당자이다. 조직의 효율성을 높이기 위해 전사적인 시간관리에 대한 교육을 실시하기로 하였지만 바쁜 일정 상 직원들을 집합교육에 동원할 수 있는 시간은 제한적이다. 다음 중 당신이 최우선의 교육 대상으로 삼아야 하는 것은 어느 부분인가?

구분	긴급한 일	긴급하지 않은 일
중요한 일	제1사분면	제2사분면
중요하지 않은 일	제3사분면	제4사분면

① 중요하고 긴급한 일로 위기사항이나 급박한 문제, 기간이 정해진 프로젝트 등이 해당되는 제1사분면

② 긴급하지는 않지만 중요한 일로 인간관계구축이나 새로운 기회의 발굴, 중장기 계획 등이 포함되는 제2사분면

③ 긴급하지만 중요하지 않은 일로 잠깐의 급한 질문, 일부 보고서, 눈 앞의 급박한 사항이 해당되는 제3사분면

④ 중요하지 않고 긴급하지 않은 일로 하찮은 일이나 즐거운 활동 등이 포함되는 제4사분면

출제의도
주어진 일들의 중요도와 긴급도에 따른 시간관리 매트릭스에서 구분할 수 있는가를 측정하는 문항이다.

해설
교육훈련에서 최우선 교육대상으로 삼아야 하는 것은 긴급하지 않지만 중요한 일이다. 이를 긴급하지 않다고 해서 뒤로 미루다 보면 급박하게 처리해야 하는 업무가 증가하여 효율적인 시간관리가 어려워진다.

답 ②

예제 02 예산관리능력

당신은 가을 체육대회에서 총무를 맡으라는 지시를 받았다. 다음과 같은 계획에 따라 예산을 진행하였으나 확보된 예산이 생각보다 적게 배정되어 불가피하게 비용항목을 줄여야 한다. 다음 중 당신이 비용항목을 없애기에 가장 적절한 것은 무엇인가?

〈○○산업공단 춘계 1차 워크숍〉

1. 해당부서 : 인사관리팀, 영업팀, 재무팀
2. 일　　정 : 2026년 2월 21일 ~ 23일(2박 3일)
3. 장　　소 : 강원도 속초 ○○연수원
4. 행사내용 : 바다열차탑승, 체육대회, 친교의 밤 행사, 기타

---

① 숙박비
② 식비
③ 교통비
④ 기념품비

출제의도
업무에 소요되는 예산 중 꼭 필요한 것과 예산을 감축해야 할 때 삭제 또는 감축이 가능한 것을 구분해내는 능력을 묻는 문항이다.

해설
한정된 예산을 가지고 과업을 수행할 때에는 중요도를 기준으로 예산을 사용한다. 위와 같이 불가피하게 비용 항목을 줄여야 한다면 기본적인 항목인 숙박비, 식비, 교통비는 유지되어야 하기에 가장 적절한 정답은 ④번이 된다.

답 ④

S호텔의 외식사업부 소속인 K 씨는 예약일정 관리를 담당하고 있다. 아래의 예약일정과 정보를 보고 K 씨의 판단으로 옳지 않은 것은?

〈S호텔 일식 뷔페 1월 ROOM 예약 일정〉

※ 예약 : ROOM 이름(시작시간)

SUN	MON	TUE	WED	THU	FRI	SAT
					1	2
					백합(16)	장미(11) 백합(15)
3	4	5	6	7	8	9
라일락(15)		백향목(10) 백합(15)	장미(10) 백향목(17)	백합(11) 라일락(18)	백향목(15)	장미(10) 라일락(15)

ROOM 구분	수용가능인원	최소투입인력	연회장 이용시간
백합	20	3	2시간
장미	30	5	3시간
라일락	25	4	2시간
백향목	40	8	3시간

– 오후 9시에 모든 업무를 종료함
– 한 타임 끝난 후 1시간씩 세팅 및 정리
– 동 시간대 서빙 투입인력은 총 10명을 넘을 수 없음

안녕하세요. 1월 첫째 주 또는 둘째 주에 신년회 행사를 위해 ROOM을 예약하려고 하는데요. 저희 동호회의 총 인원은 27명이고 오후 8시쯤 마무리하려고 합니다. 신정과 주말, 월요일은 피하고 싶습니다. 예약이 가능할까요?

---

① 인원을 고려했을 때 장미ROOM과 백향목ROOM이 적합하겠군

② 만약 2명이 안 온다면 예약 가능한 ROOM이 늘어나겠구나

③ 조건을 고려했을 때 예약 가능한 ROOM은 5일 장미ROOM뿐이겠구나

④ 오후 5시부터 8시까지 가능한 ROOM을 찾아야 해

출제의도

주어진 정보와 일정표를 토대로 이용 가능한 물적자원을 확보하여 이를 정확하게 안내할 수 있는 능력을 측정하는 문항이다. 고객이 제공한 정보를 정확하게 파악하고 그 조건 안에서 가능한 자원을 제공할 수 있어야 한다.

해설

③ 조건을 고려했을 때 5일 장미ROOM과 7일 장미ROOM이 예약 가능하다.

① 참석 인원이 27명이므로 30명 수용 가능한 장미ROOM과 40명 수용 가능한 백향목ROOM 두 곳이 적합하다.

② 만약 2명이 안 온다면 총 참석인원 25명이므로 라일락ROOM, 장미ROOM, 백향목ROOM이 예약 가능하다.

④ 오후 8시에 마무리하려고 계획하고 있으므로 적절하다.

 답 ③

다음은 N 매장의 업무별 필요 인원이다. 직원별 업무 가능 조건을 만족하도록 업무와 직원을 옳게 짝지은 것은? (단, 한 직원은 한 업무만 맡을 수 있다.)

〈업무별 필요 인원〉

업무	필요 인원
계산	1명
고객 안내	1명
진열 관리	2명

〈직원별 업무 가능 조건〉

직원	계산	고객 안내	진열 관리
A	O	O	X
B	O	X	O
C	X	O	O
D	X	X	O

	계산	고객 안내	진열관리
①	A	D	B/C
②	B	C	A/D
③	A	B	C/D
④	B	A	C/D

출제의도

복수의 조건을 체계적으로 분석하고 충돌 없이 조합하여 제한된 인적 자원을 여러 업무에 효율적으로 배분하는 능력을 평가하는 문항이다.

해설

D는 반드시 진열 관리 업무를 맡아야 한다. 남은 진열 관리 1명은 B 또는 C가 맡아야 하는데, 고객 안내에 A, 계산에 B를 배치한다면 C를 남은 진열 관리 업무에 배치할 수 있으므로 조건을 모두 만족한다.

답 ④

▮1~2▮ 다음을 신사업 추진을 위해 도시를 선정하는 기준에 대한 자료이다. 이어지는 물음에 답하시오.

〈선정기준〉
- 심사의 평가지표는 '지원평가'와 '실적점수' 두 부문으로 구분된다.
- 지원평가는 7가지 조건(조례안, 중장기 수립계획, 여론호감도, 전담부서, 협의회 운영, 기술지원, 결의문 채택) 중 5개 이상이 충족되어야 하고, 대응투자액으로 1억 원 이상을 확보해야 통과된다.
- 실적점수는 기술력 추진 전략 · 기획에 대한 평가를 중심으로 하며, 심사위원(ㄱ, ㄴ, ㄷ, ㄹ, ㅁ)별 점수 중 최고점과 최저점을 제외한 나머지 점수의 합계로 산출한다.
- 기반평가를 통과한 도시 중 평가 결과 실적 및 계획 평가의 점수가 높은 순으로 5개의 도시가 선정되나, 평가점수가 같은 도시가 있을 경우 모두 선정하고 권역별 안배를 고려하여 각 권역별 최소 1개 이상의 도시가 선정되어야 한다.

〈지원평가 : 지원도시별 현황〉

권역	도시	대응 투자액	기반평가 조건 충족 여부						
			조례안	중장기 수립계획	여론 호감도	전담부서 유무	협의회 운영	기술 지원	결의문 채택
Ⅰ	A	52,383천 원	O	X	X	O	X	O	X
	B	191,300천 원	O	O	O	O	O	X	O
	C	432,423천 원	X	O	X	X	O	O	O
Ⅱ	D	300,000천 원	O	O	O	O	X	O	O
	E	100,000천 원	O	O	O	O	O	O	O
	F	160,000천 원	O	X	O	X	O	O	X
Ⅲ	G	150,000천 원	O	O	X	X	O	O	O
	H	100,000천 원	O	O	O	O	X	X	O
Ⅳ	I	70,000천 원	O	O	X	O	O	O	X
	J	123,000천 원	X	O	O	O	O	X	O

〈실적점수〉

	ㄱ	ㄴ	ㄷ	ㄹ	ㅁ
A	97점	87점	90점	80점	60점
B	86점	90점	87점	70점	95점
C	46점	55점	61점	43점	87점
D	97점	60점	55점	80점	65점
E	91점	90점	57점	50점	55점
F	67점	90점	77점	40점	80점
G	55점	87점	65점	45점	95점
H	81점	40점	67점	55점	78점
I	90점	96점	60점	80점	80점
J	95점	90점	56점	70점	55점

1 주어진 자료에 따라 선정된 5개의 도시를 실적점수가 높은 순으로 나열한 것으로 바른 것은?

① B, A, F, J, G

② B, A, J, G, D

③ B, J, G, D, E

④ B, F, J, G, D

⑤ B, A, I, F, J

✔해설 ③ 지원평가 기준에 미충족된 도시는 A, C, F, 대응투자액 조건이 미충족된 도시는 A, I이다.
주어진 조건을 반영하여 점수를 계산하면 다음과 같다.

	ㄱ	ㄴ	ㄷ	ㄹ	ㅁ	
A		87	90	80		257
B	86	90	87			263(1위)
C	46	55	61			162
D		60		80	65	205(4위)
E		90	57		55	202(5위)
F	67		77		80	224
G	55	87	65			207(3위)
H			67	55	78	200
I	90			80	80	250
J		90	56	70		216(2위)

ANSWER 1.③

2 제시된 조건에서 전 도시에 대응투자액이 3,000만 원씩 증액되었을 때 선정된 5개의 도시를 실적점수가 높은 순으로 나열한 것으로 바른 것은?

① B, A, F, J, G

② B, I, J, G, D

③ B, J, G, D, E

④ B, F, J, G, D

⑤ B, A, I, F, J

✔ **해설** ② 대응투자액이 3,000만 원씩 증액 될 시 I는 평가 대상에서 제외되지 않는다. 지원평가 기준에 미충족된 A, C, F는 여전히 제외된다.

주어진 조건을 반영하여 점수를 계산하면 다음과 같다.

	ㄱ	ㄴ	ㄷ	ㄹ	ㅁ	
A		87	90	80		257
B	86	90	87			263(1위)
C	46	55	61			162
D		60		80	65	205(5위)
E		90	57		55	202
F	67		77		80	224
G	55	87	65			207(4위)
H			67	55	78	200
I	90			80	80	250(2위)
J		90	56	70		216(3위)

3 다음은 ○○전시회의 입장료와 할인 사항에 관한 내용이다. 〈보기〉의 사항 중 5인 식사권을 사용하는 것이 유리한 경우를 모두 고르면?

<전시회 입장료>

	평일(월~금)	주말(토·일 및 법정공휴일)
성인	25,800원	28,800원
청소년 (만 13세 이상 및 19세 미만)	17,800원	18,800원
어린이 (만 13세 미만)	13,800원	13,800원

- 평일에 성인 3명 이상 방문 시 전체 요금의 10% 할인
  (평일은 법정공휴일을 제외한 월~금요일을 의미함)
- 성인, 청소년, 어린이를 구분하지 않는 5인 입장권을 125,000원에 구매 가능 (요일 구분 없이 사용 가능하며, 5인 입장권 사용 시 다른 할인 혜택은 적용되지 않음)
- 주말에 한하여 통신사 할인 카드 사용 시 전체 요금의 15% 할인 (단, 통신사 할인 카드는 乙과 丙만 가지고 있음)

〈보기〉

㉠ 甲이 3월 1일(법정공휴일)에 자신을 포함한 성인 4명 및 청소년 3명과 전시회 관람
㉡ 乙이 법정공휴일이 아닌 화요일에 자신을 포함한 성인 6인 및 청소년 2인과 전시회 관람
㉢ 丙이 토요일에 자신을 포함한 성인 5명 및 청소년 2명과 전시회 관람
㉣ 丁이 법정공휴일이 아닌 목요일에 자신을 포함한 성인 5명 및 어린이 1명과 전시회 관람

① ㉠   ② ㉡
③ ㉡, ㉢   ④ ㉢
⑤ ㉢, ㉣

✔해설 ㉠ 성인 4명(28,800 × 4) + 청소년 3명(18,800 × 3) = 171,600원
　　　5인 입장권 구매 시 = 162,600원
㉡ 성인 6명(25,800 × 6) + 청소년 2명(17,800 × 2) × 평일 10% 할인 = 171,360원
　　　5인 입장권 구매 시 = 186,400원
㉢ 성인 5명(28,800 × 5) + 청소년 2명(18,800 × 2) × 주말 통신사 15% 할인 = 154,360원
　　　5인 입장권 구매 시 = 162,600원
㉣ 성인 5명(25,800 × 5) + 어린이 1명(13,800) × 평일 10% 할인 = 128,520원
　　　5인 입장권 구매 시 = 138,800원

<hr>

ANSWER 2.② 3.①

4 R사에서는 2025년의 예산 신청 금액과 집행 금액의 차이가 가장 적은 팀부터 2026년의 예산을 많이 분배할 계획이다. 5개 팀의 2025년 예산 관련 내역이 다음과 같을 때, 2026년의 예산을 가장 많이 분배받게 될 팀과 가장 적게 분배받게 될 팀을 순서대로 올바르게 짝지은 것은 어느 것인가?

〈2025년의 예산 신청 내역〉

영업2팀	영업3팀	유통팀	물류팀	조달팀
26백만 원	24백만 원	32백만 원	29백만 원	30백만 원

〈2025년의 예산 집행률〉

영업2팀	영업3팀	유통팀	물류팀	조달팀
115.4%	87.5%	78.1%	87.9%	98.3%

* 예산 집행률 = 집행 금액 ÷ 신청 금액 × 100

① 조달팀, 영업3팀

② 유통팀, 조달팀

③ 유통팀, 영업2팀

④ 조달팀, 유통팀

⑤ 영업2팀, 영업3팀

해설 ④ 주어진 자료에 따라 예산 집행 금액을 계산해 보면 다음과 같다.

(단위 : 백만 원)

영업2팀	영업3팀	유통팀	물류팀	조달팀
26 × 1.154 = 30	24 × 0.875 = 21	32 × 0.781 = 25	29 × 0.879 = 25.5	30 × 0.983 = 29.5

따라서 예산의 신청 금액과 집행 금액의 차이는 순서대로 각각 +4백만 원, -3백만 원, -7백만 원, -3.5백만 원, -0.5백만 원이 되어, 2026년에 가장 많은 예산을 분배받을 팀과 가장 적은 예산을 분배받을 팀은 각각 조달팀과 유통팀이 된다.

5 S사에서는 일정한 기준과 지점별 특성에 근거하여 다음과 같이 각 지점별 선정자에게 자녀 학자금을 지급한다. 지난달에는 이 중 총 6명에게 모두 최대지급액이 지급되어 총 학자금 지급액이 954만 원이었다. 이 경우 각 지점별 학자금 현황에 대한 올바른 설명이 아닌 것은? (동일 지점에 2명 이상이 지급받을 수도 있다.)

학자금 지급 대상 지점	최대지급액
제주 A지점	260만 원
제주 B지점	260만 원
전라 C지점	260만 원
경상 D지점	260만 원
강원 E지점	195만 원
충청 F지점	184만 원
충청 G지점	184만 원
인천 H지점	60만 원
경기 전 지점	43만 원

① 모두 네 개의 서로 다른 지점의 직원들에게 학자금이 지급되었다.

② 2명 이상이 학자금을 받은 지점은 2곳이다.

③ 충청 F지점 또는 충청 G지점에 속한 직원이 적어도 1명은 포함되어 있다.

④ 강원 E지점에 속한 직원이 포함되어 있다.

⑤ 도표의 위에서부터 제주 A지점 ~ 경상 D지점에 속하는 직원이 적어도 2명 이상 포함되어 있다.

✔ 해설 ⑤ 총 지급액이 4만 원 단위이므로 충청 F지점 또는 충청 G지점에 속한 직원이 1명 또는 6명이 포함되어 있어야 하나, 6명일 경우 총 지급액이 맞지 않으므로 1명 포함되어 있는 것이 된다. 이 경우, 5명의 직원에게 총 954 − 184 = 770만 원의 학자금이 지급된 것이 된다. 770만 원을 큰 금액부터 나누어 보면, 260만 원을 지급받은 직원이 3명일 수 없으며 2명일 경우 나머지 3명이 770 − 520 = 250만 원을 나누어 받았어야 하므로 이 방법 또한 적합하지 않게 된다. 따라서 260만 원을 받은 직원이 1명이라고 가정하면, 나머지 4명이 510만 원을 지급받은 것이 된다. 남은 금액은 195만 원과 60만 원이므로(43만 원은 계산상 맞지 않으므로 제외한다), 1명과 3명, 2명과 2명, 3명과 1명을 각각 대입해 보면, 195만 원을 지급받은 직원이 2명, 60만 원을 지급받은 직원이 2명일 경우 총 지급액이 정확히 일치하는 것을 알 수 있다.
따라서 260만 원 1명, 195만 원 2명, 184만 원 1명, 60만 원 2명으로 총 6명에게 지급되었음을 알 수 있다.

6 서 과장은 휴일을 맞아 A지역까지 나들이를 다녀오기 위해 렌터카를 이용하고자 한다. 서 과장이 알아본 렌터카 업체의 조건이 다음과 같을 때, 서 과장이 선택할 수 있는 가장 저렴한 이용 방법을 올바르게 설명한 것은?

〈차량 렌트 비용〉

차종	업체	비용	연료비
S형	쌩쌩 렌터카	90,000원/1일	연료비 본인 부담
T형	고고 렌터카	50,000원/1일	1km당 300원

＊ 쌩쌩 렌터카 S형 차량 연비 : 10km/1L, 연료비 : 1,500원/1L

＊ A지역까지의 거리 : 편도 300km (차량은 A지역까지의 왕복 이동에만 사용한다.)

① 총 33만 원의 비용으로 생쌩 렌터카를 이용한다.
② 총 18만 원의 비용으로 쌩쌩 렌터카를 이용한다.
③ 총 18만 원의 비용으로 고고 렌터카를 이용한다.
④ 총 23만 원의 비용으로 고고 렌터카를 이용한다.
⑤ 총 23만 원의 비용으로 쌩쌩 렌터카를 이용한다.

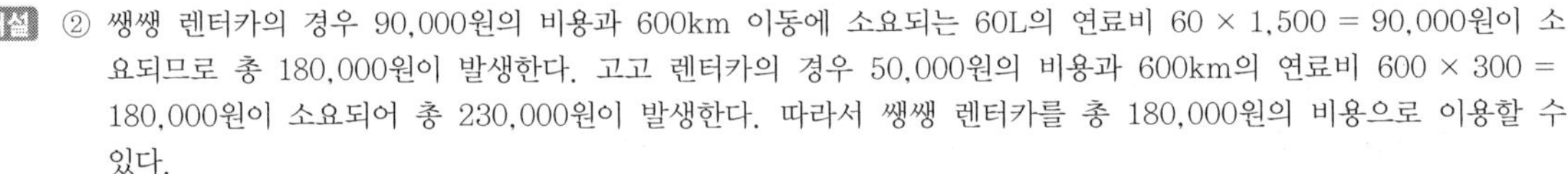

② 쌩쌩 렌터카의 경우 90,000원의 비용과 600km 이동에 소요되는 60L의 연료비 60 × 1,500 = 90,000원이 소요되므로 총 180,000원이 발생한다. 고고 렌터카의 경우 50,000원의 비용과 600km의 연료비 600 × 300 = 180,000원이 소요되어 총 230,000원이 발생한다. 따라서 쌩쌩 렌터카를 총 180,000원의 비용으로 이용할 수 있다.

7 '갑'시에 위치한 B공사 권 대리는 다음과 같은 일정으로 출장을 계획하고 있다. 출장비 지급 내역에 따라 권 대리가 받을 수 있는 출장비의 총액은 얼마인가?

〈지역별 출장비 지급 내역〉

출장 지역	일비	식비
'갑'시	15,000원	15,000원
'갑'시 외 지역	23,000원	17,000원

* 거래처 차량으로 이동할 경우, 일비 5,000원 차감
* 오후 일정 시작일 경우, 식비 7,000원 차감

〈출장 일정〉

출장 일자	지역	출장 시간	이동계획
화요일	'갑'시	09:00 ~ 18:00	거래처 배차
수요일	'을'시	10:30 ~ 16:00	대중교통
금요일	'갑'시	14:00 ~ 19:00	거래처 배차

① 75,000원
② 78,000원
③ 83,000원
④ 85,000원
⑤ 88,000원

✔해설 ③ 일자별 출장비 지급액을 살펴보면 다음과 같다. 화요일 일정에는 거래처 차량이 지원되므로 5,000원이 차감되며, 금요일 일정에는 거래처 차량 지원과 오후 일정으로 인해 5,000 + 7,000 = 12,000원이 차감된다.

출장 일자	지역	출장 시간	이동계획	출장비
화요일	'갑'시	09:00 ~ 18:00	거래처 배차	30,000 − 5,000 = 25,000원
수요일	'갑'시 외 지역	10:30 ~ 16:00	대중교통	40,000원
금요일	'갑'시	14:00 ~ 19:00	거래처 배차	30,000 − 5,000 − 7,000 = 18,000원

따라서 출장비 총액은 25,000 + 40,000 + 18,000 = 83,000원이 된다.

┃8~9┃ 다음은 특정 시점 A국의 B국에 대한 주요 품목의 수출입 내역을 나타낸 것이다. 이를 보고 이어지는 물음에 답하시오.

수출		수입		합계	
품목	금액	품목	금액	품목	금액
섬유류	352,165천 달러	섬유류	475,894천 달러	섬유류	828,059천 달러
전자전기	241,677천 달러	전자전기	453,907천 달러	전자전기	695,584천 달러
잡제품	187,132천 달러	생활용품	110,620천 달러	생활용품	198,974천 달러
생활용품	88,354천 달러	기계류	82,626천 달러	잡제품	188,254천 달러
기계류	84,008천 달러	화학공업	38,873천 달러	기계류	166,634천 달러
화학공업	65,880천 달러	플라스틱/고무	26,957천 달러	화학공업	104,753천 달러
광산물	39,456천 달러	철강금속	9,966천 달러	플라스틱/고무	51,038천 달러
농림수산물	31,803천 달러	농림수산물	6,260천 달러	광산물	39,975천 달러
플라스틱/고무	24,081천 달러	잡제품	1,122천 달러	농림수산물	38,063천 달러
철강금속	21,818천 달러	광산물	519천 달러	철강금속	31,784천 달러

8 다음 중 위의 도표에서 알 수 있는 A국 ↔ B국 간의 주요 품목 수출입 내용이 아닌 것은? (단, 언급되지 않은 품목은 고려하지 않는다.)

① A국은 B국과의 교역에서 수출보다 수입을 더 많이 한다.

② B국은 1차 산업의 생산 또는 수출 기반이 A국에 비해 열악하다고 볼 수 있다.

③ 양국의 상호 수출입 액 차이가 가장 적은 품목은 기계류이다.

④ A국의 입장에서, 총 교역액에서 수출액이 차지하는 비중이 가장 큰 품목은 광산물이다.

⑤ 수입보다 수출을 더 많이 하는 품목 수는 A국이 B보다 많다.

✔**해설** ④ 광산물의 경우 총 교역액에서 수출액이 차지하는 비중은 39,456 ÷ 39,975 × 100 = 약 98.7%이나, 잡제품의 경우 187,132 ÷ 188,254 × 100 = 약 99.4%의 비중을 보이고 있다. 따라서 총 교역액에서 수출액이 차지하는 비중이 가장 큰 품목은 잡제품이다.

　① A국의 총 수출액은 1,136,374천 달러이며, 총 수입액은 1,206,744천 달러이다.

　② B국은 1차 산업인 농림수산물 품목에서 A국으로의 수출이 매우 적은 반면, A국으로부터 수입하는 양이 매우 크므로 타당한 판단으로 볼 수 있다.

　③ 기계류는 10개 품목 중 가장 적은 1,382천 달러의 수출입 액 차이를 보이고 있다.

　⑤ A국은 10개 품목 중 섬유류, 전자전기, 생활용품, 플라스틱/고무를 제외한 6개 품목에서 수입보다 수출을 더 많이 하고 있다.

9 A국에서 무역수지가 가장 큰 품목의 무역수지액은 얼마인가? (단, 무역수지＝수출액－수입액)

① 27,007천 달러

② 38,937천 달러

③ 186,010천 달러

④ 25,543천 달러

⑤ 11,852천 달러

> ✔ 해설 ③ 무역수지가 가장 큰 품목은 잡제품으로 무역수지 금액은 187,132 − 1,122 = 186,010천 달러에 달한다.

10 다음 표는 T통신사에서 시행하는 이동 통화 요금제 방식이다. 다음과 같은 방식으로 통화를 할 경우, 한 달 평균 이동전화 사용 시간이 몇 분 초과일 때부터 B요금제가 유리한가?

요금제	기본 요금	1분당 전화 요금
A	15,000원	180원
B	18,000원	120원

① 35분   ② 40분

③ 45분   ④ 50분

⑤ 55분

> ✔ 해설 ④ 한 달 평균 이동전화 사용 시간을 x라 하면 다음과 같은 공식이 성립한다.
> $15,000 + 180x > 18,000 + 120x$
> $60x > 3,000$
> $x > 50$
> 따라서 50분 초과일 때부터 B요금제가 유리하다고 할 수 있다.

11 다음 글에서 암시하고 있는 '자원과 자원관리의 특성'을 가장 적절하게 설명한 것은?

> 더 많은 토지를 경작에 활용하거나 모든 농장의 수확량을 최고 수준의 농가와 동일하게 끌어올리는 방식으로 식량 공급을 증가시킬 수 있다. 그러나 주요 식량 작물은 높은 수확량을 확보하기 위해 비옥한 토양과 안정적인 수자원을 필요로 하며, 현재 이러한 조건을 갖춘 토지는 이미 대부분 생산단계에 있다. 더구나 도시의 스프롤 현상, 사막화, 토양 염류화, 그리고 관개용으로 사용되는 대수층의 고갈 등은 향후 농업에 활용 가능한 토지가 오히려 감소할 가능성을 시사한다. 이러한 환경에서 농작물은 기존보다 척박한 토지에서도 재배될 수밖에 없으며, 이는 수확량 감소뿐 아니라 생태계와 생물 다양성의 저하로 이어질 위험이 있다.
>
> 실제로 농작물의 수확량은 국가와 지역에 따라 큰 격차를 보인다. 예를 들어, 2013년 미국의 옥수수 평균 수확량은 10.0t/ha, 짐바브웨가 0.9t/ha였는데, 두 국가 모두 작물 재배를 위한 기후 조건은 비슷했다. 미국의 수확률이 다른 모든 나라의 목표겠지만, 이는 각국의 정책, 전문가의 조언, 종자 및 비료 접근성 등의 차이로 쉽게 실현될 수 없다. 그리고 그중 어느 것도 확실한 수확률을 보장하지는 않는다. 따라서 좋은 시기에는 수확 잠재력이 개선된 종자가 필요하지 않을 수도 있지만, 아무것도 준비하지 않는 건 위험하다. 분자 공학과 실제 작물 육종 간의 격차를 줄이고 더 높은 수율을 달성하는 일은 시급한 과제이다.

① 누구나 동일한 자원을 가지고 있으며 그 가치와 밀도도 모두 동일하다.

② 특정 자원이 부족하여 확보하는 데 문제가 발생할 수 있다.

③ 자원은 유한하며 따라서 어떻게 활용하느냐 하는 일이 무엇보다 중요하다.

④ 사람들이 의식하지 못하는 사이에 자원은 습관적으로 낭비되고 있다.

⑤ 무엇이 자원이며 자원을 관리하는 방법이 무엇인지를 모르는 것이 자원관리의 문제점이다.

> ✔ **해설** ③ 식량 부족 문제를 해결하기 위해서는 더 많은 식량을 생산해 내야 하지만, 토지를 무한정 늘릴 수 없을 뿐 아니라 이미 확보한 토지마저도 미래엔 줄어들 수 있음을 언급하고 있다. 이것은 식량이라는 자원을 초점으로 하는 것이 아닌 이미 포화 상태에 이르러 유한성을 드러낸 토지에서 어떻게 하면 더 많은 식량을 생산할 수 있는지를 고민하고 있다. 따라서 토지라는 자원은 유한하며 어떻게 효율적인 활용을 할 수 있는지를 주제로 담고 있다고 볼 수 있다.

A사와 B사는 동일한 S제품을 생산하는 경쟁 관계에 있는 두 기업이다. 이들은 다음과 같은 각기 다른 특징을 가지고 마케팅을 진행하였다.

〈A사〉

후발 주자로 업계에 뛰어든 A사는 우수한 품질과 생산 설비의 고급화를 이루어 S제품 공급을 고가 정책에 맞추어 진행하기로 하였다. 이미 S제품의 개발이 완료되기 이전부터 A사의 잠재력을 인정한 해외의 K사로부터 장기 공급계약을 체결하는 등의 실적을 거두며 대내외 언론으로부터 조명을 받았다. A사는 S제품의 개발 단계에서, 인건비 등 기타 비용을 포함한 자체 마진을 설비 1대당 1천만 원, 연구개발비를 9천만 원으로 책정하고 총 1억 원에 K사와 계약을 체결하였으나, 개발 완료 시점에서 실제 개발에 투입된 연구개발비가 약 8천 5백만 원으로 집계되어 추가의 이익을 보게 되었다.

〈B사〉

A사보다 먼저 시장에 진입한 B사는 상대적으로 낮은 인건비의 기술 인력을 확보할 수 있어서 동일한 S제품을 생산하는 데 A사보다 다소 저렴한 가격 구조를 형성할 수 있었다. B사는 당초 설비 1대당 5백만 원의 자체 마진을 향유하며 연구개발비로 약 8천만 원이 소요될 것으로 예상, 총 8천 5백만 원으로 공급가를 책정하고, 저가 정책에 힘입어 개발 완료 이전부터 경쟁자들을 제치고 많은 거래선들과 거래 계약을 체결하게 되었다. 그러나 S제품 개발이 완료된 후 비용을 집계해 본 결과, 당초 예상과는 달리 A사와 같은 8천 5백만 원의 연구개발비가 투입되었음을 알게 되어 개발 단계에서 5백만 원의 추가 손실을 보게 되었다

12 다음 중 위와 같은 상황 속에서 판단할 수 있는 설명으로 적절하지 않은 것은?

① A사는 결국 높은 가격으로 인하여 시장점유율이 하락할 것이다.

② B사는 물건을 만들면 만들수록 계속 손실이 커지게 될 것이다.

③ A사가 경쟁력을 확보하려면 가격을 인하하여야 한다.

④ 비용을 가급적 적게 책정한다고 모두 좋은 것은 아니다.

⑤ 결국 실제 들어가는 비용보다 조금 높은 개발비를 책정하여야 한다.

> ✔해설 ⑤ A사는 높은 가격으로 인한 거래선 유치의 어려움으로 인해 결국 시장점유율이 하락할 것이며, B사는 지속적인 적자 누적으로 제품 생산을 계속할수록 적자폭도 커지게 되는 상황을 맞이하게 될 것이다. 따라서 개발 책정 비용과 실제 발생하는 비용을 동일하게 유지하는 것이 기업에게 가장 바람직한 모습이라고 할 수 있다.

13 예산자원 관리의 측면에서 볼 때, 윗글이 암시하고 있는 예산관리의 특징으로 적절하지 않은 것은?

① 예산만 정확하게 수립되면 실제 활동이나 사업을 진행하는 과정상 관리가 크게 개입될 필요가 없다.

② 개발 비용 > 실제 비용의 경우 결국 해당 기업은 경쟁력을 상실하게 된다.

③ 실제 비용 > 개발 비용의 경우 결국 해당 기업은 지속 적자가 발생한다.

④ 실제 비용 = 개발 비용으로 유지하는 것이 가장 바람직하다.

⑤ 예산관리는 최소의 비용으로 최대의 이익을 얻기 위해 요구되는 능력이다.

> **✔ 해설** ① 기업이 예산 투입을 하는 과정에 있어 비용을 적게 들이는 것이 반드시 좋은 것은 아니다. 기업에서 제품을 개발한다고 할 때, 개발 책정 비용을 실제보다 높게 책정하면 경쟁력을 잃어버리게 되고, 반대로 낮게 책정하면 개발 자체가 이익을 주는 것이 아니라 오히려 적자가 나는 경우가 발생할 수 있다. 책정 비용과 실제 비용의 차이를 줄인 비슷한 비용 상태가 가장 이상적인 상태라고 할 수 있다. 또한, 아무리 예산을 정확하게 수립하였다 하더라도 활동이나 사업을 진행하는 과정에서 계획에 따라 적절히 관리하지 않으면 아무런 효과가 없다. 즉 아무리 좋은 계획도 실천하지 않으면 무용지물이듯이 예산 또한 적절한 관리가 필요하다. 이는 좁게는 개인의 생활비나 용돈관리에서부터 크게는 사업, 기업 등의 예산관리에 모두 해당하며, 실행 과정에서 적절히 예산을 통제해주는 것이 필수적이라고 할 수 있다.

14 기획팀 N 대리는 다음 달로 예정되어 있는 해외 출장 일정을 확정하려 한다. 다음에 제시된 글의 내용을 만족할 경우 N 대리의 출장 일정에 대한 설명 중 올바른 것은?

> N 대리는 다음 달 3박 4일 간의 중국 출장이 계획되어 있다. 회사에서는 출발일과 복귀일에 업무 손실을 최소화할 수 있도록 가급적 평일에 복귀하도록 권장하고 있고, 출장 기간에 토요일과 일요일이 모두 포함되는 일정은 지양하도록 요구한다. 이번 출장은 기획팀에게 매우 중요한 문제를 해결할 수 있는 기회가 될 수 있어 팀장은 N 대리의 복귀 바로 다음 날 출장 보고를 받고자 한다. 다음 달의 첫째 날은 금요일이며, 마지막 주 수요일과 13일은 N대리가 빠질 수 없는 업무 일정이 잡혀 있다.

① 금요일에 출장을 떠나는 일정도 가능하다.
② 팀장은 월요일이나 화요일에 출장 보고를 받을 수 있다.
③ N 대리가 출발일로 잡을 수 있는 날짜는 모두 4개이다.
④ N 대리는 마지막 주에 출장을 가게 될 수도 있다.
⑤ 다음 달 15일 이후가 이전보다 출발 가능일이 더 많다.

✔ 해설　③ 다음 달의 첫째 날이 금요일이므로 아래와 같은 달력을 그려 볼 수 있다.

일	월	화	수	목	금	토
					1	2
3	4	5	6	7	8	9
10	11	12	13	14	15	16
17	18	19	20	21	22	23
24	25	26	27	28	29	30

3박 4일 일정이므로 평일에 복귀해야 하며 주말이 모두 포함되는 일정을 피하기 위해서는 출발일이 일, 월, 화요일이어야 한다. 또한 팀장 보고를 위해서는 금요일에 복귀하게 되는 화요일 출발 일정도 불가능하다.
따라서 일요일과 월요일에만 출발이 가능하다.
그런데 27일과 13일이 출장 일정에 포함될 수 없으므로 10, 11, 24, 25일은 제외된다.
따라서 3, 4, 17, 18일에 출발하는 4가지 일정이 가능하다.

15 다음은 이륜차 배달종사자가 숙지해야 할 계절적, 환경적 요인에 의한 배달제한 권고사항이다. 이를 근거로 〈보기〉의 A, B 상황에 맞는 배달제한 권고사항을 순서대로 적절히 나열한 것은?

구분	상황	배달지역 제한 (최대 2km)
비 오는 날	비가 내려 노면이 젖은 경우	–
	폭우 등으로 인해 가시거리 100m 이내의 경우	1.5km 이내
	시간당 15mm 이상, 1일 강수량 110mm 이상, 호우주의보 발령 시	1km 이내
	시간당 20mm 이상, 1일 강수량 180mm 이상, 호우경보 발령 시	배달 금지
눈 오는 날	눈이 2cm 미만 쌓인 경우	–
	눈이 2cm 이상 쌓인 경우	1.5km 이내
	눈이 내려 노면이 미끄러워 체인(사슬형, 직물형) 장착한 경우	1.5km 이내
	대설주의보 발령 시	1km 이내
	대설경보 발령 시	배달 금지
기타	안개, 연무, 박무 등으로 인해 가시거리 100m 이내의 경우	1.5km 이내
	야간운전 시	–

* 호우주의보 – 6시간 70mm, 12시간 110mm 이상 강수
　호우경보 – 6시간 110mm, 12시간 180mm 이상 강수
　대설주의보 – 24시간 적설량이 5cm 이상
　대설경보 – 24시간 적설량이 20cm 이상

〈보기〉

A : 출근길에 내린 비로 가시거리가 100m도 채 안 되었고, 새벽 4시경부터 내리기 시작한 비의 아침 9시쯤 누적 강수량이 75mm였다.

B : 가게 주변 도로는 상인들이 수시로 눈을 치워 거의 쌓이지 않은 상태이며, 이륜차 바퀴에 체인을 장착해 두었다. 어제 이맘때부터 내린 눈은 23cm의 적설량을 보이고 있다.

① 1.5km 거리로 배달 제한, 1km 거리로 배달 제한

② 1.5km 거리로 배달 제한, 배달 금지

③ 1km 거리로 배달 제한, 1.5km 거리로 배달 제한

④ 1km 거리로 배달 제한, 배달 금지

⑤ 배달 금지, 1km 거리로 배달 제한

✔ **해설**　④ A의 경우, 가시거리가 100m 이내이긴 하나 5시간 동안 강수량이 75mm이므로 시간당 15mm에 해당되며 호우주의보 발령 단계가 된다. 따라서 1km 이내로 배달지역을 제한하는 것이 좋다.
B의 경우, 24시간 적설량이 20cm를 넘어섰으므로 대설경보 단계이며 배달을 금지하는 것이 좋다.

16 다음에서 제시되는 인적자원개발의 의미를 참고할 때, 올바른 설명으로 볼 수 없는 것은?

> 인적자원개발은 개인의 행동 변화를 통해 역량을 향상시키고, 이를 바탕으로 조직성과를 제고하여 궁극적으로 조직의 목표를 달성하는 것을 목적으로 한다. 현행 「인적자원개발기본법」에서는 인적자원개발을 국가, 지방자치단체, 교육기관, 연구기관, 기업 등이 인적자원의 양성과 활용 및 배분을 통해 사회적 규범과 네트워크를 형성하는 모든 제반 활동으로 정의하고 있다. 이러한 인적자원개발은 생산성 증대뿐만 아니라 직업준비교육, 직업능력개발을 위한 지속적인 교육, 더 나아가 평생교육을 통한 국민들의 질적 생활을 향상시키는 데 그 목적을 두고 있다고 할 수 있다. 인적자원정책이라는 것은 미시적으로는 개인에서부터 거시적으로는 세계적으로 중요한 정책이며, 그 대상도 개인 차원(학습자, 근로자, 중고령자 등), 기업 차원, 지역 차원 등으로 구분하여 볼 수 있다. 인력자원의 양성정책은 학교 및 교육훈련 기관 등의 교육기관을 통해 학습받은 학습자를 기업이나 기타 조직에서 활용하는 것을 말한다. 즉, 교육과 노동시장을 유기적으로 연결하여 인적자원의 공급과 수요 간 불균형을 완화하고, 조직과 사회 전반의 생산성과 경쟁력을 제고한다. 나아가 최근에는 기술 변화와 산업 구조의 전환에 대응하기 위해 재교육과 직무 전환 교육의 중요성도 함께 강조되고 있다.

① 인적자원개발의 개념은 교육, 개발훈련 등과 같이 추상적이고 복합적이다.

② 인적자원개발의 방법은 개인의 경력개발을 중심으로 전개되고 있다.

③ 인적자원개발은 가정, 학교, 기업, 국가 등 모든 조직에 확대 적용되고 있다.

④ 인적자원개발의 수혜자는 다양한 영역으로 구성되어 있다.

⑤ 인적자원개발은 개인뿐만 아니라 조직의 성장가능성도 높여주는 활동이다.

✔ 해설 ② 인적자원개발은 개인과 조직의 공동 목표 달성을 위해 진행되는 것이라고 이해할 수 있으므로 개인의 경력개발을 중심으로 전개된다는 것은 타당하지 않다.
① 인적자원개발은 학습을 통한 교육과 훈련이 핵심이므로 추상적이고 복합적인 개념이라고 할 수 있다.
③④ 기존의 조직 내 인력의 양성 차원을 넘어 근로자, 비근로자, 중고령자, 지역인재 등으로까지 확대 적용되는 것이 인적자원개발의 의의라고 판단할 수 있다.
⑤ 인적자원개발법에서는 '사회적 규범과 네트워크를 형성하는 모든 제반 활동'을 인적자원개발이라고 제시하고 있으므로 이는 개인과 조직의 성장을 동시에 도모하는 활동이라고 볼 수 있다.

17 다음에서와 같은 상황에 대한 적절한 설명이 아닌 것은?

> 신사업을 개발하기 위해 TF팀을 구성한 오 부장은 기술 개발의 가시적인 성과가 눈앞으로 다가와 곧 완제품 출시를 앞두고 있다. 경쟁 아이템이 없는 신제품으로 적어도 사업 초기에는 완벽한 독점 체제를 구축할 수 있을 것으로 전망된다. 오 부장은 그간 투입한 기술개발비와 향후 추가로 들어가게 될 홍보비, 마케팅비, 마진 등을 산정하여 신제품의 소비자 단가를 책정해야 하는 매우 중요한 과제를 앞두고, 직원들과 함께 적정 가격 책정을 위해 머리를 맞대며 회의를 진행 중이다.

① 실제비용보다 책정비용을 낮게 산정하면 제품의 경쟁력이 손실될 수 있다.

② 향후 추가될 예상 홍보비를 실제보다 과도하게 책정하여 단가에 반영할 경우 적자가 발생할 수 있다.

③ 개발비 등 투입 예상비용이 실제 집행된 비용과 같을수록 이상적이라고 볼 수 있다.

④ 마케팅 비용을 너무 적게 산정하여 단가에 반영할 경우 적자가 쌓일 수 있다.

⑤ 마케팅비를 과다 선정할 경우 제품 가격 경쟁력이 낮아질 수 있다.

✔ **해설** ② 책정비용과 실제비용과의 관계는 다음과 같이 정리할 수 있다.
책정비용 > 실제비용 → 경쟁력 손실
책정비용 < 실제비용 → 적자 발생
책정비용 = 실제비용 → 이상적
따라서 ②와 같은 경우 예상되는 예산을 많이 책정하여 실제 비용을 예상보다 덜 집행한 경우가 되므로 적자가 발생하지는 않으나, 가격경쟁력이 약해지는 결과를 초래하게 된다.

18 업무상 발생하는 비용은 크게 직접비와 간접비로 구분하게 되는데, 그 구분 기준이 명확하지 않은 경우도 있고 간혹 기준에 따라 직접비로도 간접비로도 볼 수 있는 경우가 있다. 다음에 제시되는 글을 토대로 할 때, 직접비와 간접비를 구분하는 가장 핵심적인 기준은?

> • 인건비 : 해당 프로젝트에 투입된 총 인원수 및 지급 총액을 정확히 알 수 있으므로 직접비이다.
> • 출장비 : 출장에 투입된 금액을 해당 오더 건별로 구분할 수 있으므로 직접비이다.
> • 보험료 : 자사의 모든 수출 물품에 대한 해상보험을 연 단위 일괄적으로 가입했으므로 간접비이다.
> • 재료비 : 매 건별로 소요 자재를 산출하여 그에 맞는 양을 구입하였으므로 직접비이다.
> • 광고료 : 경영상 결과물과 자사 이미지 제고 등 전반적인 경영활동을 위한 것이므로 간접비이다.
> • 건물관리비 : 건물을 사용하는 모든 직원과 눈에 보이지 않는 회사 업무 자체를 위한 비용이므로 간접비이다.

① 생산물과 밀접한 관련성이 있는가?

② 생산물의 생산 완료 전 또는 후에 투입되었는가?

③ 생산물의 가치에 차지하는 비중이 일정 기준을 넘는가?

④ 생산물의 생산에 필수적인 비용인가?

⑤ 생산물의 생산 과정에 기여한 몫으로 추정이 가능한 것인가?

✔ **해설** ⑤ 인건비, 출장비, 재료비 등은 비용 총액을 특정 제품이나 서비스의 생산에 기여한 몫만큼 배분하여 계산할 수 있기 때문에 해당 제품이나 서비스의 직접비용으로 간주할 수 있는 것이다. 반면, 보험료, 광고료, 건물관리비 등 공통적인 비용으로 계산될 수밖에 없는 비용들은 간접비로 분류한다. 제시된 내용들은 모두 이러한 비용들의 기여도별 분배가 가능한 것인지의 여부에 따라 구분되고 있다고 볼 수 있다.

19 다음은 영업1 ~ 4팀의 팀별 총무용품의 구매 금액과 각 팀별 구매 총무용품의 항목별 구성비를 나타낸 자료이다. 다음 자료를 참고로 복사용품, 팩스용품, 탕비용품, 기타 총무용품별 지출 금액이 가장 큰 팀을 순서대로 올바르게 나열한 것은?

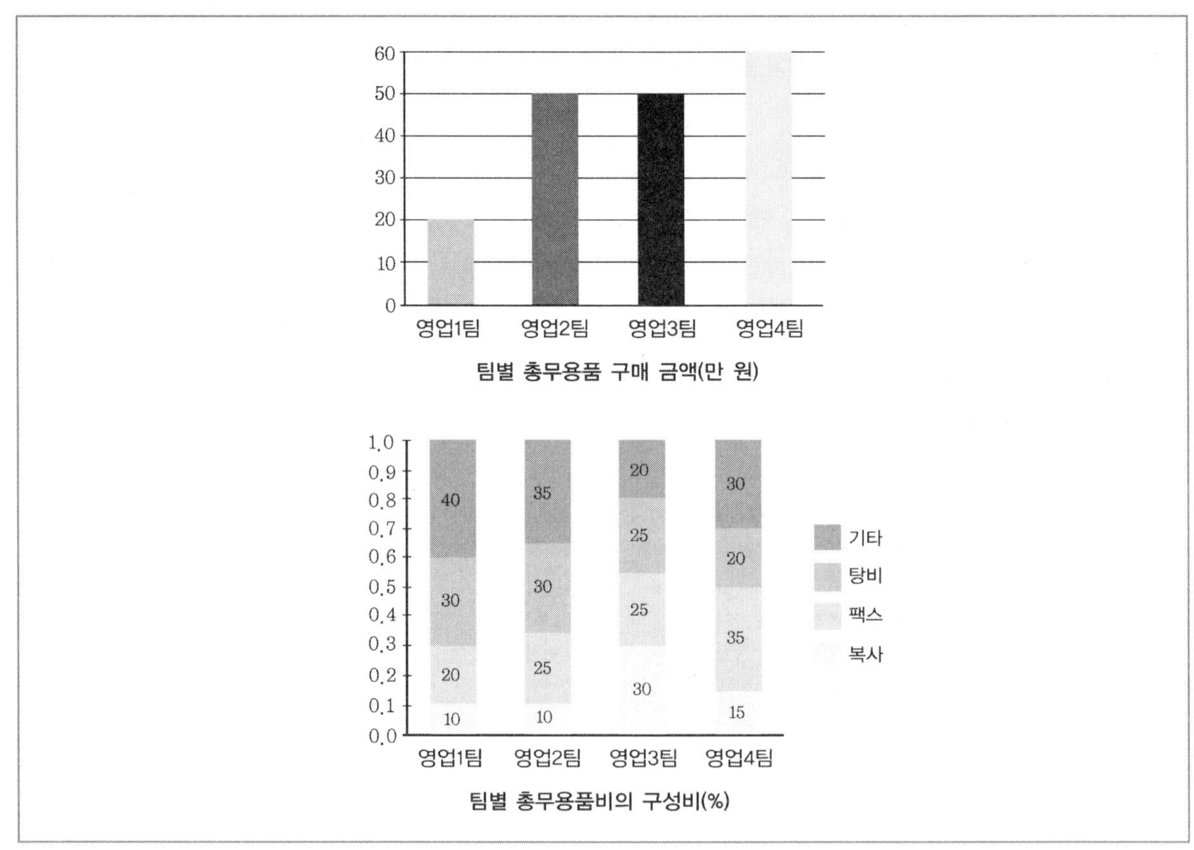

① 영업4팀, 영업3팀, 영업2팀, 영업1팀 ② 영업2팀, 영업4팀, 영업3팀, 영업4팀
③ 영업3팀, 영업4팀, 영업2팀, 영업4팀 ④ 영업4팀, 영업3팀, 영업2팀, 영업4팀
⑤ 영업3팀, 영업2팀, 영업4팀, 영업1팀

✔ 해설 ③ 영업1 ~ 4팀은 총무용품 구매 비용으로 각각 20만 원, 50만 원, 50만 원, 60만 원을 지출하였다. 지출 금액의 구성비에 따라 팀별 금액을 계산해 보면 다음과 같다.

	영업1팀	영업2팀	영업3팀	영업4팀
복사용품	20 × 10% = 2만 원	50 × 10% = 5만 원	50 × 30% = 15만 원	60 × 15% = 9만 원
팩스용품	20 × 20% = 4만 원	50 × 25% = 12.5만 원	50 × 25% = 12.5만 원	60 × 35% = 21만 원
탕비용품	20 × 30% = 6만 원	50 × 30% = 15만 원	50 × 25% = 12.5만 원	60 × 20% = 12만 원
기타	20 × 40% = 8만 원	50 × 35% = 17.5만 원	50 × 20% = 10만 원	60 × 30% = 18만 원

따라서 복사용품은 영업3팀, 팩스용품은 영업4팀, 탕비용품은 영업2팀, 기타는 영업4팀의 지출 금액이 가장 큰 것을 알 수 있다.

20 다음은 특정 시점 D국가의 주택유형별 매매가격 대비 전세가격 비율을 나타낸 도표이다. 다음 자료에 대한 올바른 설명을 〈보기〉에서 모두 고른 것은? (단, 비교하는 모든 주택들은 동일 크기와 입지조건이라고 가정한다.)

구분	전국	수도권	지방
종합	65%	68%	65%
아파트	75%	74%	75%
연립주택	66%	65%	69%
단독주택	48%	50%	46%

〈보기〉

㈎ 수도권의 아파트가 지방의 아파트보다 20% 높은 매매가이고 A평형 지방의 아파트가 2.5억 원일 경우, 두 곳의 전세가 차이는 2천만 원이 넘는다.

㈏ 연립주택은 수도권이, 단독주택은 지방이 매매가 대비 전세가가 더 낮다.

㈐ '종합'의 수치는 각각 세 가지 유형 주택의 전세가 지수의 평균값이다.

㈑ 수도권의 연립주택이 지방의 연립주택보다 20% 높은 매매가이고 A평형 지방의 연립주택이 2억 원일 경우, 두 곳의 전세가 차이는 2천만 원이 넘지 않는다.

① ㈏, ㈐, ㈑   ② ㈎, ㈏, ㈑

③ ㈎, ㈐, ㈑   ④ ㈎, ㈏, ㈐

⑤ ㈎, ㈏, ㈐, ㈑

 ㈎ 지방의 아파트가 2.5억 원일 경우 수도권의 아파트는 3억 원이므로 전세가는 각각 1.875억 원과 2.22억 원이 되어 차이가 2천만 원을 넘게 된다.

㈏ 연립주택은 수도권이 매매가 대비 전세가가 65%로 더 낮고, 단독주택은 지방이 46%로 더 낮다.

㈑ 지방의 연립주택이 2억 원일 경우 수도권의 연립주택은 2.4억 원이므로 전세가는 각각 1.38억 원과 1.56억 원이 되어 차이가 2천만 원을 넘지 않게 된다.

㈐ '종합'의 수치는 각각 세 가지 유형 주택의 전세가 지수의 단순 평균값이 아니다. 지역별 주택유형의 실제 수량에 근거한 수치이므로 해당 지역의 주택유형 분포 비율에 따라 평균값과 다르게 나타난다.

[조직이해능력] 출제유형

① 조직체제 이해능력 : 조직목표, 조직구조, 조직문화 등에 대한 문제이다. 조직 간의 관계를 이해하거나 규칙과 절차를 묻는 문제가 출제된다.
② 경영이해능력 : 조직의 목적을 달성하기 위한 전략과 관리 운영활동을 이해하고 이에 대한 전략을 세우는 문제이다. SWOT 분석과 함께 출제되기도 한다.
③ 업무이해능력 : 업무의 특성과 수행 계획에 대한 문제이다. 업무 우선순위 파악, 업무 결과 평가 등의 문제가 출제된다.
④ 국제감각 : 세계화에 따른 국제적 동향 이해, 거시적 업무 추진, 상황 대처 능력 등에 대한 문제이다.

[조직이해능력] 출제경향

조직의 구조와 운영 방식을 알고 적절한 업무 수행 절차를 파악하는 능력을 의미한다. 주로 조직의 목표와 구조, 조직문화, 규칙과 절차 등에 대한 이해를 묻는 문제와 조직 운영에 관련된 사례를 통해 문제 해결 방안을 판단하는 유형의 문제가 출제된다. 또한 농협과 관련된 조직 체계나 사업 구조 등의 지문과 문제가 제시되는 경우도 있으므로 이에 대한 이해가 필요하다.

[조직이해능력] 빈출유형

조직구조									
경영전략									
업무 판단									

예제 01 조직체제 이해능력

다음의 업무를 담당하고 있는 부서는?

- 경영계획 및 전략 수립
- 중장기 사업계획의 종합 및 조정
- 경영진단업무
- 종합예산수립 및 실적관리
- 실적관리 및 분석

① 총무부
② 인사부
③ 기획부
④ 회계부

출제의도

조직 내 부서별 기능과 책임 범위를 이해하고, 제시된 업무가 어느 부서의 고유 역할에 해당하는지를 묻는 문제이다.

해설

기획부는 회사에서 어떤 일을 꾀하여 계획하는 일을 맡아보는 부서로, 제시된 업무는 기획부에서 담당하고 있는 업무이다.

답 ③

예제 02 경영이해능력

경영전략의 유형으로 흔히 차별화, 원가 우위, 집중화 전략을 꼽을 수 있다. 다음 〈보기〉에 제시된 내용들 중, 차별화 전략의 특징으로 볼 수 없는 설명을 모두 고른 것은 어느 것인가?

〈보기〉
가. 브랜드 강화를 위한 광고비용이 증가할 수 있다.
나. 견고한 유통망은 제품 차별화와 관계가 없다.
다. 차별화로 인한 규모의 경제 활용에 제약이 있을 수 있다.
라. 신규기업 진입에 대한 효과적인 억제가 어렵다.
마. 제품에 대한 소비자의 선호체계가 확연히 구분될 경우 효과적인 차별화가 가능하다.

① 가, 나   ② 나, 라
③ 나, 다   ④ 라, 나

출제의도

경영전략의 유형별 특성과 차이를 이해하고, 각 전략의 핵심 개념에 대한 이해를 묻는 문항이다.

해설

나 → 강력하고 견고한 유통망이 있을 경우, 고객을 세분화하여 제품 차별화 전략을 활용할 수 있다.
라 → 차별화를 이루게 되면 경험과 노하우에 따른 더욱 특화된 제품이나 서비스가 제공되므로 신규기업 진입에 대한 효과적인 억제가 가능하게 된다.

답 ②

다음 중 업무수행 시 업무를 시작해서 끝나는 데까지 걸리는 시간을 바 형식으로 표시하여 전체 일정 및 단계별로 소요되는 시간과 각 업무활동 사이의 관계를 볼 수 있는 업무수행 시트는?

① 간트 차트

② 워크 플로 차트

③ 체크리스트

④ 퍼트 차트

출제의도

업무수행 계획을 수립할 때 간트 차트, 워크 플로 시트, 체크리스트 등의 수단을 이용하면 마지막에 급하게 일을 처리하지 않고 주어진 시간 내에 끝마칠 수 있다. 본 문항은 그러한 수단이 되는 차트들의 이해도를 묻는 문항이다.

해설

② 일의 절차 처리의 흐름을 표현하기 위해 기호를 써서 도식화한 것

③ 업무를 세부적으로 나누고 각 활동별로 수행수준을 달성했는지를 확인하는 데 효과적

④ 하나의 사업을 수행하는 데 필요한 다수의 세부사업을 단계와 활동으로 세분하여 관련된 계획 공정으로 묶고, 각 활동의 소요시간을 낙관시간, 최가능시간, 비관시간 등 세 가지로 추정하고 이를 평균하여 기대시간을 나타내는 것

답 ①

해외 법인에서 근무하는 귀하는 중요한 프로젝트의 계약을 앞두고 현지 거래처 귀빈들을 위한 식사 자리를 준비하게 되었다. 본사와 거래처의 최고 경영진들이 대거 참석하는 자리인 만큼 의전에도 각별히 신경을 써야 하는 매우 중요한 자리이다. 이러한 외국 손님들과의 식사 자리를 준비하는 에티켓에 관한 다음 보기의 설명 중 적절하지 않은 것은 무엇인가?

① 테이블의 모양과 좌석의 배치 등도 매우 중요하므로 반드시 팩스나 이메일로 사전에 참석자에게 정확하게 알려 줄 필요가 있다.

② 종교적 이유로 특정 음식을 먹지 않는 고객의 유무 등 특별 주문 사항이 있는지를 미리 확인한다.

③ 상석(上席)을 결정할 경우, 나이는 많은데 직위가 낮으면 나이를 기준으로 배치한다.

④ 최상석에 앉은 사람과 가까운 자리일수록 순차적으로 상석이 되며, 멀리 떨어진 자리가 말석이 된다.

⑤ 핸드백이나 기타 휴대품을 식탁 위에 올려놓는 것은 금물이다.

출제의도

업무수행 계획을 수립할 때 간트 차트, 워크 플로 시트, 체크리스트 등의 수단을 이용하면 마지막에 급하게 일을 처리하지 않고 주어진 시간 내에 끝마칠 수 있다. 본 문항은 그러한 수단이 되는 차트들의 이해도를 묻는 문항이다.

해설

③ 상석을 결정할 경우, 나이와 직위가 상충된다면 직위가 나이를 우선하게 된다. 또한 식사 테이블의 좌석을 정하는 에티켓으로는 여성 우선의 원칙, 기혼자 우선의 원칙 등이 있다.

답 ③

1 甲은 다음과 같이 직장 상사의 지시사항을 전달받았다. 이를 순서대로 모두 수행하기 위하여 업무 협조가 필요한 조직의 명칭이 순서대로 올바르게 나열된 것은 어느 것인가?

> "甲 씨, 내가 내일 하루 종일 외근을 해야 해서 몇 가지 업무 처리를 좀 도와줘야겠습니다. 이 서류는 팀장님 결재가 끝난 거니까 내일 아침 출근과 동시에 바로 유관부서로 넘겨서 비용 집행이 이루어질 수 있도록 해 주세요. 그리고 지난 번 퇴사한 우리 팀 오 부장님 퇴직금 정산이 좀 잘못 되었나 봅니다. 오 부장님이 관계 서류를 나한테 보내주신 게 있는데 그것도 확인 좀 해 주고 결재를 다시 요청해줘야 할 것 같고요. 다음 주 바이어들 방문 일정표 다시 한 번 확인해 보고 누락된 사항 있으면 잘 준비 좀 해 주세요. 특히 공항 픽업 관련 배차 결재 서류 올린 건 처리가 되었는지 확인 바랍니다. 지난번에 차량 배차에 문제가 생겼던 적이 있으니 반드시 재점검 해주셔야합니다. 부탁 좀 하겠습니다."

① 회계팀 → 인사팀 → 총무팀
② 인사팀 → 홍보팀 → 회계팀
③ 인사팀 → 총무팀 → 마케팅팀
④ 총무팀 → 회계팀 → 마케팅팀
⑤ 회계팀 → 총무팀 → 인사팀

✔해설 ① 비용이 집행되기 위해서는 비용을 쓰게 될 조직의 내부 결재를 거쳐 회사의 비용이 실제로 집행될 수 있는 회계팀(자금팀 등과 같은 비용 담당 조직)의 결재를 받아야 한다. 퇴직금의 정산과 관련한 인사 문제는 인사팀에서 담당하고 있는 업무가 된다. 또한, 회사의 차량을 사용하기 위한 배차 관련 업무는 일반적으로 총무팀이나 업무지원팀, 관리팀 등의 조직에서 담당하는 업무이다. 따라서 회계팀, 인사팀, 총무팀의 순으로 업무 협조를 구해야 한다.

ANSWER 1.①

2 다음 '갑' 기업과 '을' 기업에 대한 설명 중 적절하지 않은 것은?

> '갑' 기업은 다양한 사외 기관, 단체들과의 상호 교류 등 업무가 잦아 관련 업무를 전담하는 조직이 갖춰져 있다. 전담 조직의 인원이 바뀌는 일은 가끔 있지만, 상설 조직이 있어 매번 발생하는 유사 업무를 효율적으로 수행한다.
>
> '을' 기업은 사내 당구 동호회가 구성되어 있어 동호회에 가입한 직원들은 정기적으로 당구장을 찾아 쌓인 스트레스를 풀곤 한다. 가입과 탈퇴가 자유로우며 당구를 좋아하는 직원은 누구든 참여가 가능하다. 당구 동호회에 가입한 직원은 직급이 아닌 당구 실력으로만 평가받으며, 언제 어디서 당구를 즐기든 상사의 지시를 받지 않아도 된다.

① '갑' 기업의 상설 조직은 의도적으로 만들어진 집단이다.

② '갑' 기업 상설 조직의 임무는 보통 명확하지 않고 즉흥적인 성격을 띤다.

③ '을' 기업 당구 동호회는 공식적인 임무 이외에 다양한 요구들에 의해 구성되는 경우가 많다.

④ '갑' 기업 상설 조직의 구성원은 인위적으로 참여한다.

⑤ '을' 기업 당구 동호회의 활동은 자발적이며 행위에 대한 보상은 '즐거움' 또는 '보람'이다.

✔해설 ② '갑' 기업의 상설 조직은 공식적, '을' 기업의 당구 동호회는 비공식적 집단이다. 공식적인 집단은 조직의 공식적인 목표를 추구하기 위해 조직에서 의도적으로 만든 집단이다. 따라서 공식적인 집단의 목표나 임무는 비교적 명확하게 규정되어 있으며, 여기에 참여하는 구성원들도 인위적으로 결정되는 경우가 많다.

3 다음의 조직도를 올바르게 이해한 것은?

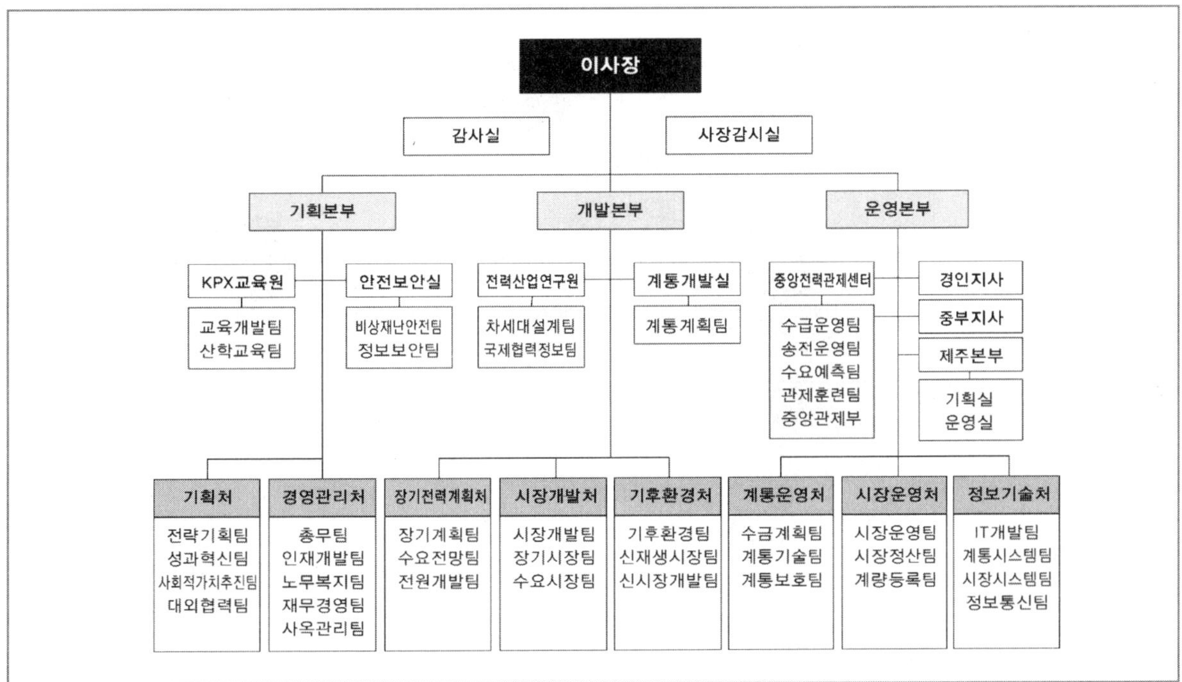

① 이사장 직속 부서는 총 5개이다.

② 인재개발, 장기계획, 협력업체 등에 관한 사항은 기획본부장이 총괄한다.

③ IT개발, 시장 시스템 관리 등은 정보기술처에서 담당하고 운영본부장이 총괄한다.

④ 시장 개발 및 운영, 정산에 관한 사항은 시장개발처에서 담당한다.

⑤ 개발본부에서는 전력사업, 전략기획, 계통계획과 같은 사업을 담당한다.

✔ **해설** ① 이사장 직속 부서는 기획본부, 개발본부, 운영본부로 총 3개이다.
② 인재개발, 대외협력 등에 관한 사항은 기획본부장 산하의 기획처 담당 사업이며, 장기계획에 관한 사항은 개발
본부의 장기전력계획처에서 담당한다.
④ 시장개발에 관한 사항은 시장개발처에서 담당하고, 시장운영 및 정산에 관한 사항은 시장운영처에서 담당한다.
⑤ 개발본부에서는 전력사업, 계통계획과 같은 사업을 담당하며, 전략기획은 기획본부에서 담당한다.

4   다음 중 아래의 조직도를 올바르게 이해한 것은?

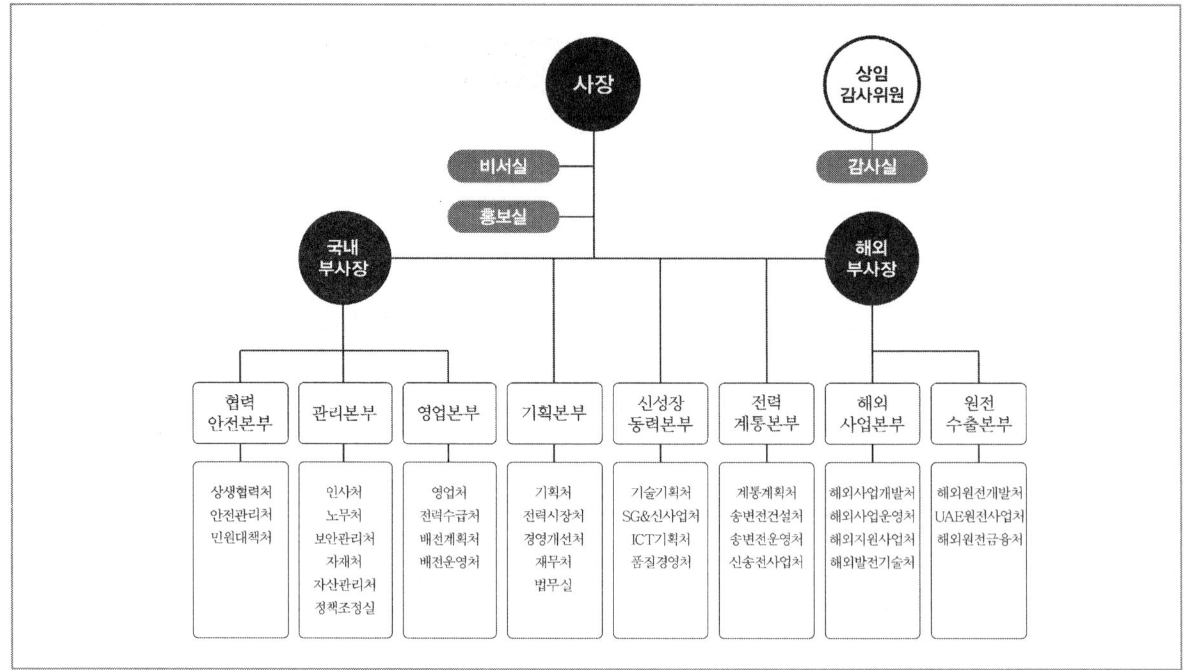

> ㉠ 사장 직속으로는 3개 본부, 13개 처, 2개 실로 구성되어 있다.
>
> ㉡ 국내 · 해외 부사장은 각 3개의 본부를 이끌고 있다.
>
> ㉢ 감사실은 다른 부서들과는 별도로 상임 감사위원 산하에 따로 소속되어 있다.
>
> ㉣ 노무처와 재무처는 서로 업무협동이 있어야 하므로 같은 본부에 소속되어 있다.

① ㉠

② ㉢

③ ㉡, ㉢

④ ㉡, ㉣

⑤ ㉢, ㉣

> ✔해설 ㉠ 사장직속으로는 3개 본부, 12개 처, 3개 실로 구성되어 있다.
> ㉡ 해외부사장은 2개의 본부를 이끌고 있다.
> ㉣ 노무처는 관리본부에, 재무처는 기획본부에 소속되어 있다.

5 다음은 A 기업의 조직도를 나타낸 것이다. 이러한 조직형태에 관해 추론 가능한 내용으로 보기 가장 어려운 것은?

> 기업의 조직도는 조직의 부문편성, 직위의 상호관계, 책임과 권한의 분담, 명령의 계통 등을 한눈에 볼 수 있도록 일목요연하게 나타낸 표를 의미한다. 기업 조직은 주어진 업무에 따라 조직을 여러 개로 나누어 체계적으로 구성하고 있는데 이를 조직구조의 분화라고 하며, 회사의 규모에 따라 조직의 크기 및 형태 등이 달라진다. 조직구조의 분화는 수평적 · 수직적 분화로 나눌 수 있으며, 특히 수직적 분화는 의사결정 권한을 하부조직에게 할당하는 것으로, 보고체계를 명시화할 수 있기 때문에 많은 기업에서 도입하고 있는 추세이다. 최근에는 조직구조가 전문화되고 기능별로 세분화됨에 따라 수평적 기능조직으로 변하고 있으며, 이에 따라 조직도가 점차적으로 다양화되고 슬림화 및 네트워크화되고 있다.

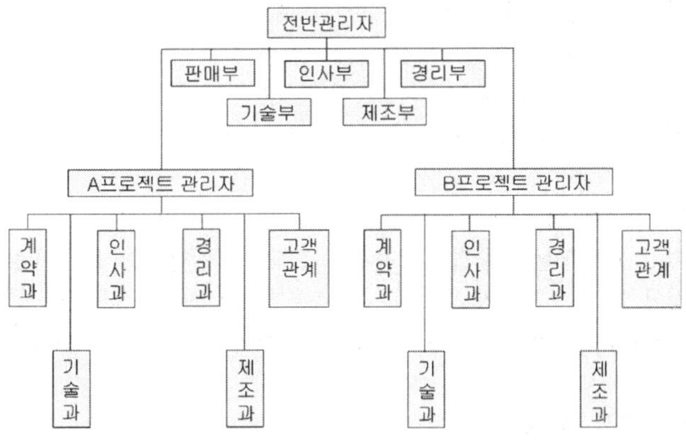

① 전문성 및 전문가 활용의 유용성이 높음과 동시에 부서 내 명확하게 정의되어진 책임 및 역할 등이 있다.

② 이러한 조직에서는 부서 관점의 편협한 의사결정이 이루어질 수 있으며, 요구사항에 대한 대응이 느리다는 문제점이 있다.

③ 특정한 사업 목표를 달성하기 위해 임시적으로 조직 내의 인적 및 물적 자원 등을 결합하는 조직의 형태라고 볼 수 있다.

④ 부서 간 책임 분산으로 인한 통합 기능의 부재 및 갈등 발생의 가능성이 드물다.

⑤ 이러한 조직의 경우 해산을 전제로 하여 임시로 편성된 일시적 조직이며, 혁신적 및 비일상적인 과제의 해결을 위해 형성되는 동태적 조직이다.

✔해설 ④ 위 그림은 프로젝트 조직형태(Project Organization)를 나타낸 것이다. 임시로 편성된 조직이며 혁신적이거나 또는 비일상적인 업무를 해결하기 위한 동태적인 조직이다. 직무의 체계라는 성격적 특성이 강하고 경영조직을 프로젝트별로 조직화하였다. 이러한 조직은 부서 간 책임분산으로 인해 통합 기능의 부재 및 갈등발생의 가능성이 있다.

6 다음은 N사의 내부 결재 규정에 대한 설명이다. 다음 중 N사의 결재 및 문서 등록 규정을 올바르게 이해하지 못한 것은 어느 것인가?

제○○조(결재)

① 기안한 문서는 결재권자의 결재를 받아야 효력이 발생한다.

② 결재권자는 업무의 내용에 따라 이를 위임하여 전결하게 할 수 있으며, 이에 대한 세부사항은 별도 규정으로 정한다. 결재권자가 출장, 휴가, 기타의 사유로 상당한 기간 동안 부재중일 때에는 그 직무를 대행하는 자가 대결할 수 있되, 내용이 중요한 문서는 결재권자에게 사후에 보고(후열)하여야 한다.

③ 결재에는 완결, 전결, 대결이 있으며 용어에 대한 정의와 결재방법은 다음과 같다.

  ㉠ 완결은 기안자로부터 최종 결재권자에 이르기까지 관계자가 결재하는 것을 말한다.

  ㉡ 전결은 사장이 업무내용에 따라 각 부서장에게 결재권을 위임하여 결재하는 것을 말하며, 전결하는 경우에는 전결하는 자의 서명란에 '전결' 표시를 하고 맨 오른쪽 서명란에 서명하여야 한다.

  ㉢ 대결은 결재권자가 부재중일 때 그 직무를 대행하는 자가 하는 결재를 말하며, 대결하는 경우에는 대결하는 자의 서명란에 '대결'표시를 하고 맨 오른쪽 서명란에 서명하여야 한다.

제○○조(문서의 등록)

① 문서는 당해 마지막 문서에 대한 결재가 끝난 즉시 결재일자순에 따라서 번호를 부여하고 처리과별로 문서등록대장에 등록하여야 한다. 동일한 날짜에 결재된 문서는 조직내부 원칙에 의해 우선순위 번호를 부여한다. 다만, 비치문서는 특별한 규정이 있을 경우를 제외하고는 그 종류별로 사장이 정하는 바에 따라 따로 등록할 수 있다.

② 문서등록번호는 일자별 일련번호로 하고, 내부결재문서인 때에는 문서등록대장의 수신처란에 '내부결재'표시를 하여야 한다.

③ 처리과는 당해 부서에서 기안한 모든 문서, 기안형식 외의 방법으로 작성하여 결재권자의 결재를 받은 문서, 기타 처리과의 장이 중요하다고 인정하는 문서를 제1항의 규정에 의한 문서등록대장에 등록하여야 한다.

④ 기안용지에 의하여 작성하지 아니한 보고서 등의 문서는 그 문서의 표지 왼쪽 위의 여백에 부서기호, 보존기간, 결재일자 등의 문서등록 표시를 한 후 모든 내용을 문서등록대장에 등록하여야 한다.

---

① '완결'은 기안자로부터 최종 결재권자에 이르기까지 관계자가 결재하는 방식이다.

② 같은 날짜에 결재된 문서 2건을 같은 문서번호로 분류하여 등록한다.

③ 본부장이 최종 결재권자로 위임된 문서를 본부장 부재시에 팀장이 최종 결재하게 되면, 팀장은 '대결'처리를 한 것이다.

④ 중요성 여부와 관계없이 내부 결재 문서에는 모두 '내부결재' 표시를 한다.

⑤ 기안문과 보고서 등 모든 문서는 결재일자가 기재되며 처리과별로 문서등록대장에 등록된다.

> ✔해설　② 같은 날짜에 결재된 문서인 경우 조직 내부 원칙에 의해 문서별 우선순위 번호를 부여해야 한다.

7 甲금융그룹사(계열사 : 甲은행, 甲카드, 甲증권사)의 본사 총무 부서에 근무 중인 A는 2026년에 10년째를 맞이하는 '우수 직원 해외연수단'을 편성하기 위해 각 계열사에 공문을 보내고자 한다. 甲은행의 경우 3년차 직원, 甲카드는 5년차 직원, 甲증권사는 7년차 직원 중 희망자를 대상으로 하며, 인사부의 Y 부장은 P 과장에게 결재권한을 위임하였다. 기안문을 작성할 때, ㈎ ～ ㈐에 들어갈 내용으로 적절한 것을 고르시오.

㈎

수신자 : 甲은행, 甲카드, 甲증권사

(경유)

제목 : ㈏

---

1. 서무 1056-2431(2022. 02. 03.)과 관련입니다.
2. 2026년도 우수 직원을 대상으로 해외연수단을 편성하고자 하오니, 회사에 재직 중인 직원 중 기본적 영어회화가 가능하며 글로벌 감각이 뛰어난 사원을 다음 사항을 참고로 선별하여 2026. 03. 03.까지 통보해 주시기 바랍니다.

– 다음 –

가. 참가범위
   1) 甲은행 : 3년차 직원 중 희망자
   2) 甲카드 : ㈐
   3) 甲증권사 : ㈑

나. 아울러 지난해에 참가했던 책임자와 직원은 제외시켜 주시기 바라며, 지난해 참가 직원 명단을 첨부하니 참고하시기 바랍니다.

첨부 : 2025년도 참가 직원 명단 1부. 끝.

한 국 금 융 그 룹 사 장

사원 A   계장 B   과장 ㈒ P
협조자
시행 총무부-27(1.19)
접수 우13456 주소 서울 강남구 오공로75 5F / www.hkland.co.kr
전화 (02-256-3456) 팩스(02-257-3456) / webmaster@hkland.com / 완전공개

① ㈎ 甲은행그룹사   ② ㈏ 2025년도 우수 직원 해외연수단 편성
③ ㈐ 4년차 직원 중 희망자   ④ ㈑ 7년차 직원 중 희망자
⑤ ㈒ 대결

✔**해설** ③ ㈎ 甲금융그룹사, ㈏ 2026년도 우수 직원 해외연수단 편성, ㈐ 5년차 직원 중 희망자, ㈒ 전결이다.

8 다음 위임전결규정을 잘못 설명한 것은 어느 것인가?

위임전결규정

- 결재를 받으려는 업무에 대해서는 최고결재권자(대표이사)를 포함한 이하 직책자의 결재를 받아야 한다.
- '전결'이라 함은 회사의 경영활동이나 관리활동을 수행함에 있어 의사 결정이나 판단을 요하는 일에 대하여 최고 결재권자의 결재를 생략하고, 자신의 책임 하에 최종적으로 의사 결정이나 판단을 하는 행위를 말한다.
- 전결사항에 대해서도 위임 받은 자를 포함한 이하 직책자의 결재를 받아야 한다.
- 표시내용 : 결재를 올리는 자는 최고결재권자로부터 전결 사항을 위임 받은 자가 있는 경우 결재란에 전결이라고 표시하고 최종 결재권자란에 위임 받은 자를 표시한다. 다만, 결재가 불필요한 직책자의 결재란은 상향대각선으로 표시한다.
- 최고결재권자의 결재사항 및 최고결재권자로부터 위임된 전결사항은 아래의 표에 따른다.
- 본 규정에서 정한 전결권자가 유고 또는 공석 시 그 직급의 직무 권한은 직상급직책자가 수행함을 원칙으로 하며, 각 직급은 긴급을 요하는 업무처리에 있어서 상위 전결권자의 결재를 득할 수 없을 경우 차상위자의 전결로 처리하며, 사후 결재권자의 결재를 득해야 한다.

업무내용		결재권자			
		사장	부사장	본부장	팀장
주간업무보고					○
팀장급 인수인계			○		
일반예산 집행	잔업수당	○			
	회식비			○	
	업무활동비			○	
	교육비		○		
	해외연수비	○			
	시내교통비			○	
	출장비	○			
	도서인쇄비				○
	법인카드사용		○		
	소모품비				○
	접대비(식대)			○	
	접대비(기타)				○
이사회 위원 위촉		○			
임직원 해외 출장		○(임원)		○(직원)	
임직원 휴가		○(임원)		○(직원)	
노조관련 협의사항			○		

※ 1) 100만 원 이상의 일반예산 집행과 관련한 내역은 사전 사장 품의를 득해야 하며, 품의서에 경비 집행 내역을 포함하여 준비한다. 출장계획서는 품의서를 대체한다.
　2) 위의 업무내용에 필요한 결재서류는 다음과 같다.
　　 품의서, 주간업무보고서, 인수인계서, 예산집행내역서, 위촉장, 출장보고서(계획서), 휴가신청서, 노조협의사항 보고서

① 급한 업무의 경우 최종결재자는 차상위자가 되며 사후 결재권자의 결재가 필요하다.

② 전결권자 업무 복귀 시, 부재 중 결재 사항에 대하여 반드시 사후 결재를 받아두어야 한다.

③ 팀장이 새로 부임하면 부사장 전결의 인수인계서를 작성하게 된다.

④ 전결권자가 해외 출장으로 자리를 비웠을 경우에는 차상위자가 직무 권한을 위임 받는다.

⑤ 100만 원 이상의 예산 집행 시 경비 집행 내역이 담긴 품의서를 작성해야 한다.

> **✔ 해설** ④ 전결권자가 자리를 비웠을 경우, '직무 권한'은 차상위자가 아닌 직상급직책자가 수행하게 되며, 차상위자가 전결권자가 되는 경우에도 '직무 권한' 자체의 위임이 되는 것은 아니다.
> ① 필요한 경우, 차상위자가 최종결재자(전결권자)가 될 수 있다.
> ② 부재 중 결재사항은 전결권자 업무 복귀 시 사후 결재를 받는 것으로 규정하고 있다.
> ③ 팀장의 업무 인수인계는 부사장의 전결 사항이다.
> ⑤ 100만 원 이상의 일반예산 집행과 관련한 내역은 사전 사장 품의를 득해야 하며, 품의서에 경비 집행 내역을 포함하여 준비한다.

ANSWER 8.④

9 다음은 K사의 위임전결 규칙이다. 다음 중 K사 직원의 적절한 행위로 볼 수 없는 것은?

업무내용(소요예산 기준)	전결권자				이사장
	팀원	팀장	국(실)장	이사	
가. 공사 도급					
3억 원 이상					○
1억 원 이상				○	
1억 원 미만			○		
1,000만 원 이하		○			
나. 물품(비품, 사무용품 등) 제조/구매 및 용역					
3억 원 이상					○
1억 원 이상				○	
1억 원 미만			○		
1,000만 원 이하		○			
다. 자산의 임(대)차 계약					
1억 원 이상					○
1억 원 미만				○	
5,000만 원 미만			○		
라. 물품수리					
500만 원 이상			○		
500만 원 미만		○			
마. 기타 사업비 예산집행 기본품의					
1,000만 원 이상			○		
1,000만 원 미만		○			

※ 단, 전결권자 부재 시 직근 하위자가 대결하며, 사후 전결권자의 결재를 받아야 한다.

① 국장이 부재중일 경우, 소요예산 5,000만 원인 공사 도급 계약은 이사가 전결권자가 된다.

② 소요예산이 800만 원인 인쇄물의 구매시 팀장이 국장의 결재를 받는다.

③ 이사장이 부재중일 경우, 소요예산이 3억 원인 자산 임대차 계약 건은 이사가 대결한다.

④ 소요예산이 1,000만 원인 물품수리 건은 이사의 결재가 필요하지 않다.

⑤ 팀장은 1,000만 원 미만의 예산이 드는 업무에서만 전결권을 가진다.

> ✔️**해설** ① 소요예산이 5,000만 원인 공사 도급 계약은 규정상 국장이 전결권자이나, 국장이 부재중인 경우에는 하위자인 팀장이 대결할 수 있다. 이후 국장이 업무에서 복귀하면 반드시 사후 결재를 득하여야 한다.

〈결재규정〉

- 결재를 받으려면 업무에 대해서는 최고결재권자(대표이사)를 포함한 이하 직책자의 결재를 받아야 한다.
- '전결'이라 함은 회사의 경영활동이나 관리활동을 수행함에 있어 의사결정이나 판단을 요하는 일에 대하여 최고결재권자의 결재를 생략하고, 자신의 책임 하에 최종적으로 의사결정이나 판단을 하는 행위를 말한다.
- 전결사항에 대해서도 위임 받은 자를 포함한 이하 직책자의 결재를 받아야 한다.
- 표시내용 : 결재를 올리는 자는 최고결재권자로부터 전결사항을 위임 받은 자가 있는 경우 결재란에 전결이라고 표시하고 최종 결재권자란에 위임 받은 자를 표시한다. 다만, 결재가 불필요한 직책자의 결재란은 상향대각선으로 표시한다.
- 최고결재권자의 결재사항 및 최고결재권자로부터 위임된 전결사항은 다음의 표에 따른다.

구분	내용	금액기준	결재서류	팀장	본부장	대표이사
접대비	거래처 식대, 경조사비 등	20만 원 이하	접대비지출품의서 지출결의서	● ■		
		30만 원 이하			● ■	
		30만 원 초과				● ■
교통비	국내 출장비	30만 원 이하	출장계획서 출장비신청서	● ■		
		50만 원 이하		●	■	
		50만 원 초과		●		■
	해외 출장비			●		■
소모품비	사무용품		지출결의서	■		
	문서, 전산소모품					■
	기타 소모품	20만 원 이하		■		
		30만 원 이하			■	
		30만 원 초과				■
교육 훈련비	사내외 교육		기안서 지출결의서	●		■
법인카드	법인카드 사용	50만 원 이하	법인카드신청서	■		
		100만 원 이하			■	
		100만 원 초과				■

● : 기안서, 출장계획서, 접대비지출품의서

■ : 지출결의서, 세금계산서, 발행요청서, 각종 신청서

---

10 영업부 사원 L 씨는 편집부 K 씨의 부친상에 부조금 50만 원을 회사 명의로 지급하기로 하였다. L 씨가 작성한 결재 방식은?

①

접대비지출품의서			
결재	담당	팀장	본부장	최종 결재

결재	담당	팀장	본부장	최종 결재
	L			팀장

②

접대비지출품의서				
결재	담당	팀장	본부장	최종 결재
	L		전결	본부장

③

지출결의서				
결재	담당	팀장	본부장	최종 결재
	L	전결		대표이사

④

지출결의서				
결재	담당	팀장	본부장	최종 결재
	L			대표이사

⑤

지출결의서				
결재	담당	팀장	본부장	최종 결재
		L		대표이사

해설 ④ 경조사비는 접대비에 해당하므로 접대비지출품의서나 지출결의서를 작성하고, 30만 원을 초과하였으므로 결재 권자는 대표이사에게 있다. 또한 누구에게도 전결되지 않았다.

11 영업부 사원 I 씨는 거래업체 직원들과 저녁 식사를 위해 270,000원을 지불하였다. I 씨가 작성해야 하는 결재 방식으로 옳은 것은?

①

접대비지출품의서			
결재	담당	팀장	본부장	최종 결재
	I			전결

②

접대비지출품의서			
결재	담당	팀장	본부장	최종 결재
	I	전결		본부장

③

지출결의서			
결재	담당	팀장	본부장	최종 결재
	I	전결		본부장

④

접대비지출품의서			
결재	담당	팀장	본부장	최종 결재
	I		전결	본부장

⑤

지출결의서			
결재	담당	팀장	본부장	최종 결재
	I			팀장

✔ 해설 ④ 거래처 식대이므로 접대비지출품의서나 지출결의서를 작성하고, 30만 원 이하이므로 최종 결재는 본부장이 한다. 본부장이 최종 결재를 하고 본부장란에는 전결을 표시한다.

12 조직의 경영 전략과 관련된 다음의 신문 기사에서 밑줄 친 '이 제도'가 말하는 것은 무엇인가?

>   T증권 보고서에 따르면, 2026년 6월 기준으로 상장된 국유기업 39곳이 종업원의 주식 보유 제도를 도입한 것으로 나타났다. 이중 종업원이 보유한 지분이 전체의 2%를 넘는 기업은 14곳으로, 아직 초기 단계지만 향후 제도 확대와 함께 종업원의 지분 참여 비율도 점차 증가할 것으로 전망된다. 또한 적용 분야 역시 일반 경쟁 산업을 넘어 통신, 철도교통, 비철금속 등 비경쟁 산업으로 확대될 가능성이 크다.
>
>   정부는 종업원이 기업의 주식을 보유하게 되면 기업의 경영 효율성이 높아지고 혁신이 촉진될 것으로 기대하고 있다. 이에 대해 G대 교수는 "이 제도의 시행은 국유기업 개혁과 밀접하게 연관되어 있으며, 지배구조 개선에 기여하고 경영진과 노동자 간 갈등을 완화하는 효과도 있을 것"이라고 분석했다.

① 스톡옵션제

② 노동주제

③ 노사협의회제

④ 종업원지주제

⑤ 이익배분제

 ④ 조직의 구성원들이 경영에 참여하는 것을 경영참가제도라 한다. 경영참가제도에는 조직의 경영에 참가하는 공동의사결정제도와 노사협의회제도, 이윤에 참가하는 이윤분배제도, 자본에 참가하는 종업원지주제도 및 노동주제도 등이 있다. 종업원지주제란 회사의 경영방침과 관계법령을 통해 특별한 편의를 제공하며, 종업원들이 자기회사 주식을 취득하고 보유하는 제도를 말한다.

13 다음은 관리조직의 일반적인 업무내용을 나타내는 표이다. 다음 표를 참고할 때, C 대리가 〈보기〉와 같은 업무를 처리하기 위하여 연관되어 있는 팀만으로 나열된 것은 어느 것인가?

부서명	업무내용
총무팀	집기비품 및 소모품의 구입과 관리, 사무실 임차 및 관리, 차량 및 통신시설의 운영, 국내외 출장 업무 협조, 사내외 홍보 광고업무, 회의실 및 사무 공간 관리, 사내·외 행사 주관
인사팀	조직기구의 개편 및 조정, 업무분장 및 조정, 인력수급계획 및 관리, 노사관리, 평가관리, 상벌관리, 인사발령, 교육체계 수립 및 관리, 임금제도, 복리후생제도 및 지원업무, 복무관리, 퇴직관리
기획팀	경영계획 및 전략 수립, 전사기획업무 종합 및 조정, 경영정보 조사 및 기획보고, 경영진단업무, 종합예산수립 및 실적관리, 단기사업계획 종합 및 조정, 사업계획, 손익추정, 실적관리 및 분석
외환팀	수출입 외화자금 회수, 외환 자산 관리 및 투자, 수출 물량 해상 보험 업무, 직원 외환업무 관련 교육 프로그램 시행, 영업활동에 따른 환차손익 관리 및 손실 최소화 방안 강구
회계팀	회계제도의 유지 및 관리, 재무상태 및 경영실적 보고, 결산 관련 업무, 재무제표 분석 및 보고, 법인세, 부가가치세, 국세 지방세 업무자문 및 지원, 보험가입 및 보상업무, 고정자산 관련 업무

〈보기〉

　C 대리는 오늘 매우 바쁜 하루를 보내야 한다. 항공사의 파업으로 비행 일정이 아직 정해지지 않아 이틀 후로 예정된 출장이 확정되지 않고 있다. 일정 확정 통보를 받는 즉시 지사와 연락을 취해 현지 거래처와의 미팅 일정을 논의해야 한다. 또한, 지난 주 퇴직한 선배 사원의 퇴직금 정산 내역을 확인하여 이메일로 자료를 전해주기로 하였다. 오후에는 3/4분기 사업계획 관련 전산입력 담당자 회의에 참석하여야 하며, 이를 위해 회의 전 전년도 실적 관련 자료를 입수해 확인해 두어야 한다.

① 인사팀, 기획팀, 외환팀
② 총무팀, 기획팀, 회계팀
③ 총무팀, 인사팀, 외환팀, 회계팀
④ 총무팀, 인사팀, 기획팀, 회계팀
⑤ 총무팀, 인사팀, 기획팀, 외환팀

> **해설** ④ 출장을 위한 항공 일정 확인 및 확정 업무는 총무팀의 협조가 필요하며, 퇴직자의 퇴직금 정산 내역은 인사팀의 협조가 필요하다. 사업계획 관련 회의는 기획팀에서 주관하는 회의가 될 것이며, 전년도 실적 자료를 입수하는 것은 회계팀에 요청하거나 회계팀의 확인 작업을 거쳐야 공식적인 자료로 간주될 수 있을 것이다. 따라서 총무팀, 인사팀, 기획팀, 회계팀과의 업무 협조가 예상되는 상황이며, 외환팀과의 업무 협조는 '오늘' 예정되어 있다고 볼 수 없다.

14 아래의 2가지 기사를 읽고 각 글에서 다루고 있는 공통적인 회의방식에 관련한 사항으로 적절하지 않은 것을 고르면?

> (가) 국제 대회를 앞둔 A 국가대표팀은 지난 11일 해외에서 진행된 사전훈련캠프를 마쳤다. 두 차례 평가전을 통해 경기 감각을 끌어올렸고, 체력훈련과 세부 전술 훈련을 병행하며 점차 조직력을 강화해 나갔다. 특히 선수들은 틈날 때마다 머리를 맞대고 다양한 방식의 자체 회의를 진행하며 전술과 경기 운영에 대해 의견을 교환하였다. 이러한 회의는 장소에 구애받지 않고 이루어졌으며, 훈련장뿐만 아니라 숙소와 식당, 휴식 공간, 이동 중인 차 안, 산책 시간 등 일상적인 상황에서도 자유롭게 진행되었다. 주장 선수의 주도로 전체 회의를 진행한 후, 소규모로 나누어 추가 논의를 이어가는 방식도 활용되었다.
>
> (나) 공기업 C의 지역 지사 시설팀은 내부 개선 활동을 통해 각종 승인 신청 절차를 통합하는 방안을 마련하였다. 기존에는 영업 승인과 설비 사용 승인을 각각 별도로 신청해야 했으나, 팀원들이 자발적으로 조직 내 문제점을 분석하고 해결책을 논의한 결과 이를 하나의 통합 서식으로 처리할 수 있도록 개선한 것이다. 이 과정에서 팀원들은 자유로운 의견 제시를 바탕으로 다양한 아이디어를 도출하였고, 이를 통해 업무 절차를 간소화할 수 있었다. 팀장은 이러한 회의 과정이 구성원들의 참여를 높이고 조직의 효율성을 향상시키는 데 중요한 역할을 하였다고 강조하며, 앞으로도 청렴한 기업 이미지 향상과 경영목표 달성을 지원하기 위해 꾸준히 노력하겠다고 밝혔다.

① 위와 같은 회의방식은 1941년에 미국의 광고회사 부사장 알렉스 F. 오즈번의 제창으로 그의 저서 「독창력을 신장하라」로 널리 소개되었다.

② 한 사람보다 다수인 쪽이 제기되는 아이디어가 많다.

③ 통상적으로 보았을 때 아이디어는 비판이 가해지지 않으면 많아진다.

④ 이러한 회의방법에서는 어떠한 내용의 발언이라도 그에 대한 비판을 해서는 안 되며, 오히려 자유분방하고 엉뚱하기까지 한 의견을 출발점으로 하여 구성원들이 아이디어를 전개시켜 나가도록 하고 있다.

⑤ 아이디어 수가 많을수록 양적으로 우수한 아이디어가 나올 가능성이 많다.

✔ 해설 ⑤ (가)와 (나)에서 구성원들이 활용한 회의 방식은 브레인스토밍이다. 브레인스토밍은 특정 문제를 해결하기 위해 여러 사람이 자유롭게 의견을 제시하여 다양한 아이디어를 도출하는 집단적 사고 기법이다. (가)에서는 구성원들이 시간과 장소에 구애받지 않고 수시로 모여 의견을 교환하고 토론하는 모습에서, (나) 역시 팀원들이 자유롭게 의견을 제시하고 이를 바탕으로 해결방안을 도출했다는 모습에서 이러한 방식이 적용되었음을 알 수 있다. 브레인스토밍의 경우 회의를 통해 나오는 아이디어의 수는 많아지지만, 지속적인 회의를 통해 내용이 걸러지게 되므로 그 중에서 더 나은 질적인 우수한 아이디어가 나올 가능성이 높아지게 되는 것이다.

 다음의 내용을 보고 밑줄 친 부분에 대한 특성으로 옳지 않은 것은?

> A 홈쇼핑은 14일 본사에서 '윤리경영 세미나'를 개최했다고 15일 밝혔다. A 홈쇼핑은 지난 8월 국내 민간기업 최초로 '청렴경영 협약'을 맺고 사내에 반부패 청렴 시스템 구축, 청렴도 향상·윤리경영 문화 정착을 위한 교육, 경영 투명성과 윤리성 확보를 위한 활동 등을 함께 추진하기도 했다.
>
> 이번 '윤리강령 세미나'에서는 G대학교 경영학과 교수가 '윤리경영의 원칙과 필요성'을, 공정기구 상임정책위원이 '사례를 통해 본 윤리경영의 방향'을 주제로 강의를 진행했다. 강연을 진행한 교수는 윤리경영을 통해 혁신이 이뤄지고 기업의 재무성과가 높아진 실제 연구 사례를 들며 윤리경영의 필요성에 대해 강조했으며, "A 홈쇼핑이 잘못된 관행을 타파하고 올바르게 사업을 진행해 나가 윤리적으로 모범이 되는 기업으로 거듭나길 바란다"고 말했다. 또 상임정책위원은 윤리적인 기업으로 꼽히는 여러 대표적인 경영 사례를 자세히 설명하고 "윤리경영을 위해 기업의 운영과정을 투명하게 공개하는 것이 중요하다"고 강조했다. 강연을 마친 후에는 개인 비리를 막을 수 있는 조직의 대응방안 등 윤리적인 기업으로 거듭나는 방법에 대한 질의응답이 이어졌다. A 홈쇼핑의 대표는 "투명하고 공정한 기업으로 거듭나기 위한 방법에 대해 늘 고민하고 있다"며, "강연을 통해 얻은 내용들을 내부적으로 잘 반영해 진정성 있는 변화의 모습을 보여 드리겠다"라고 말했다.

① 윤리경영은 경영상의 관리지침이다.

② 윤리경영은 경영활동의 규범을 제시해준다.

③ 윤리경영은 응용윤리이다.

④ 윤리경영은 경영의사결정의 도덕적 가치기준이다.

⑤ 윤리경영은 투명하고 공정하며 합리적인 업무 수행을 추구한다.

✔ **해설** 윤리경영의 특징
    ㉠ 윤리경영은 경영활동의 옳고 그름에 대한 판단 기준이다.
    ㉡ 윤리경영은 경영활동의 규범을 제시해준다.
    ㉢ 윤리경영은 경영의사결정의 도덕적 가치기준이다.
    ㉣ 윤리경영은 응용윤리이다.

ANSWER 14.⑤ 15.①

▮16~17▮ 다음 SWOT 분석에 대한 설명과 사례를 보고 이어지는 물음에 답하시오.

〈SWOT 분석방법〉

구분		내부환경요인	
		강점(Strengths)	약점(Weaknesses)
외부 환경요인	기회 (Opportunities)	SO 내부강점과 외부기회 요인을 극대화	WO 외부기회를 이용하여 내부약점을 강점으로 전환
	위협 (Threats)	ST 강점을 이용한 외부환경 위협의 대응 및 전략	WT 내부약점과 외부위협을 최소화

〈사례〉

S	편의점 운영 노하우 및 경험 보유, 핵심 제품 유통채널 차별화로 인해 가격 경쟁력 있는 제품 판매 가능
W	아르바이트 직원 확보 어려움, 야간 및 휴일 등 시간에 타 지역 대비 지역주민 이동이 적어 매출 증가 어려움
O	주변에 편의점 개수가 적어 기본 고객 확보 가능, 매장 앞 휴게 공간 확보로 소비 유발 효과 기대
T	지역주민의 생활패턴에 따른 편의점 이용률 저조, 근거리에 대형 마트 입점 예정으로 매출 급감 우려 존재

16 다음 중 위의 SWOT 분석방법을 올바르게 설명하지 못한 것은 어느 것인가?

① 외부환경요인 분석 시에는 자신을 제외한 모든 것에 대한 요인을 기술하여야 한다.

② 구체적인 요인부터 시작하여 점차 객관적이고 상식적인 내용으로 기술한다.

③ 같은 데이터도 자신에게 미치는 영향에 따라 기회요인과 위협요인으로 나뉠 수 있다.

④ 외부환경요인 분석에는 SCEPTIC 체크리스트가, 내부환경요인 분석에는 MMMITI 체크리스트가 활용될 수 있다.

⑤ 내부환경 요인은 경쟁자와 비교한 나의 강점과 약점을 분석하는 것이다.

> **✔해설** ② 외부환경요인 분석은 언론매체, 개인 정보망 등을 통하여 입수한 거시적인 내용을 시작으로 당사자에게 미치는 영향에 따라 점차 구체화하는 것이다. 내부환경과 외부환경을 구분하는 기준은 '나', '나의 사업', '나의 회사' 등 환경 분석 주체와 직접적인 관련성이 있는지 여부가 된다. 대내외적인 환경을 분석하기 위하여 이를 적절하게 구분하는 것이 매우 중요한 요소가 된다.

17 다음 중 위의 SWOT 분석 사례에 따른 전략으로 적절하지 않은 것은 어느 것인가?

① 가족들이 남는 시간을 투자하여 인력 수급 및 인건비 절감을 도모하는 것은 WT 전략으로 볼 수 있다.

② 저렴한 제품을 공급하여 대형 마트 등과의 경쟁을 극복하고자 하는 것은 SW 전략으로 볼 수 있다.

③ 다년간의 경험을 활용하여 지역 내 편의점 이용 환경을 더욱 극대화시킬 수 있는 방안을 연구하는 것은 SO 전략으로 볼 수 있다.

④ 매장 앞 공간을 쉼터로 활용해 지역 주민 이동 시 소비를 유발하도록 하는 것은 WO 전략으로 볼 수 있다.

⑤ 고객 유치 노하우를 바탕으로 사은품 등 적극적인 홍보활동을 통해 편의점 이용에 대한 필요성을 부각시키는 것은 ST 전략으로 볼 수 있다.

> ✔ 해설 ② 저렴한 제품을 공급하는 것은 자사의 강점(S)이며, 이를 통해 외부의 위협요인인 대형 마트와의 경쟁(T)에 대응하는 것은 ST 전략이 된다.
> ① 직원 확보 문제 해결과 매출 감소에 대응하는 인건비 절감 등의 효과를 거둘 수 있어 약점과 위협요인을 최소화하는 WT 전략이 된다.
> ③ 자사의 강점과 외부환경의 기회 요인을 이용한 SO 전략이 된다.
> ④ 자사의 기회요인인 매장 앞 공간을 이용해 지역 주민 이동 시 쉼터를 이용할 수 있도록 활용하는 것은 매출 증대에 기여할 수 있으므로 WO 전략이 된다.
> ⑤ 고객 유치 노하우는 자사의 강점을 이용한 것이며, 이를 통해 편의점 이용률을 제고하는 것은 위협요인을 제거하는 것이 되므로 ST 전략이 된다.

18 A 대기업 경영전략팀은 기업의 새로운 도약을 위하여 2025년 1차 경영토론회를 주최하였다. 다음 중 토론자들의 경영시장 종류에 대한 발언으로 옳지 않은 것을 고르시오.

① "블루오션은 아직 우리가 모르고 있는 가능성의 시장 공간이라 할 수 있습니다."

② "블루오션은 기존 산업의 경계선 바깥에서 새롭게 창출되는 시장을 말합니다."

③ "레드오션은 산업 간 경계선이 명확하게 그어져 있습니다."

④ "레드오션은 어떻게 경쟁자를 앞지를 것인가에 대한 '시장경쟁전략'을 말합니다."

⑤ "블루오션은 경쟁을 목표로 하고 존재하는 소비자와 현존하는 시장에 초점을 맞췄습니다."

> ✔ 해설 ⑤ 레드오션은 경쟁을 목표로 하고, 존재하는 소비자와 현존하는 시장에 초점(시장경쟁전략)을 맞춘 반면, 블루오션은 비 고객에게 초점(시장창조전략)을 맞추고 새로운 수요를 창출하고자 한다.

ANSWER 16.② 17.② 18.⑤

19 다음은 악수에 대한 내용이다. 악수의 사례를 읽고 이를 분석한 내용으로 바르지 않은 것을 고르면?

국내에서도 번역 출간된 「세계의 인사법」이란 책에는 여러 나라 여러 민족의 다양한 인사법이 나온다. 포옹, 가벼운 키스, 서로 코를 맞대는 뉴질랜드 마오리족의 인사에서부터 반가움의 표시로 상대방의 발에 침을 뱉는 아프리카 키유크족의 인사까지 우리 관점에서 보면 기상천외한 인사법이 참으로 많다. 인사는 반가움을 표시하는 형식화되고 관습화된 행위다. 나라마다 문화마다 독특한 형식의 인사가 많지만 전 세계적으로 통용되는 가장 보편적인 인사법을 꼽으라면 역시 악수일 것이다. 악수는 원래 신(神)이 지상의 통치자에게 권력을 넘겨주는 의식에서 유래했다고 한다. 이것은 이집트어의 '주다'라는 동사에 잘 나타나 있는데, 상형문자로 쓰면 손을 내민 모양이 된다고 한다.

먼저 악수할 때는 반갑게 인사말을 건네며 적극적인 자세로 서로 손을 잡고 흔든다. 이 악수는 신체적 접촉으로 이루어지는 적극적이고 활달한 인사이므로 만약 지나치게 손을 흔든다거나, 힘없이 손끝만 살짝 쥐고 흔드는 시늉만 한다면 상대방은 몹시 불쾌해질 수 있다. 서양에서는 이런 행동을 "죽은 물고기 꼬리를 잡고 흔든다"고 말하며 모욕적인 행동으로 간주한다. 군대 내에서는 상관과 악수할 때 손에 힘을 빼라는 예법이 있다. 그것은 군대 내에서만 적용되는 악수법이니 외부인과 악수할 때에는 연하자라도 약간의 에너지를 주고 흔들면 된다. 다만, 연장자보다 힘을 덜 주면 되는 것이다. 원래 악수는 허리를 펴고 한 손으로 당당하게 나누는 인사다. 서양에서는 대통령이나 왕족을 대하는 경우에만 머리를 살짝 숙여 충성을 표시하는 데 반해, 우리나라에서는 지나치게 허리를 굽혀 악수를 하는 장면이 많이 보이는데, 이는 세계적으로 통용되는 정통 악수법의 관점에서는 옳지 않다. 우리나라의 악수는 서양과 달리 절과 악수의 혼합형처럼 쓰이고 있으므로 웃어른이나 상사와 악수를 나눌 때는 왼손으로 오른쪽 팔을 받치고 고개를 약간 숙인 채 악수를 하는 것이 좋다. 그렇더라도 지나치게 허리까지 굽힌다면, 보기에도 좋지 않을뿐더러 마치 아부하는 것처럼 보일 수도 있으므로 이런 모습은 보이지 않도록 한다.

악수는 연장자가 연소자에게, 상급자가 하급자에게 청하는 것이 옳은 방법이다. 때론 장난기 많은 사람들 중에 악수를 나누며 손가락으로 장난을 치는 사람들도 있는데, 세계화의 시대에 이런 모습은 사라져야겠다.

① 악수할 때에는 허리를 꼿꼿이 세워 대등하게 악수를 해야 한다.
② 웃어른의 뜻에 의해 악수할 때 허리를 많이 굽히거나 두 손으로 상대의 손을 감싸는 것이 좋다.
③ 악수 시에는 손윗사람(연장자)이 손아랫사람에게 손을 내민다.
④ 악수 시에는 불쾌감을 주지 않을 정도의 적당한 힘을 주어야 한다.
⑤ 악수를 하면서 상대의 눈을 바라보아야 한다.

✔해설 ② 웃어른 과의 악수에서 허리를 과도하게 굽히고 두 손으로 상대의 손을 감싸는 것은 좋지 않다. 악수는 대등하게 서로를 존중하는 것인데, 이는 오히려 비굴해 보일 수 있기 때문이다.

20 다음의 내용은 집중화 전략에 관한 기사의 일부분이다. 아래의 내용을 읽고 이에 대한 내용을 기술한 것으로 가장 옳지 않은 것을 고르면?

> 이제는 택배회사들도 자기의 색깔을 낼 필요가 있다. 최근 물류 업체 A에서 C2C에 집중하는 모습을 보이고 있어 이목을 끈다. 이를 반영하듯, A업체의 택배단가는 3,800원대로 다른 업체보다 600원 가량 높다. 또한 일부 중견 업체들은 의약품 배송에 집중해 높은 영업이익을 실현하고 있는 것으로 나타났다. 이처럼 특정 품목에 집중하는 전략은 수익성을 높이는 데 효과적인 것으로 평가된다. 이 밖에도 의류나 신선식품과 같이 온도 관리가 필요한 배송 분야, 특정 지역이나 주거 형태에 맞춘 배송 서비스 등 다양한 세분시장이 존재한다. 전문가들은 앞으로 택배 및 물류 업계가 경쟁력을 확보하기 위해서는 특정 시장이나 품목에 집중하는 전략을 통해 서비스의 전문성을 강화하고, 이를 기반으로 높은 수익 단위를 창출하는 방향으로 나아갈 필요가 있다고 분석하고 있다.

① 해당 시장의 소비자 욕구를 보다 정확히 이해하여 그에 걸맞은 제품과 서비스를 제공함으로써 전문화의 명성을 얻을 수 있다.

② 생산·판매 및 촉진활동을 전문화하여 비용을 절감할 수 있다.

③ 자원이 풍부한 대기업에서 활용하면 특히 상당한 효과를 거둘 수 있는 전략이다.

④ 집중화 전략은 특정 고객층이나 품목에 선택적으로 집중하는 것이다.

⑤ 대상으로 하는 세분시장의 규모가 축소되거나 경쟁사가 뛰어들 경우 위험이 크다.

> ✔해설 ③ 집중화 전략은 특정 시장에 대한 이해를 바탕으로 전문성과 차별화를 확보할 수 있으며, '일부 중견 업체들은 의약품 배송에 집중해 높은 영업이익을 실현하고 있는 것으로 나타났다.'에서 알 수 있듯이 자원이 제한된 중소기업이 경쟁우위를 확보하기 위해 활용하기에 적합한 전략이다.

[기술능력] 출제유형

① 기술이해능력 : 업무 수행에 필요한 기술적 원리를 올바르게 이해하는 능력에 대한 문제이다. 기술의 원리와 절차 이해, 기술 활용과 결과 예측, 활용 가능한 자원 파악 등과 관련된다.
② 기술선택능력 : 도구, 장치를 포함하여 업무 수행에 필요한 기술을 선택하는 문제이다. 기술 비교, 검토, 선택 등의 문제가 출제된다.
③ 기술적용능력 : 업무 수행에 필요한 기술을 실제로 적용하는 문제이다.

[기술능력] 출제경향

기술능력은 기술 및 업무 수행에 관련된 기본 개념과 적용 능력을 말한다. 주로 자료 해석, 추론, 상황 판단 등의 문제 유형으로 구성되며, 실제 업무 상황을 제시하며 주어진 기술을 어떻게 활용하는지를 묻는 경우가 많다. 다양한 형태의 자료가 제시되고 이를 해석하는 능력이 요구되므로, 문맥을 이해하고 핵심 정보를 정확히 파악하는 것이 특히 중요하다. 또한 단순한 개념 암기보다는 주어진 상황에 적절한 기술을 적용하는 유연한 문제 해결 능력이 핵심 평가 요소이다.

[기술능력] 빈출유형

기술이해										
기술선택										
기술적용										

01 대표유형문제

예제 01 기술이해능력

A는 건설회사에 근무하면서 프로젝트 관리를 한다. 얼마 전 대규모 프로젝트에 참가한 한 하청업체가 중간 보고회를 열고 다음과 같이 자신들이 이번 프로젝트의 성공적 마무리를 위해 노력하고 있음을 설명하고 있다. 다음 중 총괄 책임자로서 하청업체의 올바른 추진 방향으로 인정해줘야 하는 부분으로 바르게 묶인 것은?

> ㉠ 정부 및 환경단체가 요구하는 성과평가의 실천 방안을 연구하여 반영하고 있습니다.
> ㉡ 이번 프로젝트 성공을 위해 기술적 효용과 함께 환경적 효용도 추구하고 있습니다.
> ㉢ 오염 예방을 위한 청정 생산기술을 진단하고 컨설팅하면서 협력회사와 연대하고 있습니다.
> ㉣ 환경영향평가에 대해서는 철저한 사후평가 방식으로 진행하고 있습니다.

① ㉠, ㉡, ㉢
② ㉠, ㉡, ㉣
③ ㉠, ㉢, ㉣
④ ㉡, ㉢, ㉣

예제 02 기술선택능력

J그룹 기술연구팀이 공정 개선 워크숍이 열려 최근 사내에서 이슈로 떠오른 신 제조공법의 도입과 관련해 토론을 벌이고 있다. 신 제조공법 도입으로 인한 이해득실에 대해 의견이 분분한 가운데 할 수 있는 발언으로 옳지 않은 것은?

① "기술의 수명 주기뿐만 아니라 기술의 전략적 중요성과 잠재적 응용 가능성 등도 따져 봐야 합니다."
② "다른 것은 그냥 넘어가도 되지만 기계 교체로 인한 막대한 비용만큼은 철저히 고려해야 합니다."
③ "신 제조공법 도입이 우리 회사의 어떤 시장 전략과 연관되어 있는지 궁금합니다."
④ "신 제조공법의 수명을 어떻게 예상하고 있는지 알고 싶군요."

예제 03 기술적용능력

다음은 기술경영자의 어떤 부분을 이야기하고 있는가?

> 어떤 일을 마무리하는 데 있어서 6개월의 시간이 걸린다면 그는 그 일을 한 달 안으로 끝낼 것을 원한다. 그에게 강한 밀어붙임을 경험한 사람들은 그에 대해 비판적인 입장을 취하기도 한다. 그의 직원 중 일부는 그 무게를 이겨내지 못하고, 다른 일부의 직원들은 그것을 스스로 더욱 열심히 할 수 있는 자극제로 사용한다고 말한다.

① 빠르고 효과적으로 새로운 기술을 습득하는 능력
② 기술 이전을 효과적으로 할 수 있는 능력
③ 기술 전문 인력을 운용할 수 있는 능력
④ 조직 내의 기술 이용을 수행할 수 있는 능력

1 다음은 ISBN 코드와 13자리 번호체계를 설명하는 자료이다. 다음 내용을 참고로 할 때, 빈칸 'A'에 들어갈 마지막 '체크기호'의 숫자는 무엇인가?

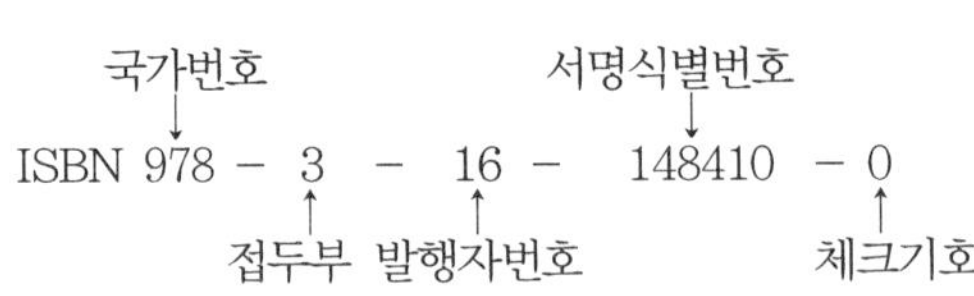

〈체크기호 계산법〉

- 1단계 – ISBN 처음 12자리 숫자에 가중치 1과 3을 번갈아 가며 곱한다.
- 2단계 – 각 가중치를 곱한 값들의 합을 계산한다.
- 3단계 – 가중치의 합을 10으로 나눈다.
- 4단계 – 3단계의 나머지 값을 10에서 뺀 값이 체크기호가 된다. 단 나머지가 0인 경우의 체크기호는 0이다.

ISBN 938 – 15 – 93347 – 12 – A

① 5   ② 6
③ 7   ④ 8
⑤ 9

✔ 해설 ① 설명에 따라 단계를 거치면 다음과 같다.

ㄱ 1단계

9	3	8	1	5	9	3	3	4	7	1	2
×1	×3	×1	×3	×1	×3	×1	×3	×1	×3	×1	×3
=9	=9	=8	=3	=5	=27	=3	=9	=4	=21	=1	=6

ㄴ 2단계 : 9 + 9 + 8 + 3 + 5 + 27 + 3 + 9 + 4 + 21 + 1 + 6 = 105

ㄷ 3단계 : 105 ÷ 10 = 10 나머지 5

ㄹ 4단계 : 10 − 5 = 5

따라서 체크기호는 5가 된다.

2 다음은 K사의 드론 사용 설명서이다. 아래 부품별 기능표를 참고할 때, 360도 회전비행을 하기 위하여 조작해야 할 버튼이 순서대로 알맞게 연결된 것은 어느 것인가?

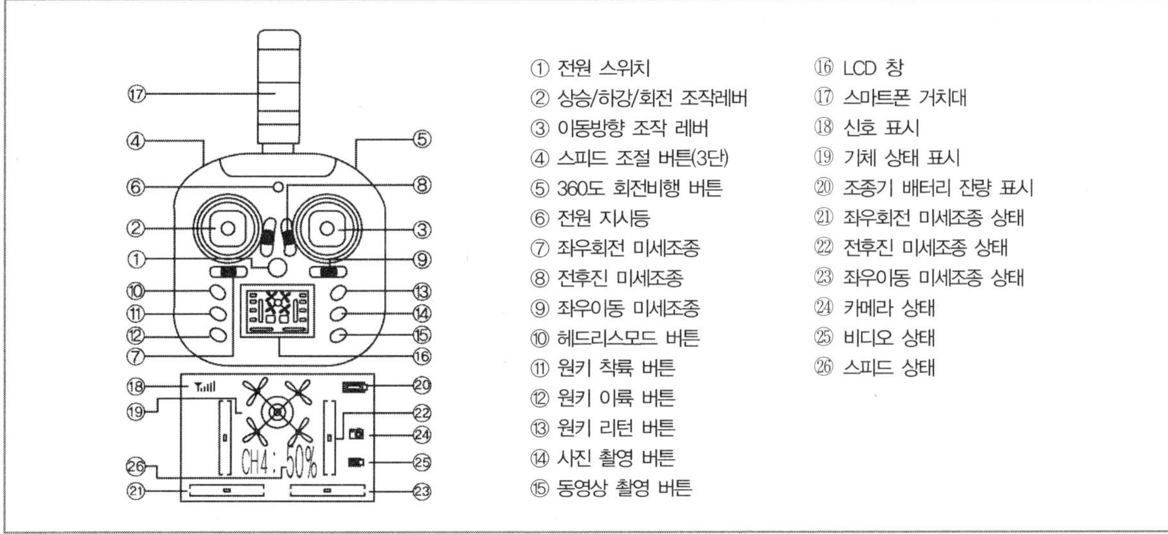

360도 회전비행

팬토머는 360도 회전비행이 가능합니다.
드론이 앞/뒤/좌/우 방향으로 회전하므로
첫 회전 비행시 각별히 주의하세요.

(1) 넓고 단단하지 않은 바닥 위에서 비행하세요.
(2) 조종기의 '360도 회전비행' 버튼을 누른 후,
오른쪽 이동방향 조작 레버를 앞/뒤/좌/우
한 방향으로만 움직이세요.
(3) 360도 회전비행을 위해서는 충분한 연습이
필요합니다.

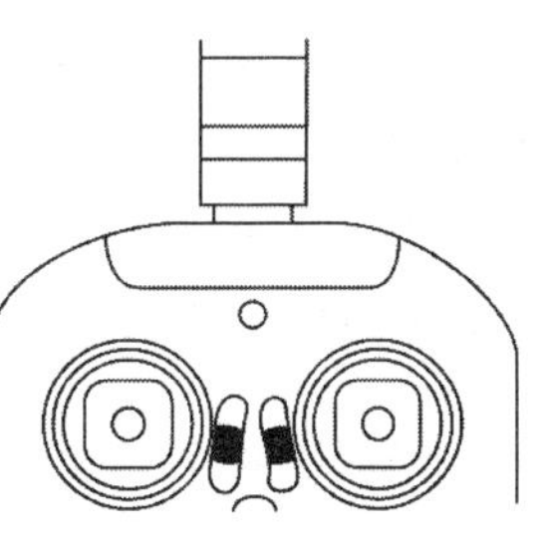

① ③번 버튼 − ⑤번 버튼

② ②번 버튼 − ⑤번 버튼

③ ⑤번 버튼 − ②번 버튼

④ ⑤번 버튼 − ③번 버튼

⑤ ⑦번 버튼 − ③번 버튼

✔해설 ④ 360도 회전비행을 위해서는 360도 회전비행을 먼저 눌러야 하며 부품별 기능표의 ⑤번 버튼이 이에 해당된다. 다음으로 오른쪽 이동방향 조작 레버를 원하는 방향으로 조작하여야 하므로 ③번 버튼을 조작해야 한다.

ANSWER 1.① 2.④

3 다음과 같은 목차 내용을 담고 있는 매뉴얼을 작성하기 위한 방법으로 옳지 않은 것은?

〈목차〉

관리번호	관리분야	내용	비고
500	도로보수		
500.1		도로일반	
500.1.1		도로의 종류	
500.1.2		도로의 구성과 기능	
500.1.3		도로 유지보수 개념	
500.1.4		도로의 파손유형 및 대표적 보수공법	
500.1.5		도로상태 조사 및 보수기준	
500.2		도로의 유지보수	
500.2.1		아스팔트 도로보수	
500.2.2		콘크리트 도로보수	

① 사용자가 찾고자 하는 정보를 쉽게 찾을 수 있어야 한다.

② 사용자의 측면에서 심리적 배려가 있어야 한다.

③ 내용은 작성자가 알아보기 쉽게 구성되어야 한다.

④ 작성된 매뉴얼의 내용이 정확해야 한다.

⑤ 사용하기 용이하도록 쉬운 문장으로 쓰여야 한다.

✔ 해설 ③ 내용은 사용자가 알아보기 쉽도록 구성되어야 한다.

4 다음은 A 기업의 구직자 공개 채용 공고문이다. 현재 A 기업에서 채용하고자 하는 구직자로서 가장 적절한 유형은?

〈A 기업 채용 공고문〉
• 담당업무 : 상세요강 참조
• 고용형태 : 정규직/경력 5년↑
• 근무부서 : 기술팀/서울
• 모집인원 : 1명
• 전공 : △△학과
• 최종학력 : 대졸 이상
• 성별 / 나이 : 무관 / 40 ~ 50세
• 급여조건 : 협의 후 결정

〈상세요강〉
(1) 직무상 우대 능력
  • 기술을 기업의 전반적인 전략 목표에 통합시키는 능력
  • 빠르고 효과적으로 새로운 기술을 습득하고 기존의 기술에서 탈피하는 능력
  • 기술을 효과적으로 평가할 수 있는 능력
  • 기술 이전을 효과적으로 할 수 있는 능력
  • 기술 전문 인력을 운용할 수 있는 능력
  • 크고 복잡하고 서로 다른 분야에 걸쳐 있는 프로젝트를 수행할 수 있는 능력
  • 조직 내 기술 이용을 수행할 수 있는 능력
(2) 제출서류
  • 이력서 및 자기소개서(경력중심으로 기술)
  • 관련 자격증 사본(해당자만 첨부)
(3) 채용일정
  • 서류전형 후 합격자에 한해 면접 실시
(4) 지원방법
  • 본사 채용 사이트에서 이력서 및 자기소개서 작성 후 메일(fdskljl@wr.or.kr)로 전송

① 기술관리자　　　　　　　　　　② 현장기술자
③ 기술경영자　　　　　　　　　　④ 작업관리자
⑤ 환경평가자

✔ **해설**　③ 해당 상세요강에서는 기술경영자로서 필요한 능력을 제시하고 있다. 때문에 현재 A 기업에서 채용하고자 하는 구직자로서 가장 적절한 유형은 기술경영자이다.

5 다음과 같은 프로그램 명령어를 참고할 때, 아래의 모양 변화가 일어나기 위해서 두 번의 스위치를 눌렀다면 누른 스위치는 무엇인가? (위부터 아래의 차례로 1 ∼ 4번 도형이라 한다.)

스위치	기능
◉	1번, 4번 도형을 시계 방향으로 90도 회전함
◈	2번, 3번 도형을 시계 방향으로 90도 회전함
▣	1번, 2번 도형을 시계 반대 방향으로 90도 회전함
◑	3번, 4번 도형을 시계 반대 방향으로 90도 회전함

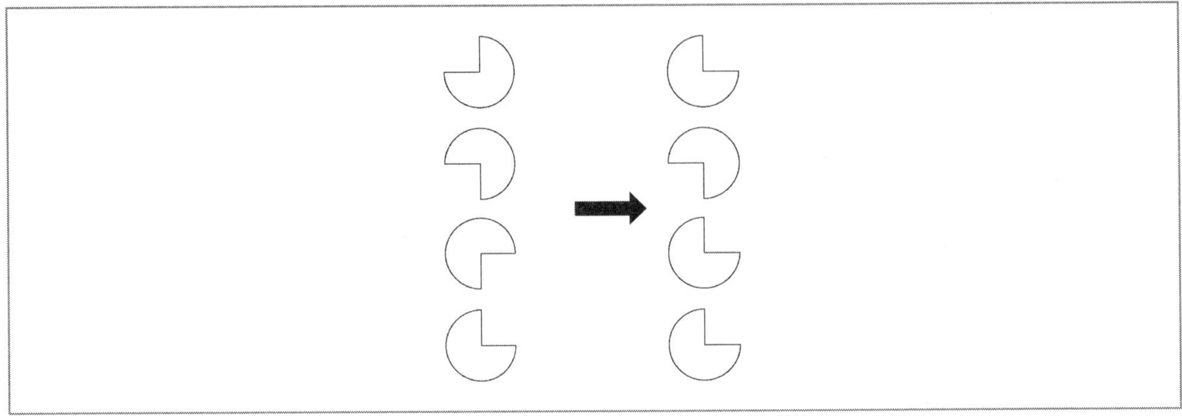

① ▣, ◉ 　　　　　　　② ◈, ▣

③ ◉, ▣ 　　　　　　　④ ◑, ◉

⑤ ◑, ◈

✔ 해설 ④ ◑, ◉을 차례로 눌러서 다음과 같이 변화되었음을 알 수 있다.

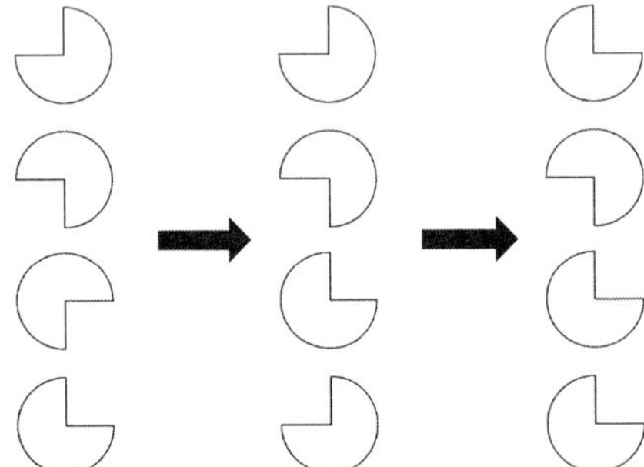

6 다음은 S상사의 채용 공고문이다. 빈칸에 들어갈 수 있는 능력으로 가장 적절한 것은?

〈S상사 채용 공고문〉

- 담당업무 : 상세요강 참조
- 고용형태 : 정규직(경력 5년 이상)
- 근무부서 : 기술관리팀
- 모집인원 : 1명
- 전공 : △△학과
- 최종학력 : 대졸 이상
- 성별/나이 : 무관
- 급여조건 : 협의 후 결정

〈상세요강〉

(1) 직무상 우대 능력

(2) 제출서류
- 이력서 및 자기소개서(경력중심으로 기술)
- 관련 자격증 사본(해당자만 첨부)

(3) 채용일정
- 서류전형 후 합격자에 한해 면접 실시

---

① 기술을 효과적으로 평가할 수 있는 능력

② 기술을 운용하거나 문제 해결을 할 수 있는 능력

③ 새로운 제품개발 시간을 단축할 수 있는 능력

④ 기술을 기업의 전반적인 전략 목표에 통합시키는 능력

⑤ 기술을 홍보에 활용할 수 있는 능력

✔해설 ② 기술관리자에게 요구되는 능력은 기술을 적용할 수 있는 능력이다.

7 다음은 A사 식품안전관리에 관한 매뉴얼의 일부이다. 아래의 내용을 읽고 가장 적절하지 않은 항목을 고르면?

1. 식재료 구매 및 검수
① 청결한 복장, 위생장갑 착용 후 검수 시작
② 식재료 운송차량의 청결상태 및 온도유지 여부 확인
③ 표시사항, 유통기한, 원산지, 중량, 포장상태, 이물혼입 등 확인
④ 제품 온도 확인
⑤ 검수 후 식재료는 전처리 또는 냉장 · 냉동보관
－냉동 식재료 검수 방법

변색 확인	장기간 냉동 보관과 부주의한 관리로 식재료의 색상이 변색
이취 전이	장기간 냉동 보관 및 부주의한 관리로 이취가 생성
결빙 확인	냉동 보관이 일정하게 이루어지지 않아 결빙 발생 및 식재료의 손상 초래
분리 확인	장기간의 냉동 보관과 부주의한 관리로 식재료의 분리 발생

－ 가공 식품 검수 방법

외관 확인	용기에 손상이 가 있거나 부풀어 오른 것
표시 확인	유통기한 확인 및 유통온도 확인
내용물 확인	본래의 색이 변질된 것, 분말 제품의 경우 덩어리진 것은 습기가 차서 변질된 것임

2. 식재료 보관
① 식품과 비식품(소모품)은 구분하여 보관
② 세척제, 소독제 등은 별도 보관
③ 대용량 제품을 나누어 보관하는 경우 제품명과 유통기한 반드시 표시하고 보관용기를 청결하게 관리
④ 유통기한이 보이도록 진열
⑤ 입고 순서대로 사용(선입선출)
⑥ 보관 시설의 온도 15℃, 습도 50 ~ 60% 유지
⑦ 식품보관 선반은 벽과 바닥으로부터 15cm 이상 거리 두기
⑧ 직사광선 피하기
⑨ 외포장 제거 후 보관
⑩ 식품은 항상 정리 정돈 상태 유지

① 식재료 검수 시에는 표시사항, 유통기한, 원산지, 중량, 포장상태, 이물혼입 등을 확인해야 한다.

② 식재료 검수 후에 식재료는 전처리 또는 냉장 · 냉동보관을 해야 한다.

③ 식재료 보관 시의 보관 시설 온도는 10℃, 습도 45 ~ 60% 유지해야 한다.

④ 식재료 보관 시 식품보관 선반은 벽과 바닥으로부터 15cm 이상 거리를 두어야 한다.

⑤ 식재료는 입고 순서대로 사용한다.

> ✔ **해설** ③ 제시된 내용에서 보면 '식재료 보관 시 보관 시설의 온도는 15℃, 습도는 50 ~ 60%를 유지해야 한다.'고 명시되어 있다.

8 다음 중 기술경영자에게 필요한 능력으로 보기 가장 어려운 것은?

① 기술을 기업의 전반적인 전략 목표에 통합시키는 능력

② 기술을 효과적으로 평가할 수 있는 능력

③ 조직 내의 기술 이용을 수행할 수 있는 능력

④ 공학적 도구나 지원방식에 대한 이해 능력

⑤ 기술 전문 인력을 운용할 수 있는 능력

> ✔ **해설** ④ 공학적 도구나 지원방식에 대한 이해 능력은 기술관리자에게 필요한 능력이다.

9 아래의 내용을 읽고 이 글이 궁극적으로 말하고자 하는 내용을 고르면?

> "좋은 화학"의 약품 생산 공장에 근무하고 있는 김 대리는 퇴근 후 가족과 뉴스를 보다가 우연히 자신이 근무하고 있는 화학 약품 생산 공장에서 대형화자가 발생했다는 소식을 접하게 되었다. 수십 명의 사상자를 발생시킨 이 화재의 원인은 노후된 전기 설비로 인한 누전 때문으로 추정된다고 하였다. 불과 몇 시간 전까지 같이 근무했던 사람들의 사망소식에 김 대리는 어찌할 바를 모른다.
>
> 그렇지 않아도 공장장에게 노후한 전기설비를 교체하지 않으면 큰일이 날지도 모른다고 늘 강조해왔는데 결국에는 돌이킬 수 없는 대형 사고를 터트리고 만 것이다.
>
> "사전에 조금만 주의를 기울였다면 이러한 대형 사고는 충분히 막을 수 있었을 텐데…", "내가 더 적극적으로 공장장을 설득하여 전기설비를 교체했더라면 오늘과 같이 소중한 동료들을 잃는 일은 없었을 텐데…"라며 김 대리는 자책한다.
>
> 이와 같은 대형 사고는 사전에 위험 요소에 대한 조그만 관심만 있었더라면 충분히 예방할 수 있는 경우가 매우 많다. 그럼에도 불구하고 끊임없이 반복하여 발생하는 이유는 무엇일까?

① 노후된 기계는 무조건 교체해야 함을 알 수 있다.

② 산업재해는 어느 정도 예측이 가능하며, 그에 따라 예방이 가능하다.

③ 노후된 전기 설비라도 회사를 생각해 비용을 줄이면서 기계사용을 감소시켜야 한다.

④ 대형 사고는 발생한 이후의 대처가 상당히 중요하다는 것을 알 수 있다.

⑤ 산업재해의 책임은 담당자뿐만 아니라 회사 전체에 있다.

✔ **해설** ② 제시된 내용은 예측이 가능했던 사고임에도 적절하게 대처를 하지 못해 많은 피해를 입히게 된 사례로, 이러한 사례를 통해 학습자들은 산업재해는 어느 정도 예측이 가능하며, 그에 따라 예방이 가능함을 알 수 있다.

10 다음 사례에서 나타난 기술경영자의 능력으로 가장 적절한 것은?

> 동영상 업로드 시 거쳐야 하는 긴 영상 포맷 변환 시간을 획기적으로 줄일 수는 없을까? 영상 스트리밍 사이트에 동영상을 업로드하면 '영상 처리 중입니다' 문구가 나온다. 이는 올린 영상을 트랜스코딩(영상 재압축)하는 것인데, 그 시간은 보통 영상 재생 길이와 맞먹는다. 즉, 한 시간짜리 동영상을 업로드하려면 한 시간을 영상 포맷에 소비해야 하는 것이다. A기업은 이러한 문제점을 해결하고자 동영상 업로드 시 포맷 변환을 생략하고 바로 재생할 수 있는 '노 컷 어댑티브 스트리밍(No Cut Adaptive Streaming)' 기술을 개발했다. 이 기술을 처음 제안한 A기업의 기술최고책임자(CTO) T는 "영상 길이에 맞춰 기다려야 했던 포맷 변환 과정을 건너뛴 것"이라며 "기존 영상 스트리밍 사이트가 갖고 있던 단점을 보완한 기술"이라고 설명했다. 화질을 유동적으로 변환시켜 끊김 없이 재생하는 어댑티브 스트리밍 기술은 현재 대부분의 영상 스트리밍 사이트에 적용되고 있다. mp4나 flv 같은 동영상 포맷을 업로드할 경우 어댑티브 스트리밍 포맷에 맞춰 형식을 변환시켜줘야 한다. 해당 기술은 자체 개발한 알고리즘으로 이러한 변환 과정을 생략한 것이다.

① 기술을 기업의 전반적인 전략 목표에 통합시키는 능력
② 새로운 기술을 습득하고 기존의 기술에서 탈피하는 능력
③ 새로운 제품개발 시간을 단축할 수 있는 능력
④ 기술 전문 인력을 운용할 수 있는 능력
⑤ 기술을 효과적으로 평가할 수 있는 능력

✔**해설** ② 주어진 보기는 모두 기술경영자에게 필요한 능력이지만, 자료는 A기업 기술최고책임자(CTO) T가 기존의 기술이 갖고 있던 단점을 보완하여 새로운 기술을 개발해 낸 사례이기 때문에 가장 적절한 답은 ②가 된다.

※ 기술경영자에게 필요한 능력
 ㉠ 기술을 기업의 전반적인 전략 목표에 통합시키는 능력
 ㉡ 빠르고 효과적으로 새로운 기술을 습득하고 기존의 기술에서 탈피하는 능력
 ㉢ 기술을 효과적으로 평가할 수 있는 능력
 ㉣ 기술 이전을 효과적으로 할 수 있는 능력
 ㉤ 새로운 제품개발 시간을 단축할 수 있는 능력
 ㉥ 크고 복잡하고 서로 다른 분야에 걸쳐 있는 프로젝트를 수행할 수 있는 능력
 ㉦ 조직 내의 기술 이용을 수행할 수 있는 능력
 ㉧ 기술 전문 인력을 운용할 수 있는 능력

ANSWER 9.② 10.②

11 산업재해는 산업 활동 중의 사고로 인해 사망하거나 부상을 당하고, 또는 유해 물질에 의한 중독 등으로 직업성 질환에 걸리거나 신체적 장애를 입는 것을 의미한다. 다음의 사례들은 산업재해에 관한 내용을 다루고 있는데, 아래의 내용을 참고하여 산업재해를 예방하기 위한 과정으로써 가장 바르지 않은 것을 고르면?

〈사례1〉

산업재해 사고 사망자를 줄이기 위한 갖가지 노력에도 그 결과는 신통치 않다. A지방 고용노동청에 따르면 지난 17일 기준 해당 지역을 포함한 인근 권역의 사고성 사망재해는 28명으로, 전년 동기 대비 13명 늘었다. B사 폭발 사고와 C지역 건설현장 화재 등 지역 내 사망재해 대형 사고가 발생한 영향이라는 게 관계자의 설명이다. 또한 조사 범위를 인접 지역까지 확대하면 사망재해 규모는 더욱 커지는 것으로 나타났다. 이에 따라 해당 기관은 일정 기간 동안 '사망사고 예방 집중 대책'을 시행하고 있으며, 산업재해 사망사고를 줄이기 위한 정책이 추진되고 있음에도 불구하고 오히려 사고가 증가한 상황을 심각하게 인식하고 있다.

관계자는 사고가 발생한 사업장에 대해 즉각적인 작업 중지 조치를 내리고, 안전 및 보건 조치가 충분히 이루어졌다고 판단될 때까지 작업 재개를 허용하지 않겠다는 방침을 밝혔다. 또한 건설업 등 고위험 업종을 중심으로 밀집 지역에 대한 집중 점검과 안전이 미흡한 현장에 대한 순찰 강화 등 다양한 예방 대책이 시행되고 있다.

한편 관련 안전관리 기관 역시 사고사망자 감소를 목표로 건설현장에 대한 집중 지도와 점검을 강화하고 있으며, 고위험 작업 환경에 대한 경고 조치와 자율 개선을 유도하는 방안을 병행하고 있다. 추락, 충돌, 질식 등 주요 재해 유형에 대해서는 위험요인을 집중 관리하는 중장기 계획도 추진 중이다.

전문가들은 근로자의 생명 보호를 위해 기본적인 안전수칙 준수가 무엇보다 중요하다고 강조하며, 작업발판 설치, 안전장비 착용, 추락방지 시설 확보 등 현장의 기초적인 안전조치가 철저히 이행되어야 한다고 지적하고 있다. 또한 비용이 다소 증가하더라도 안전성이 높은 설비를 도입하는 것이 사고 예방에 효과적이라는 의견도 제시되고 있다.

〈사례2〉

한 제조사업장 폭발사고와 주상복합 공사장 화재로 다수의 사상자가 발생했다. 조사 결과 각각 외부 충격에 의한 발화와 전기적 요인(단락)이 원인으로 지목되며, 산업현장에서의 부주의한 작업 방식과 안전관리 미흡이 대형 사고로 이어질 수 있음을 보여주었다.

이처럼 생계를 위해 일터에 나선 노동자들이 산업재해로 목숨을 잃는 사례가 이어지고 있다. 산업재해는 근대 자본주의의 대량생산체제 속에서 등장한 구조적 문제로, 이윤 추구가 안전보다 우선시되며 위험 요인이 확대된 데서 비롯되었다. 이에 따라 국가와 사회는 산재를 줄이기 위한 제도 개선과 함께 보상체계를 마련해 왔다.

그러나 아직까지도 산업재해로 인한 사망자는 상당한 수준이며, 경제적 손실 또한 막대하다. 이에 전문가들은 사후 보상보다 예방 중심의 접근이 필요하다고 강조한다.

정부 역시 산업재해 사망자 감소를 위해 법과 제도를 정비하고, 발주자와 원청의 안전관리 책임을 강화하는 한편, 유해 · 위험 작업에 대한 도급 제한, 보호구 착용 등 기본 안전수칙 준수 강화, 위반 시 제재 조치 등을 추진하고 있다. 또한 건설 등 고위험 산업에 대해서는 현장 분석 강화, 전문기관 검토 의무화, 목표관리제 도입 등 맞춤형 대책을 시행하고 있으며, 안전관리 체계화, 기술 개발, 교육 혁신, 안전문화 확산 등에도 주의를 기울이고 있다. 궁극적으로 산업재해를 줄이기 위해서는 제도적 개선과 더불어 현장에서의 안전수칙 준수와 예방 중심의 관리가 중요한 것이다.

① 재해원인을 분석해야 한다.　　② 안전관리 조직을 형성해야 한다.

③ 사실을 발견해야 한다.　　④ 시정책을 선정해야 한다.

⑤ 시정책 적용을 유보해야 한다.

> ✔ **해설** ⑤ 산업재해를 예방하기 위한 과정으로는 안전관리의 조직, 사실의 발견, 원인의 분석, 시정책의 선정, 시정책의 적용 및 뒤처리 등이 있다.

12 고등학교 동창인 A, B, C, D, E 씨는 모두 한집에 살고 있다. 이들 다섯 사람은 봄맞이 대청소를 하고 새로운 냉장고를 구입한 후 함께 냉장고 사용설명서를 읽고 있다. 다음 내용을 바탕으로 냉장고 사용 매뉴얼을 잘못 이해한 사람을 고르면?

---

1. 사용 환경에 대한 주의사항
2. 안전을 위한 주의사항

※ 사용자의 안전을 지키고 재산상의 손해 등을 막기 위한 내용입니다. 반드시 읽고 올바르게 사용해 주세요.

경고	'경고'의 의미 : 지시사항을 지키지 않았을 경우 사용자의 생명이 위험하거나 중상을 입을 수 있습니다.
주의	'주의'의 의미 : 지시사항을 지키지 않았을 경우 사용자의 부상이나 재산 피해가 발생할 수 있습니다.
전원 관련 경고	• 220V 전용 콘센트 외에는 사용하지 마세요. • 손상된 전원코드나 플러그, 헐거운 콘센트는 사용하지 마세요. • 코드부분을 잡아 빼거나 젖은 손으로 전원 플러그를 만지지 마세요. • 전원 코드를 무리하게 구부리거나 무거운 물건에 눌려 망가지지 않도록 하세요. • 천둥, 번개가 치거나 오랜 시간 사용하지 않을 때는 전원 플러그를 빼주세요. • 220V 이외에 전원을 사용하거나 한 개의 콘센트에 여러 전기제품을 동시에 꽂아 사용하지 마세요. • 접지가 잘 되어 있지 않으면 고장이나 누전 시 감전될 수 있으므로 확실하게 해 주세요. • 전원 플러그에 먼지가 끼어 있는지 확인하고 핀을 끝까지 밀어 확실하게 꽂아 주세요.
설치 및 사용 경고	• 냉장고를 함부로 분해, 개조하지 마세요. • 냉장고 위에 무거운 물건이나 병, 컵, 물이 들어 있는 용기는 올려놓지 마세요. • 어린이나 냉장고 문에 절대로 매달리지 못하게 하세요. • 불이 붙기 쉬운 LP 가스, 알코올, 벤젠, 에테르 등은 냉장고에 넣지 마세요. • 가연성 스프레이나 열기구는 냉장고 근처에 사용하지 마세요. • 가스가 샐 때에는 냉장고나 플러그는 만지지 말고 즉시 환기시켜 주세요. • 이 냉장고는 가정용으로 제작되었기에 선박용으로 사용하지 마세요. • 냉장고를 버릴 때에는 문의 패킹을 떼어 내시고, 어린이가 노는 곳에는 냉장고를 버려두지 마세요. (어린이가 들어가면 갇히게 되어 위험합니다.)

---

① A 씨 : "밖에 천둥과 번개가 심하게 치니까 전원 플러그를 빼야겠어."

② B 씨 : "우리가 구입한 냉장고는 선박용으로 활용해서는 안 돼."

③ C 씨 : "냉장고를 임의로 분해하거나 개조하지 말라고 하는데, 이는 냉장고를 설치하거나 사용 시의 경고로 받아들일 수 있어."

④ D 씨 : "주의 표시에서 지시사항을 제대로 지키지 않으면 생명이 위험하게 된대."

⑤ E 씨 : "물에 젖은 손으로 전원 플러그를 만지지 말라고 하는데, 이는 전원에 관련한 경고로 볼 수 있어."

✔해설 ④ 위에 제시된 주의사항에서 '주의'의 의미는 해당 지시사항을 지키지 않았을 시에 이를 사용하는 사용자의 부상 또는 재산상의 피해가 발생할 수 있다고 명시되어 있다. 하지만 이와는 반대로 '경고'의 의미는 지시사항을 따르지 않을 경우 이를 사용하는 사용자의 생명이 위험에 처하게 되거나 또는 중상을 입을 수 있음을 나타내고 있다. 보기에서 D가 말하고 있는 것은 '경고'에 해당한다.

13 창조성은 네트워크에 접속되어 있는 다양한 지수함수로 비례한다는 네트워크 혁명의 법칙은?

① 무어의 법칙

② 메트칼피의 법칙

③ 세이의 법칙

④ 카오의 법칙

⑤ 메러비안의 법칙

> ✔ 해설 네트워크 혁명의 3가지 법칙
> ㉠ 무어의 법칙 : 컴퓨터의 파워가 18개월마다 2배씩 증가한다는 법칙
> ㉡ 메트칼피의 법칙 : 네트워크의 가치는 사용자 수의 제곱에 비례한다는 법칙
> ㉢ 카오의 법칙 : 창조성은 네트워크에 접속되어 있는 다양한 지수함수로 비례한다는 법칙

ANSWER 12.④ 13.④

14 아래의 내용은 "D 전자"에서 출시된 신상품 세탁기의 매뉴얼을 나타내고 있다. 제시된 내용을 참조하여 세탁기 사용설명서를 잘못 이해하고 있는 사람을 고르면?

※ 아래에 있는 내용은 '경고'와 '주의'의 두 가지로 구분하고 있으며, 해당 표시를 무시하고 잘못된 취급을 할 시에는 위험이 발생할 수 있으니 반드시 주의 깊게 숙지하고 지켜주시기 바랍니다. 더불어 당부사항도 반드시 지켜주시기 바랍니다.

1. 경고

① 아래 그림과 같이 제품수리기술자 이외 다른 사람은 절대로 세탁기 분해, 개조 및 수리 등을 하지 마세요.
   • 화재, 감전 및 상해의 원인이 됩니다. 해당 제품에 대한 A/S 문의는 제품을 구입한 대리점 또는 사용설명서의 뒷면을 참조하시고 상담하세요.

② 아래 그림과 같이 카펫 위에 설치하지 마시고 욕실 등의 습기가 많은 장소 또는 비바람 등에 노출된 장소 및 물이 튀는 곳에 설치하지 마세요.
   • 이러한 경우에 화재, 감전, 고장, 변형 등의 위험이 있습니다.

③ 아래 그림과 같이 해당 세탁기를 타 전열기구와 함께 사용하는 것을 금하며 정격 15A 이상의 콘센트를 단독으로 사용하세요.
   • 자사 세탁기를 타 기구와 사용하게 되면 분기 콘센트부가 이상 과열되어 이는 화재 또는 감전의 위험이 있습니다.

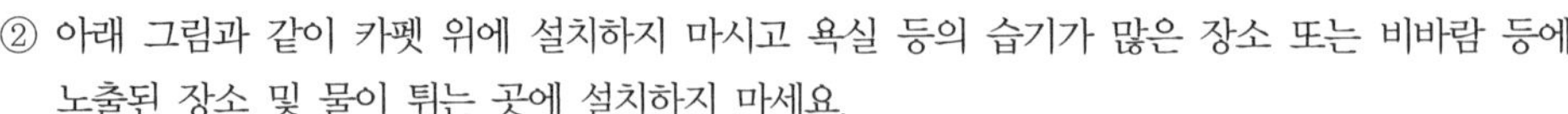

④ 아래 그림과 같이 접지를 반드시 연결해 주십시오.
   • 제대로 접지가 안 된 경우에는 고장 또는 누전 시에 감전의 위험이 있습니다.
   • 가옥의 구조 또는 세탁기 설치 장소에 따라서 전원 콘센트가 접지가 안 될 시에는 해당 서비스센터에 문의하여 외부접지선을 활용해 접지하세요.

⑤ 아래 그림과 같이 전원 플러그를 뽑을 경우에는 전원코드를 잡지 말고 반드시 끝단의 전원 플러그를 손으로 잡고 뽑아주세요.
   • 화재 또는 감전의 위험이 있습니다.

⑥ 아래 그림과 같이 전원 플러그의 금속부분이나 그 주변 등에 먼지가 붙어 있을 시에는 깨끗이 닦아주시고, 전원 플러그가 흔들리지 않도록 확실하게 콘센트에 접속해 주세요.
   • 먼지가 쌓여서 발열, 발화 및 절연열화에 의해 감전, 누전의 원인이 됩니다.

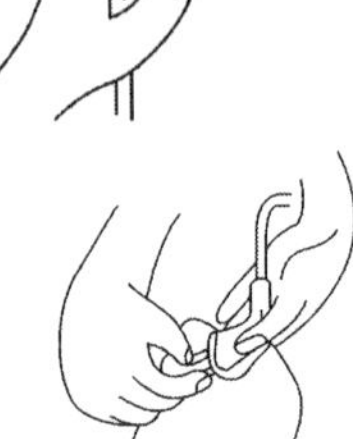

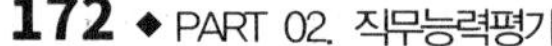

2. 주의

① 자사 세탁기 본래의 용도 (의류세탁) 외의 것은 세탁 (탈수)하지 마세요.

• 이상 진동을 일으키면서 제품 본체를 손상시킬 위험이 있습니다.

② 온수를 사용하는 경우에는 50도 이상의 뜨거운 물은 사용하지 마세요.

• 플라스틱 부품의 변형 또는 손상 등에 의해서 감전 혹은 누전 등의 위험이 있습니다.

③ 오랜 시간 동안 사용하지 않을 시에는 반드시 전원 플러그를 콘센트에서 뽑아주세요

• 절연저하로 인해 감전, 누전, 화재 등의 원인이 됩니다.

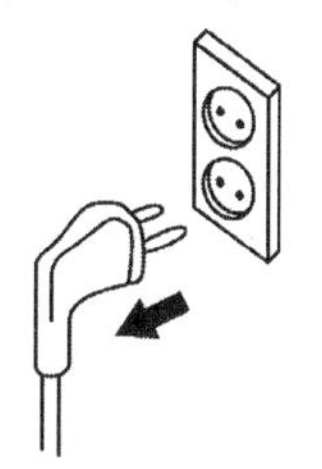

3. 당부사항

① 세탁물은 초과해서 넣지 마세요.

• 탈수 시에 세탁물이 빠져나올 수 있습니다.

② 세제를 과하게 넣지 마세요.

• 세제를 많이 넣게 되면 세탁기 외부로 흘러나오거나 또는 전기부품에 부착되어 고장의 원인이 됩니다.

③ 탈수 중 도어가 열린 상태로 탈수조가 회전하는 경우에는 세탁기의 사용을 중지하고 수리를 의뢰해 주세요.

• 상해의 원인이 됩니다.

④ 세탁 시에 세탁물이 세탁조 외부로 빠져나오는 경우 또는 물이 흘러넘치는 것을 방지하기 위해 아래와 같이 조치해 주세요.

• 세탁물이 많을 시에는 균일하게 잘 넣어주세요. 세탁물이 떠오르게 되어 급수 시 물을 비산시켜 바닥으로 떨어지거나 또는 탈수 시 세탁물이 빠져나와 손상을 입힐 수 있습니다.

• 쉽게 물에 뜨거나 또는 큰 세탁물의 경우에는 급수 후 일시정지를 한 다음 손으로 눌러 밀어 넣어 세탁물을 수면 아래로 밀어 넣어주세요. 세탁을 진행하고 있는 동안에도 세탁물에 물이 새어들지 않거나 또는 손으로 눌러도 세탁 액이 새어들지 않는 세탁물은 세탁하지 마세요. 탈수 시에 빠져나와 의류 및 세탁기를 손상시킬 수 있습니다.

① 갑 : "자사의 세탁기는 전류용량 상 멀티탭을 활용하여 15A 이상의 콘센트를 타 전열기구와 함께 사용하는 것이 좋아."

② 을 : "제품에 대한 A/S는 대리점이나 설명서 뒷면을 참조하면 되겠군."

③ 병 : "전원플러그를 뺄 경우에는 손으로 끝단의 전원 플러그를 잡아서 빼야 해."

④ 정 : "전원플러그 주변의 먼지는 깨끗이 닦아줘야 한다는 것을 잊어서는 안 돼."

⑤ 무 : "세제를 많이 넣게 될 경우에는 세탁기 고장의 원인으로 작용할 수 있어."

✔ 해설 ① "해당 세탁기를 타 전열기구와 함께 사용하는 것을 금하며 정격 15A 이상의 콘센트를 단독으로 사용하세요."에서 알 수 있듯이 다른 전열기구와는 같이 사용하지 않아야 함을 알 수 있다. 또한 지문에서 멀티탭을 활용한다는 내용은 찾을 수 없다.

ANSWER 14.①

15 다음은 N은행 비대면 계좌 개설 프로세스이다. 최근 아래와 같은 문제가 발생하였다면, 다음 중 가장 적절한 개선 방안은 무엇인가?

〈계좌 개설 단계〉

1단계 : 고객 정보 입력

입력된 정보는 형식 오류 여부 및 기초 유효성(주민등록번호 자릿수, 휴대폰 번호 형식 등)을 실시간으로 검증하며, 기존 고객 여부 확인을 위해 내부 고객 DB와 대조된다.

2단계 : 신분증 촬영 및 진위 확인

고객이 촬영한 주민등록증 또는 운전면허증에 대해 OCR(문자인식) 기술이 적용된다.

3단계 : 본인 인증

인증 방식은 SMS 일회용 인증번호(OTP) 입력 또는 공인 인증 앱을 활용하며, 통신사 정보와 가입자 정보의 일치 여부를 확인한다.

4단계 : 계좌 개설 승인

수집된 고객 정보와 인증 결과를 종합하여 내부 심사 기준(금융사기 이력, 이상 거래 여부 등)에 따라 계좌 개설 가능 여부를 판단하고, 승인 시 계좌를 생성한다.

5단계 : 금융상품 가입 안내

계좌 개설 완료 후 고객 특성에 맞는 예ㆍ적금, 카드 등 금융상품을 안내하며, 주요 조건과 유의사항을 제공하고 추가 가입 여부를 선택하도록 한다.

〈운영상 문제점〉

- 신분증 인식 오류 사례 15% 증가
- 본인 인증 단계에서 이탈률 급증
- 절차 수행 시간이 길다는 고객 불만 접수

① 고객 정보 입력 단계에서의 데이터 정확성을 높이기 위해 실시간 대조 항목을 현재의 2배로 확대하고 입력 필드를 세분화한다.

② AI 기반의 OCR 보정 알고리즘을 도입하여 인식률을 높이고, 생체인증(FIDO) 등 간편 인증 체계를 도입하여 절차를 간소화한다

③ 본인 인증 단계의 보안성을 강화하기 위해 SMS OTP의 입력 제한 시간을 기존보다 단축하고, 보안 키패드 적용 범위를 전 단계로 확대한다.

④ 금융상품 가입 안내 시 고해상도 동영상 가이드를 배치하여 고객에게 제공되는 정보의 양을 늘리고 시각적 효과를 극대화한다.

⑤ OCR 단계를 생략하고, 모든 신규 고객이 인근 영업점을 방문하여 대면 확인을 거치도록 한다.

> **✔해설** ② 신분증 인식 오류 증가 문제에 대해서는 AI 기반 OCR 보정 알고리즘 등을 도입함으로써 인식 정확도를 높이고 오류 발생 원인을 기술적으로 제거할 수 있다. 또한 본인 인증 단계에서 이탈률이 급증한 상황에서는 기존의 방식보다 간편하고 사용자 부담이 적은 생체인증(FIDO)을 도입함으로써 인증 절차를 단순화하고 이탈을 줄일 수 있다. 나아가 이러한 인증 간소화는 전체 계좌 개설 절차의 수행 시간을 단축시키는 효과로 이어져, 고객이 느끼는 불편과 처리 시간에 대한 불만도 함께 완화할 수 있다. 따라서 제시된 세 가지 문제를 모두 직접적으로 해결하는 통합적 개선 방안이라고 할 수 있다.

16 개발팀의 팀장 B 씨는 요즘 신입사원 D 씨 때문에 고민이 많다. 입사 시에 높은 성적으로 입사한 D 씨가 실제 업무를 담당하자마자 이곳저곳에서 불평이 들려오기 시작했다. 머리는 좋지만 실무경험이 없고 인간관계가 미숙하여 여러 가지 문제가 생겼던 것이다. 업무에 대한 기본적이고 일반적인 내용만을 교육하는 신입사원 집합교육은 부족하다 판단한 B 씨는 D 씨에게 추가적으로 기술교육을 제공하기로 결심했다. 하지만 현재 개발팀은 고양이 손이라도 빌려야 할 정도로 바빠서, B 씨는 고민 끝에 업무 숙달도가 뛰어나고 사교성이 좋은 입사 5년차 대리 J 씨에게 D 씨의 교육을 일임하였다. 다음 중 J 씨가 D 씨를 교육하기 위해 선택할 방법으로 가장 적절한 것은?

① 전문 연수원을 통한 기술교육

② E-learning을 활용한 기술교육

③ 상급학교 진학을 통한 기술교육

④ OJT를 활용한 기술교육

⑤ 오리엔테이션을 통한 기술교육

> **✔ 해설** ④ OJT란 조직 안에서 피교육자인 종업원이 직무에 종사하면서 받게 되는 교육 훈련방법으로 집합교육으로는 기본적·일반적 사항밖에 훈련시킬 수 없어 피교육자인 종업원에게 업무 수행이 중단되는 일 없이 업무수행에 필요한 지식·기술·능력·태도를 가르치는 것을 말한다. 다른 말로 직장훈련·직장지도·직무상 지도 등이라고도 한다. OJT는 모든 관리자·감독자가 업무수행상의 지휘감독자이자 업무수행 과정에서 부하직원의 능력 향상을 책임지는 교육자이어야 한다는 생각을 기반으로 한다. 직장 상사나 선배가 지도·조언을 해주는 형태로 훈련이 행하여지기 때문에, 교육자와 피교육자 사이에 친밀감을 조성하며 시간의 낭비가 적고 조직의 필요에 합치되는 교육훈련을 할 수 있다는 장점이 있다.

스위치	기능
☆	1번, 2번 기계를 180°회전함
★	1번, 3번 기계를 180° 회전함
◇	2번, 3번 기계를 180° 회전함
◆	2번, 4번 기계를 180° 회전함
◑	1번, 3번 기계의 작동상태를 바꿈 (동작 → 정지, 정지 → 동작)
◐	2번, 4번 기계의 작동상태를 바꿈
○	모든 기계의 작동상태를 바꿈

△(○) : 동작, △(●) : 정지

17 처음 상태에서 스위치를 세 번 눌렀더니 다음과 같이 바뀌었다. 어떤 스위치를 눌렀는가?

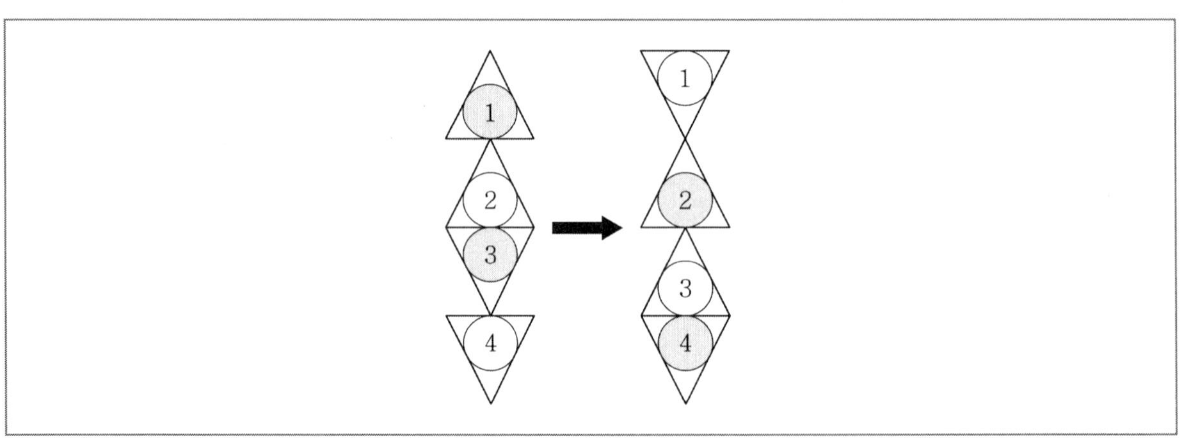

① ◆, ◑, ◐
② ★, ◇, ○
③ ◇, ◑, ◐
④ ☆, ◇, ○
⑤ ☆, ◇, ◐

18 처음 상태에서 스위치를 네 번 눌렀더니 다음과 같이 바뀌었다. 어떤 스위치를 눌렀는가? (단, 회전버튼과
상태버튼을 각 1회 이상씩 눌러야 한다.)

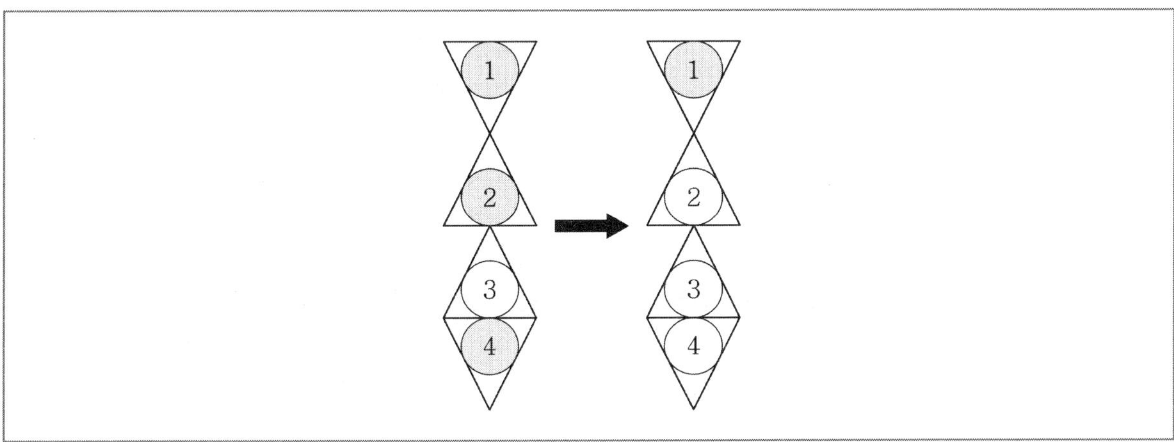

① ◇, ◆, ◯, ◗   ② ☆, ★, ◇, ◗

③ ★, ◇, ◆, ◖   ④ ★, ★, ◯, ◖

⑤ ☆, ◇, ◯, ◖

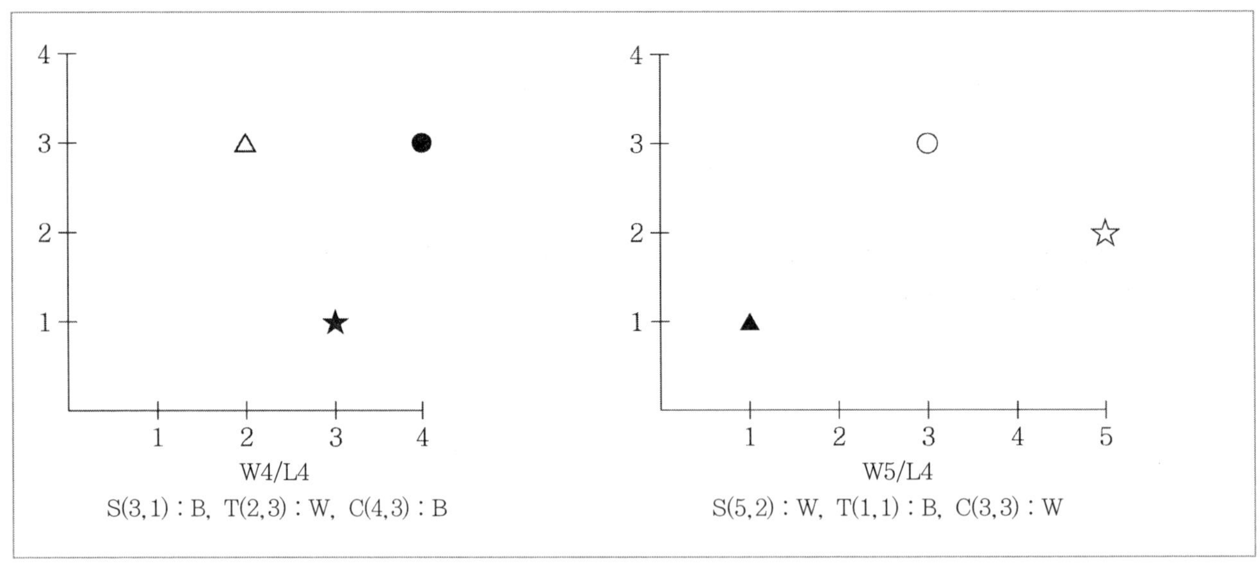

19 W5/L5 S(5,5) : B, T(3,3) : W, C(2,1) : W의 그래프를 다음과 같이 산출할 때, 오류가 발생한 곳은?

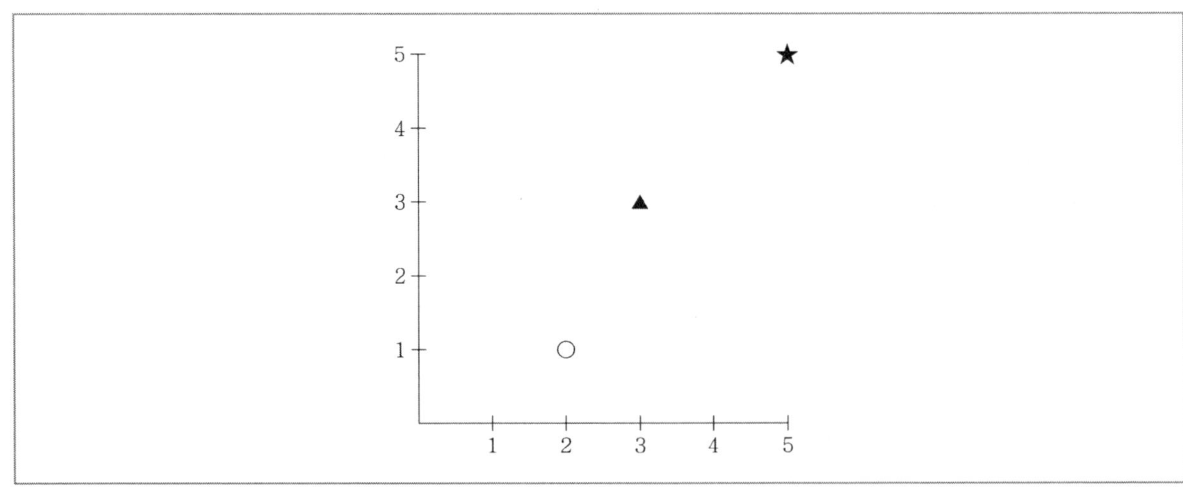

① W5/L5

② S(5,5) : B

③ T(3,3) : W

④ C(2,1) : W

⑤ 오류 없다.

✔ 해설　③ W이므로 삼각형의 색깔이 흰색이 되어야 한다.

20 다음 그래프에 알맞은 명령어는 무엇인가?

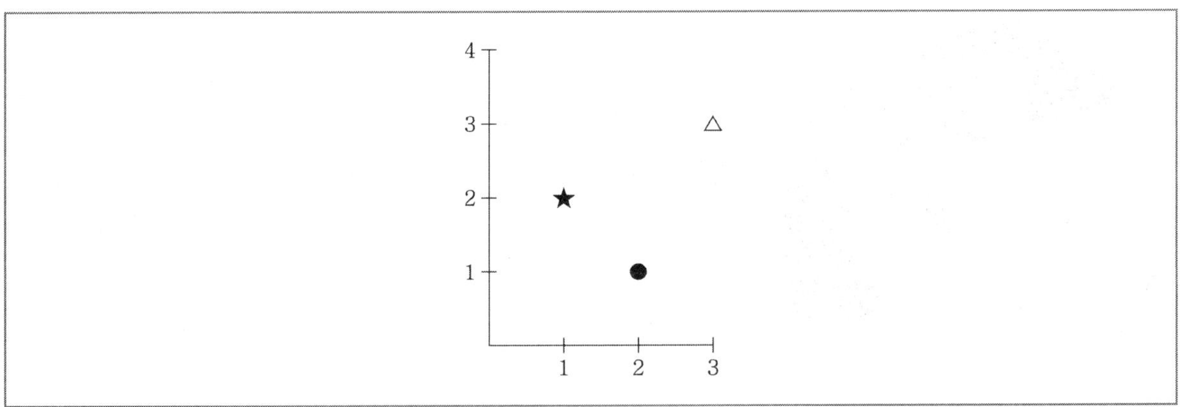

① W3/L4

  S(1,2) : B, T(3,3) : W, C(2,1) : B

② W3/L4

  S(1,2) : W, T(3,3) : B C(2,1) : W

③ W3/L4

  S(2,1) : B, T(3,3) : W, C(1,2) : B

④ W4/L3

  S(2,1) : B, T(3,3) : W, C(1,2) : W

⑤ W4/L3

  S(1,2) : B, T(3,3) : W, C(2,1) : B

> **✔해설** ① 예시의 그래프에서 W는 가로축의 눈금 수를 나타내는 것이고, L은 세로축의 눈금수를 나타낸다. S, T, C는 그래프 내의 도형 S(star) = ☆, T(triangle) = △, C(circle) = ○을 나타내며, 괄호 안의 수는 도형의 가로세로 좌표이다. 좌표 뒤의 B, W는 도형의 색깔로 각각 Black(검정색), White(흰색)을 의미한다.
> 주어진 조건에 따라 좌표를 나타내면 'S(1,2) : B, T(3,3) : W, C(2,1) : B'가 된다.

직무상식평가 (6급)

01. 농업 · 농촌 시사

02. 금융 · 경제

03. 디지털 · IT

1 로봇이나 인공지능을 통해 실제와 가상이 통합돼 사물을 자동적·지능적으로 제어할 수 있는 가상 물리 시스템의 구축이 기대되는 산업상의 변화를 '4차 산업혁명'이라 한다. 이에 대한 내용 및 다음에 나타난 4차 산업혁명의 핵심기술이 농업 분야에 적용되는 사례로 옳지 않은 것은?

〈4차 산업혁명의 핵심기술〉

㈎ 무선 통신으로 각종 사물을 연결하는 기술

㈏ 인간의 학습능력 등을 컴퓨터 프로그램으로 실현하는 기술

㈐ 대규모 데이터를 수집하고 분석하는 기술

---

① ㈎ – 센서를 이용하여 농산물 재배 환경의 데이터를 실시간으로 측정하고 수집할 수 있다.

② ㈏ – 숙련 농업인의 기술을 데이터로 수집하고 시각화하여 신규 농업인들이 단기간에 기술을 습득하거나 농작물의 병충해를 진단할 수 있도록 하는 해외의 농업기술학습지원시스템을 사례로 들 수 있다.

③ ㈐ – 비정형 데이터와 토양 및 기상데이터 등을 접목하여 생산량을 예측하거나 생산·유통 데이터를 연계·분석하여 수급 예측에 활용할 수 있다.

④ 통신 기업들이 통신사업의 장점을 이용하여 스마트 농업에 진출하는 것, 농산물 직거래 유통 플랫폼 사업을 추진하는 것 등을 4차 산업혁명으로 인해 나타난 변화로 볼 수 있다.

⑤ 과학기술정보통신부에 따르면 2세대 스마트 팜은 농수산 산업을 중심으로 확산되고 있다.

> **✔ 해설** ⑤ ㈎ 사물인터넷(IoT), ㈏ 인공지능(AI), ㈐ 빅데이터(Big Data)이다.
> 과학기술정보통신부에 따르면 2세대 스마트 팜은 축산과 시설원예 중심으로 확산되고 있다.

2 도시에서 직장을 유지하면서도 농촌에 별도의 거처를 마련해 주말이나 일정 기간 동안 농촌 생활을 병행하는 형태는?

① 워케이션
② 오도이촌
③ 노멀크러시
④ 엘리트 귀농
⑤ 킨포크 라이프

 **해설** ① 워케이션 : 일과 휴가의 합성어로 여행지나 휴양지에서 원격으로 근무하며 여가를 함께 즐기는 근무 형태를 일컫는다.
③ 노멀크러시 : 특별하고 화려한 것보다 일반적이고 평범한 것을 추구하는 성향을 일컫는다.
④ 엘리트 귀농 : 고학력자나 전문직 종사자, 대기업 출신 등이 농업을 직업으로 삼는 것을 일컫는다.
⑤ 킨포크 라이프 : 자연친화적이고 건강한 삶을 추구하는 현상을 말한다.

3 다음은 '2세대 스마트 팜'과 '3세대 스마트 팜'을 비교한 것이다. 다음 중 옳지 않은 것은?

구분	2세대 스마트 팜	3세대 스마트 팜
데이터 수집	㉠생육환경정보	생체정보 + 외부환경 · 시장 · 기후 데이터
데이터 분석	㉡인공지능	㉢딥러닝
서비스	자동조절	㉣의사결정
시스템 제어	㉤클라우드 시스템	IoT + 디지털 트윈 기반 통합 제어

① ㉠　　　　　　　　　② ㉡
③ ㉢　　　　　　　　　④ ㉣
⑤ ㉤

해설 ④ '의사결정' 서비스는 '2세대 스마트 팜'의 특징이다.

4 다음은 4차 산업혁명 시대의 농업 관련 직업에 대한 설명이다. 다음 설명에 해당하는 직업은?

> 정보통신(ICT), 생명공학(BT), 환경공학(ET) 기술을 접목한 농업을 통해 농업의 생산, 유통, 소비 등 모든 영역에서 생산성과 효율성을 높이고 농업과 농촌의 가치를 증대시키는 일을 하는 직업이다.

① 토양환경전문가 　　　　　　　② 농업드론전문가
③ 팜파티플래너 　　　　　　　　④ 스마트농업전문가
⑤ 친환경농자재개발자

 **해설**　① **토양환경전문가** : 현장에서 채취한 토양을 실험실로 가져와 토양 측정 장비로 분석하고, 토양의 물리적인 특성과 화학적인 특성을 정확하게 진단하는 일을 하는 직업으로 토양 진단 능력뿐 아니라 토양 분석과 빅데이터 시스템 및 모델링 구축 능력 등이 필요하다.
② **농업드론전문가** : 드론을 이용해 농장을 효율적으로 경영하도록 도와주는 직업으로 벼농사뿐만 아니라 콩, 채소 등 수많은 작물의 방제나 토양 및 농경지 조사, 파종, 작물 모니터링 등이 가능하다.
③ **팜파티플래너** : 팜파티는 팜(Farm)과 파티(Party)의 결합을 의미하는 말로, 도시의 소비자에게는 품질 좋은 농산물을 저렴한 가격에 만나볼 수 있도록 주선하고, 농촌의 농업인에게는 안정적인 판매 경로를 만들어 주는 직업이다.
⑤ **친환경농자재개발자** : 화학농약 등 합성 화학물질을 사용하지 않고 유기물과 식물 추출물, 자연광물, 미생물 등을 이용한 자재만을 사용해 농자재를 만드는 사람이다.

5 다음 중 지역 축제가 잘못 연결된 것은?

① 청양 – 고추구기자 문화축제
② 금산 – 세계인삼축제
③ 양평 – 메기수염축제
④ 청주 – 천등산고구마축제
⑤ 영동 – 포도축제

해설　④ 천등산고구마축제는 충청북도 충주시의 지역 축제이다.

6 고랭지 농업에 대한 설명으로 옳은 것은?

① 남부지방이나 제주도에서 주로 이루어지는 농업이다.

② 여름철 강우량이 적고 일조시간이 긴 기후를 이용한다.

③ 표고(標高) 200 ~ 300m 정도의 지대가 적당하다.

④ 벼, 보리 등 곡식류 재배가 주로 이루어진다.

⑤ 진딧물, 바이러스병의 발생이 적다.

 해설　⑤ 고랭지 농업은 고원이나 산지 등 여름철에도 서늘한 지역에서 이루어지는 농업을 말한다.
　　① 강원도의 정선·평창·홍천·횡성군 등지에서 주로 이루어진다.
　　② 여름철 비교적 선선하고 강우량이 많으며 일조시간도 짧은 산간 기후를 이용한다.
　　③④ 표고 400m로부터 1,000m 정도의 높은 지대에서 채소·감자·화훼류 등을 재배하거나 가축을 사육한다.

7 다음은 농사 24절기를 나타낸 그림이다. (ㄱ)과 (ㄴ)에 들어갈 절기가 바르게 연결된 것은?

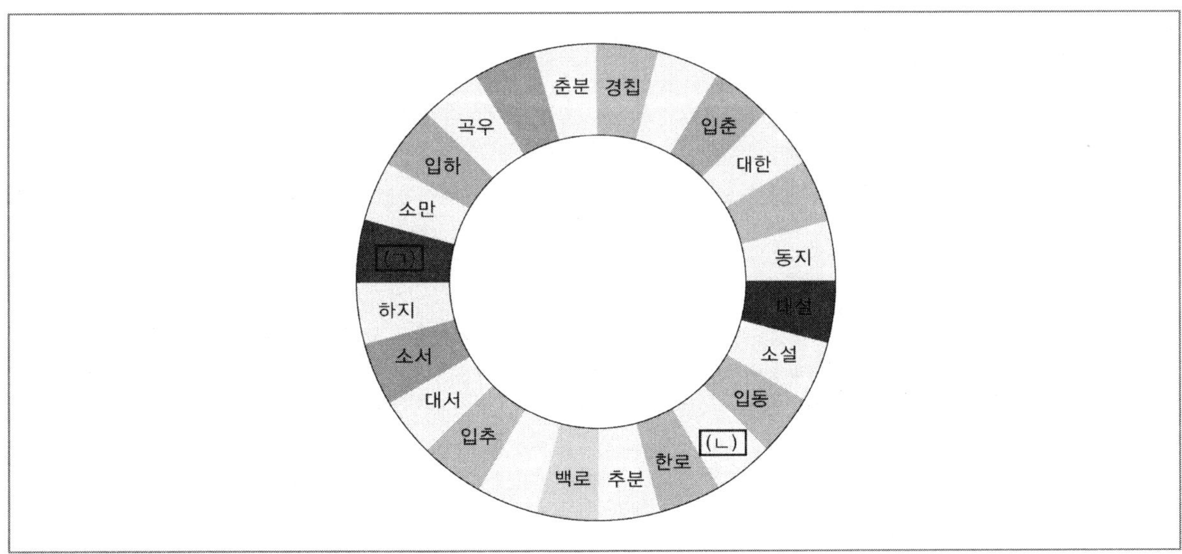

① (ㄱ) : 우수, (ㄴ) : 청명　　　　　② (ㄱ) : 청명, (ㄴ) : 망종

③ (ㄱ) : 망종, (ㄴ) : 상강　　　　　④ (ㄱ) : 상강, (ㄴ) : 소한

⑤ (ㄱ) : 소한, (ㄴ) : 처서

해설　③ 소만과 하지 사이는 망종, 한로와 입동 사이는 상강이다. 입추와 백로 사이는 처서, 동지와 대한 사이는 소한,
　　입춘과 경칩 사이는 우수, 춘분과 곡우 사이는 청명이다.

ANSWER　4.④　5.④　6.⑤　7.③

8 다음은 농촌 및 먹거리 관련 정부 정책에 대한 내용이다. 이와 관련한 농협의 활동 내용 및 역할로 옳지 않은 것은?

> - ___(가)___ : 자연경관, 생태환경, 생활문화, 역사자원 등을 활용하여 도시민들에게 휴식, 휴양, 지역 먹거리 등의 상품과 서비스를 제공한다. 이는 농촌에서 농업 외의 소득을 발생시켜 전체적으로 농가 수익을 향상시키고, 도시의 경제적 자원이 농촌으로 유입될 수 있도록 하여 도시와 농촌 간 소득과 생활환경 양극화를 완화시켜 농촌지역을 활력화시킬 것으로 기대된다.
> - ___(나)___ : 먹거리 관련 시장실패를 치유하기 위한 정책으로, 먹거리와 관련된 '생산·유통·소비·폐기' 등의 모든 과정을 포괄한다. 이를 통해 지역생산과 지역 소비(로컬 푸드)를 지향하여 지역순환경제를 활성화시키며, 자원순환과 음식물 폐기물을 줄여 지속가능한 환경을 만들어가고자 한다. 또한 빈곤층에 대해 먹거리 차별을 방지하고 사회적 약자를 배려하여 먹거리 존엄성(Food Dignity)을 회복하려는 계획이기도 하다.

① (가) – 농협은 지역 농산물을 사용하는 로컬푸드 레스토랑을 운영하고 있으며, 이를 요리교실, 농산물 체험 등 다양한 로컬푸드 문화체험 장소로 활용할 수 있다.

② (가) – 팜스테이 마을 먹거리에 대하여 의미를 부여하여 향토음식 스토리로 차별성을 강화하는 한편, 지역을 대표하여 운영하는 것이기 때문에 전문인력으로 구성하는 것이 중요하다.

③ (나) – 기존의 농협 로컬푸드 직매장 사업에 중·소규모 농가의 참여를 확대하는 등 지역 내 생산–소비 시스템을 더욱 내실화하도록 한다.

④ (나) – 지역단위 통합 사업에 참여하여, 장기적으로 로컬푸드와 학교급식, 공공급식, 지역 가공사업, 식교육 등을 통합 수행하는 먹거리통합지원센터(Food Hub)를 지향한다.

⑤ (나) – 농촌 농협은 로컬푸드를 공급하는 한편, 인구가 집중되어 있는 도시 농협은 소비지 농축산물 판매 거점이 되도록 한다.

✔ 해설 ② (가)는 '농촌 관광', (나)는 '푸드 플랜' 정책에 대한 내용이다.
농촌 관광의 일환으로 농협에서는 '팜스테이 마을'을 선정하여 운영하고 있다. 이를 활성화하기 위하여 먹거리 운영에 지역주민이 참여하도록 하고 있다. 먹거리 제공 운영 인력의 전문성을 강화하기 위해 교육을 지원하고, 먹거리 제조에 참여하는 지역 주민들에 대해서도 전문가 강의 등 정기적인 교육을 실시할 방침이다.

9 만 65세 이상 고령농업인이 소유한 농지를 담보로 노후생활 안정자금을 매월 연금형식으로 지급받는 제도는?

① 고농연금제도　　　　　　　　　　② 농지연금제도

③ 토지연금제도　　　　　　　　　　④ 농업연금제도

⑤ 농업안정제도

 ② 농지연금제도는 만 65세 이상 고령농업인이 소유한 농지를 담보로 노후생활 안정자금을 매월 연금형식으로 지급받는 제도로, 농지자산을 유동화하여 노후생활자금이 부족한 고령농업인의 노후 생활안정을 지원하여 농촌사회의 사회 안정망 확충 및 유지를 목적으로 한다.

10 조류인플루엔자(AI)에 대한 설명으로 옳지 않은 것은?

① 야생조류나 닭, 오리 등 가금류에 감염되는 인플루엔자 바이러스이다.

② AI 확산을 방지하기 위해서는 축산농가 철새 도래지 방문을 자제한다.

③ AI 바이러스는 열에 강해 가열조리를 한 후에도 살아남는다.

④ AI 인체감염을 예방하기 위해서는 손을 자주, 30초 이상 씻고 가급적 손으로 눈, 코, 입을 만지지 않는다.

⑤ 닭, 오리의 AI가 의심된다면 즉시 가축방역기관으로 신고한다.

해설 ③ AI 바이러스는 열에 약해 75℃ 이상에서 5분간 가열하면 사멸한다.

1 다음 (   ) 안에 들어갈 알맞은 용어는?

> 은행은 고객의 예금이 들어오면 일정비율의 지급준비금만을 남기고 나머지는 대출에 사용을 한다. 이 대출금이 다시 은행에 예금으로 들어오면 그 금액의 일정부분을 지급준비금만 남기고 또다시 대출로 사용이 된다. 이와 같이 은행이 대출과 예금을 통해서 최초 예금액의 몇 배 이상으로 예금통화를 창출하는 현상을 (   )라고 한다.

① 그렉시트
② 신용창조
③ 블록체인
④ 시뇨리지
⑤ 사모발행

 ② 예금과 대출이 꼬리에 꼬리를 물면서 당초 100만 원이었던 통화량은 100만 원을 훌쩍 넘는 큰 액수로 증대된다. 이와 같이 시중의 통화량이 한국은행이 발행한 통화량 이상으로 증가하는 현상을 예금창조 또는 신용창조라고 부른다.

2 다음은 소득불평등 지표에 대한 설명이다. 바르게 짝지어진 것을 고르면?

> ㉠ 가계소득 상위 10%의 인구의 소득점유율을 하위 40% 인구의 소득점유율로 나눈 값이다.
> ㉡ 가로축은 순서에 따른 누적인구, 세로축은 누적소득을 나타내며, 기울기가 45도인 경우 완전한 평등을 나타낸다.
> ㉢ 0 ~ 1 사이의 값을 가지며, 1에 가까워질수록 소득양극화가 극심한 것을 나타낸다.
> ㉣ 최하위 40% 소득계층의 점유율을 최상위 20% 소득계층의 점유율로 나눈 값이다.

	㉠	㉡	㉢	㉣
①	십분위분배율	로렌츠 곡선	앳킨슨 지수	팔마 비율
②	십분위분배율	지니 계수	십분위분배율	소득5분위배율
③	지니계수	앳킨슨 지수	소득5분위배율	지니 계수
④	팔마 비율	앳킨슨 지수	지니 계수	소득5분위배율
⑤	팔마 비율	로렌츠 곡선	지니 계수	십분위분배율

 ㉠ : 팔마 비율, ㉡ : 로렌츠 곡선, ㉢ : 지니 계수, ㉣ : 십분위분배율
- 앳킨슨 지수 : 소득의 완전한 균등 분배란 전제하에서 현재의 사회후생 수준을 가져다 줄 수 있는 평균 소득이 얼마인지를 주관적으로 판단하고, 이를 한 나라의 1인당 평균 소득과 비교해서 그 비율을 따지는 지수
- 소득5분위배율 : 5분위계층(최상위 20%)의 평균소득을 1분위계층(최하위 20%)의 평균소득으로 나눈 값

3 다음과 같이 금융기관을 구분했을 경우 그 성격이 나머지와 다른 하나는?

① 비은행금융중개기관
② 투자금융기관
③ 보험금융기관
④ 비통화금융기관
⑤ 예금은행

 해설
⑤ 통화금융기관에 해당한다.
①②③④ 비통화금융기관에 해당한다.
※ 금융기관의 구분
　㉠ **통화금융기관** : 중앙은행, 예금은행(일반은행, 특수은행)
　㉡ **비통화금융기관** : 투자금융기관, 보험금융기관, 비은행금융중개기관, 기타 금융기관

4 다음 중 비은행예금취급기관이 아닌 것은?

① 우체국 예금
② 상호저축은행
③ NH농협은행
④ 신용협동기구
⑤ 종합금융회사

해설
③ 비은행예금취급기관은 은행과 유사한 금융상품을 취급하는 기관으로 종합금융회사, 상호저축은행, 신용협동기구, 우체국 예금 등이 있다. NH농협은행은 특수은행에 해당한다.
※ 비은행예금취급기관의 종류 … 종합금융회사, 투자신탁회사, 상호저축은행, 신용협동기구(신용협동조합, 새마을금고, 상호금융) 및 우체국 예금이 있다.
　㉠ **종합금융회사** : 장단기금융, 투자신탁, 시설대여업무 등 국내 금융기관이 영위하는 거의 모든 금융업을 영위한다.
　㉡ **투자신탁회사** : 일반투자자로부터 조달한 자금을 주식, 채권 등 유가증권에 투자하여 운용수익을 배당하는 것을 주요 업무로 하고 있다.
　㉢ **상호저축은행** : 지역의 서민, 소규모 기업을 대상으로 하는 여수신업무에 전문화하고 있다.
　㉣ **신용협동기구** : 조합원에 대한 여수신을 통한 조합원 상호간 상부상조를 목적으로 운영되고 있는데 신용협동조합, 새마을금고 그리고 농·수·축협 지역조합의 상호금융이 있다.
　㉤ **우체국 예금** : 전국의 우체국에서 취급하고 있는 공영금융기관이다.

5 일반 은행이 예금자의 인출 요구에 언제나 응할 수 있도록 예금의 일정 비율을 중앙은행에 예치하는 것을 무엇이라 하는가?

① 지급준비금
② 손실보전금
③ 예치금
④ 미납금
⑤ 국고금

해설
① 은행은 예금 중 일부를 지급준비금으로 한국은행에 예치해 두었다가 필요할 때 찾고, 한국은행으로부터 대출을 받기도 한다. 한국은행은 금융기관이 일시적으로 자금이 부족하여 예금자의 예금 인출 요구에 응하지 못할 경우에는 긴급 자금을 지원한다.

ANSWER 1.② 2.⑤ 3.⑤ 4.④ 5.①

6 한국은행에 대한 설명으로 옳지 않은 것은?

① 한국은행은 우리나라의 중앙은행으로 물가안정을 최우선 목표로 국민경제의 건전한 발전에 이바지하고 있다.

② 한국은행은 금융기관이나 정부와 거래를 하고 민간인의 예금이나 대출은 직접 취급하지 않는다.

③ 한국은행의 조직은 정책결정기구인 금융통화위원회, 금융통화위원회에서 수립한 정책을 집행하는 총재, 업무를 감사하는 감사로 구성되어 있다.

④ 정책금리(기준금리)의 결정은 금융위원회에서 맡고 있으며, 한국은행은 조언과 감독을 맡는다.

⑤ 한국은행은 우리나라의 화폐를 발행하는 유일한 발권기관이다.

 ④ 기준금리는 한국은행의 최고의사결정기구인 금융통화위원회에서 연간 물가 목표와 실물 경제 및 금융시장 전망 등을 종합적으로 고려하여 결정한다. 기준금리는 한국은행이 금융기관과 거래 시 기준이 되는 금리이며, 기준금리 변동에 따라 물가가 어떤 영향을 받는지를 판단하여 결정한다.

※ 한국은행의 기능과 역할
　⑦ **화폐 발행** : 한국은행은 우리나라의 화폐를 발행하는 유일한 발권기관으로 우리가 일상생활에서 사용하는 화폐 곧 지폐와 동전은 모두 한국은행에서 발행한 것이다.
　ⓛ **통화신용정책의 수립** : 통화신용정책이란 화폐의 독점적 발행 권한을 부여받는 중앙은행이 다양한 정책수단을 활용하여 돈의 양이나 금리가 적정한 수준에 머물도록 영향을 미치는 정책을 말한다. 유통되는 돈의 양 또는 금리 수준은 가계나 기업의 경제활동 그리고 물가 등에 영향을 미친다는 점에서 통화신용정책의 중요성은 매우 크다고 할 수 있다.
　ⓒ **은행의 은행** : 한국은행은 금융기관을 상대로 예금을 받고 대출을 해주는 은행의 은행이다.
　ⓔ **금융시스템의 안정** : 한국은행은 금융시스템의 안정성을 유지·강화하는 책무를 수행하는데, 이를 위해 한국은행은 국내외 경제여건, 금융시장의 안정성, 금융시스템의 건전성 상황 등을 종합적으로 점검한다. 또한 금융시스템의 이상 징후를 제때에 알아내어 그 위험성을 평가하고 조기에 경보하기 위해 다양한 지표를 개발하여 활용하기도 한다. 이를 토대로 금융시스템에 잠재해 있는 취약요인과 그 영향을 분석하고 시스템 전반의 안정성을 평가하는 금융안정보고서를 발표한다.
　ⓜ **정부의 은행** : 한국은행은 국고금을 수납하고 지급하며, 국민이 정부에 내는 세금 등 정부 수입을 국고금으로 받아 두었다가 정부가 활동상 필요로 할 때 자금을 내주는 업무를 하는 한편 정부가 자금이 일시적으로 부족할 때 돈을 빌려주기도 하는 정부의 은행이다.
　ⓗ **지급결제제도 운영** : 상품이나 서비스를 구입할 때 신용카드나, 계좌이체와 같은 금융기관의 서비스를 이용하는 경우 금융기관을 이용하여 대금을 지급하면 금융기관 사이에는 서로 주고받을 채권과 채무가 발생한다. 또한 금융기관 상호간의 금융거래를 통해서도 채권·채무가 발생할 수 있는데, 이러한 금융기관들은 은행의 은행인 한국은행에 계좌를 개설하고, 이를 이용하여 서로 간의 채권·채무를 결제하는 지급결제제도에 참여한다.
　ⓢ **외환 보유** : 우리나라 환율은 외환시장에서의 외환 수급에 따라 자유롭게 결정된다. 투자금 유입으로 인한 지나친 쏠림현상 등으로 환율이 급격하게 변동할 경우 한국은행은 이를 완화하기 위해 미세조정 등의 시장안정화조치를 수행한다.

7 다음 중 일반은행의 업무가 아닌 것은?

㉠ 대출업무 ㉡ 예금업무
㉢ 내국환 업무 ㉣ 보호 예수 업무
㉤ 지급 결제 제도 업무

① ㉠, ㉡ ② ㉡, ㉢
③ ㉢, ㉣ ④ ㉠, ㉣
⑤ ㉤

 ⑤ 한국은행은 지급 결제가 편리하고 안전하게 이루어지도록 지급 결제 제도의 운영 및 감시를 하고 있다.
  ※ **일반은행의 업무** … 「은행법」에 따르면 은행의 업무에는 은행만이 할 수 있는 예금·적금의 수입 등 고유업무와 채무의 보증 또는 어음의 인수, 보호예수 등 은행업무에 부수하는 업무인 부수업무, 은행업이 아닌 업무로서 「자본시장과 금융투자업에 관한 법률」에 따른 신탁업무 등의 겸영업무로 구분하고 있다.
    ㉠ **고유업무** : 예금·적금의 수입 또는 유가증권, 그 밖의 채무증서의 발행, 자금의 대출 또는 어음의 할인, 내국환·외국환
    ㉡ **부수업무** : 채무의 보증 또는 어음의 인수, 상호부금, 팩토링, 보호예수, 수납 및 지급대행, 지방자치단체의 금고대행, 전자상거래와 관련한 금고대행, 전자상거래와 관련한 지급대행, 은행업과 관련된 전산시스템 및 소프트웨어의 판매 및 대여, 금융 관련 연수, 도서 및 간행물 출판업무, 금융 관련 조사 및 연구업무
    ㉢ **겸영업무** : 파생상품 업무, 국채증권, 지방채증권 및 특수채증권의 업무, 집합투자업무 및 신탁업 업무, 환매조건부매도와 매수업무, 보험대리점업무 및 신용카드업무 등

8 다음 신용평가기관에 대한 설명 중 옳지 않은 것은?

① 신용평가기관의 국가, 기업 등급 평가는 이후 경제활동에 영향을 준다.
② 세계 3대 신용평가기관은 영국의 '피치 Ratings', 미국의 '무디스(Moody's)', '스탠더드 앤드 푸어스(S&P; Standard & Poor's)'이다.
③ 우리나라의 대표적인 3개 신용등급 평가기관은 한국신용평가, 한국기업평가, 나이스신용평가 기관이다.
④ 다우존스 지속가능경영지수(DJSI)는 우량기업 주가지수 중 하나로, 그 기준은 기업의 재무적 정보만을 대상으로 한다.
⑤ 한국신용평가는 무디스 자본과, 한국기업평가는 피치 자본과 연결되어 있다.

 ④ DJSI는 기업을 단순히 재무적 정보로 파악하는 데 그치지 않고 지배구조, 사회공헌도 등을 토대로 지속가능경영을 평가해 우량기업을 선정한다.

9 다음 중 특수은행이 아닌 곳은?

① 한국산업은행　　　　　　　　　② 한국수출입은행
③ 상호저축은행　　　　　　　　　④ 중소기업은행
⑤ NH농협은행

 ③ 특수은행이란 「은행법」의 적용을 받는 일반은행과 달리 특별 단행 법령의 적용을 받는 은행을 말한다. 일반은행의 특성상 특정부문에 대하여 필요한 자금을 충분히 공급하지 못하는 곳에 자금을 원활히 공급하기 위하여 개별법에 따라 설립된 은행을 말한다. 상업금융의 취약점을 보완하는 보완금융기관으로서의 기능과 특정부문에 대한 전문금융기관으로서의 기능을 담당한다. 한국산업은행, 한국수출입은행, 중소기업은행, NH농협은행, Sh수협은행이 특수은행에 해당한다.

10 다음 중 통화의 지표로 사용되지 않는 것은?

① M1　　　　　　　　　　　　　② M2
③ Lf　　　　　　　　　　　　　④ L
⑤ 경상수지

 ⑤ 시중에 유통되고 있는 화폐의 양을 통화량이라 하며, 시중 통화량의 크기와 변동을 측정하기 위한 도구가 바로 통화지표이다. 통화지표는 통화의 성질에 따라 구성된 각각의 통화량의 크기를 나타낸 지표로 통화량의 크기와 변동을 파악하는 기준이 된다. 2006년 국제통화기금(IMF)의 권고와 돈의 흐름에 대한 보다 현실적인 지표가 필요하여 한국은행이 새로운 통화지표를 발표하였다. 기존의 M1(협의의 통화), M2(광의의 통화)는 그대로 두고, M3(총유동성)을 개편하여 Lf(금융기관유동성)로 만들고 L(광의유동성)을 새로 포함시켰다.

11 가구의 소득 흐름은 물론 금융 및 실물 자산까지 종합적으로 고려하여 가계부채의 부실위험을 평가하는 지표로, 가계의 채무상환능력을 소득 측면에서 평가하는 원리금상환비율(DSR ; Debt Service Ratio)과 자산 측면에서 평가하는 부채/자산비율(DTA ; Debt To Asset Ratio)을 결합하여 산출한 지수를 무엇이라고 하는가?

① 가계신용통계지수　　　　　　　② 가계수지
③ 가계순저축률　　　　　　　　　④ 가계부실위험지수
⑤ 가계처분가능소득지수

 ④ 가계부실위험지수(HDRI)는 가구의 DSR과 DTA가 각각 40%, 100%일 때 100의 값을 갖도록 설정되어 있으며, 동 지수가 100을 초과하는 가구를 '위험가구'로 분류한다. 위험가구는 소득 및 자산 측면에서 모두 취약한 '고위험가구', 자산 측면에서 취약한 '고DTA가구', 소득 측면에서 취약한 '고DSR가구'로 구분할 수 있다.

12 다음 내용을 읽고 문맥 상 괄호 안에 들어갈 말로 가장 적절한 것을 고르면?

> (　　　)은/는 중앙은행이나 금융기관이 아닌 민간에서 블록체인 기술을 기반으로 하여 발행 · 유통되는 '가치의 전자적 표시'(digital representation of value)로서 비트코인이 가장 대표적이다.

① 가산금리　　　　　　　　　　② 가상통화
③ 간접금융　　　　　　　　　　④ 직접금융
⑤ 감독자협의회

> **✔해설**　② 가상통화(virtual currency)는 중앙은행이나 금융기관이 아닌 민간에서 블록체인을 기반 기술로 하여 발행 · 유통되는 '가치의 전자적 표시'(digital representation of value)로서 비트 코인이 가장 대표적인 가상통화이다. 비트코인 등장 이전에는 특별한 법적 근거 없이 민간 기업이 발행하고 인터넷공간에서 사용되는 사이버머니(게임머니 등)나 온 · 오프라인에서 사용되고 있는 각종 포인트를 가상통화로 통칭하였다.

13 경기변동의 진폭이나 속도는 측정하지 않고 변화방향만을 파악하는 것으로서 경기의 국면 및 전환점을 식별하기 위한 지표를 무엇이라고 하는가?

① 경기조절정책　　　　　　　　② 경기종합지수
③ 경기동향지수　　　　　　　　④ 경상수지
⑤ 경영실태평가지수

> **✔해설**　③ 경기동향지수는 경기변동이 경제의 특정 부문으로부터 전체 경제로 확산, 파급되는 과정을 파악하기 위한 지표이다. 이때 경제지표 간의 연관관계는 고려하지 않고 변동 방향만을 종합하여 지수로 만든다.

14 복지지표로서 한계성을 갖는 국민총소득(GNI)을 보완하기 위해 미국의 노드하우스(W. Nordhaus)와 토빈(J. Tobin)이 제안한 새로운 지표를 무엇이라고 하는가?

① 소비자동향지표　　　　　　　② 경제활동지표
③ 경제인구지표　　　　　　　　④ 고용보조지표
⑤ 경제후생지표

> **✔해설**　⑤ 경제후생지표(measure of economic welfare)는 국민총소득에 후생요소를 추가하고 비후생요소를 제외함으로써 복지수준을 정확히 반영하려는 취지로 제안되었지만, 통계 작성에 있어 후생 및 비후생 요소의 수량화가 쉽지 않아 널리 사용되지는 못하고 있는 실정이다.

ANSWER　9.③　10.⑤　11.④　12.②　13.③　14.⑤

15 다음 중 '데이터 3법'과 관련한 내용으로 옳지 않은 것은?

① 데이터 3법이란 '개인정보 보호법', '통신비밀보호법', '신용정보보호법(약칭)'을 일컫는다.
② 전 분야에서 개인이 본인의 데이터를 선택해 이동시키는 마이데이터(개인정보 전송요구권) 사업이 본격적으로 시행되고 있다.
③ AI 학습을 위한 데이터 활용 시 발생할 수 있는 프라이버시 침해를 방지하는 법적 근거로서 기능한다.
④ 행정안전부, 방송통신위원회, 금융위원회 등 정부 부처별로 나누어져 있던 개인정보 관리 및 감독권한이 개인정보보호위원회로 일원화하는 내용을 담고 있다.
⑤ 가명정보는 통계작성, 과학적 연구, 공익적 기록보존 목적 등에 한해 정보주체의 동의 없이 활용할 수 있다.

> **✔해설** ① 데이터 3법이란 '개인정보 보호법', '정보통신망법(약칭)', '신용정보보호법(약칭)'을 일컫는다.

16 다음 내용을 읽고 괄호 안에 들어갈 말로 가장 적절한 것을 고르면?

> (　　　)을/를 시행하게 되면 환율 변동에 따른 충격을 완화하고 거시경제정책의 자율성을 어느 정도 확보할 수 있다는 장점이 있다. 하지만 특정 수준의 환율을 지속적으로 유지하기 위해서는 정부나 중앙은행이 재정정책과 통화정책을 실시하는 데 있어 국제수지 균형을 먼저 고려해야 하는 제약이 따르고 불가피하게 자본이동을 제한해야 한다.

① 고통지수
② 자유변동환율제도
③ 고정환율제도
④ 고정자본소모
⑤ 고정이하여신비율

> **✔해설** ③ 고정환율제도는 외환의 시세 변동을 반영하지 않고 환율을 일정 수준으로 유지하는 환율 제도를 의미한다. 이 제도는 경제의 기초여건이 악화되거나 대외 불균형이 지속되면 환투기공격에 쉽게 노출되는 단점이 있다

17 다음 중 인플레이션의 양상을 나타내는 단어와 그 원인으로 바르게 연결되지 않은 것은?

① 차이나플레이션 – 중국의 임금 및 물가 상승
② 피시플레이션 – 일본의 수산물 수요 증가
③ 아이언플레이션 – 철강재 가격 상승
④ 애그플레이션 – 농산물 가격 상승
⑤ 에코플레이션 – 환경기준 강화

> **✔해설** ② 피시플레이션은 중국, 인도 등 신흥국들의 경제 성장으로 인해 수산물 소비가 급증함에 따라 수산물 가격이 오르는 현상을 말한다. 지구온난화에 따른 어족 자원 고갈도 그 원인 중 하나이다.

18 발행하는 채권에 주식이 연계되어 있다는 점에서 발행회사의 신주를 일정한 조건으로 매수할 수 있는 신주인수권부 사채(BW ; Bonds with Warrant)나, 발행회사의 주식으로 전환할 수 있는 권리가 부여된 전환사채(CB ; Convertible Bond) 등과 함께 주식연계증권으로 불리는 것은?

① 무담보사채 ② 교환성 통화
③ 교환사채 ④ 부실채권
⑤ 채권투자

 **해설** ③ 교환사채(EB ; Exchangeable Bond)란 사채권자의 의사에 따라 교환사채 발행기업이 보유하고 있는 타사 주식 등 여타의 유가증권과 교환할 수 있는 선택권이 부여된 사채를 의미한다.

19 다음 경제 현상을 나타내는 용어 중 바르게 연결되지 않은 것은?

① 하우스 디바이드(House Divide) – 주택 유무, 집값의 격차에 따라 계층 격차가 벌어지는 현상이다.
② 슬리포노믹스 – 바쁜 현대인들이 숙면을 취하기 위해 많은 돈을 지출함으로 관련 산업이 성장하는 현상이다.
③ 세포마켓 – SNS를 통해 이루어지는 1인 마켓을 의미하며 계속해서 증식하는 특징을 나타내기도 한다.
④ 클래시 페이크(Classy Fake) – 가짜에 대한 관점이 바뀌며 생겨난 현상으로, 모피 대신 입는 인조털 '에코 퍼', 식물성 달걀 'Beyond Eggs'를 예로 들 수 있다.
⑤ 하이인컴트랩(High-Income Trap) – 고소득자에게서 나타나는 비혼주의, 저출산 등으로 인해 경제성장률에 영향을 미치는 현상을 의미한다.

해설 ⑤ 하이인컴트랩은 선진국 대열에 들어선 경제가 저성장에 빠지는 현상을 의미한다. 고학력의 젊은 세대가 취업에 어려움을 겪게 되고 고임금 현상으로 제조업체가 해외로 이전하는 등의 이유로 경제성장률이 떨어지게 된다.

ANSWER 15.① 16.③ 17.② 18.③ 19.⑤

20 다음 내용에서 설명하는 '이것'은 무엇인가?

> 이것이 널리 사용되기 시작한 것은 2005년경이나, 1953년 쿠웨이트 투자청 설립으로부터 시작되었다. 2000년대 이후 이것은 아시아와 중동을 비롯한 신흥시장국가들이 주로 조성하여 왔다. 이들은 석유수출과 경상수지 흑자를 통해 벌어들인 외환보유액을 이용하여 이것을 설립하여 운용하고 있다. 우리나라는 2005년 7월 한국투자공사(KIC ; Korea Investment Corporation)를 설립하였다. 이후 2007년 중국에서 중국투자공사(CIC ; China Investment Corporation)를, 2008년에는 러시아에서 러시아 National Welfare Fund 등이 설립되었다.

① 국외저축
② 국부펀드
③ 국제결제은행
④ 국내총생산
⑤ 경상수지

 ② 국부펀드(sovereign wealth fund)는 주로 투자수익을 목적으로 다양한 종류의 국내외 자산에 투자·운용하는 국가보유투자기금을 말한다. 국부펀드는 운용목적이나 투자자산 선택 등에서 사모펀드, 연기금 등과 유사한 면이 있으나 소유권이 민간이 아니라 국가에 있다는 점에서 근본적인 차이가 있다. 국부펀드의 종류는 재원을 조달하는 방법에 따라 상품펀드와 비상품펀드로 나누어진다. 상품펀드의 재원은 국가기관의 원자재 수출대금 또는 민간기업의 원자재 수출소득에 대한 세금 등 정부의 외화수입으로 조달되며, 비상품펀드의 경우는 국제수지 흑자로 축적된 외환보유액, 공적연기금, 재정잉여금 등으로 조달된다.

21 경상수지 적자와 일치하며 순국외채무(국외채무 − 국외 채권)의 증가로 보전되는 것은?

① 국제결제은행
② 국외수취요소
③ 국민총소득
④ 국제금융기금
⑤ 국외저축

 ⑤ 국외저축은 개별 경제주체가 모자라는 돈을 다른 사람으로부터 조달하는 것과 마찬가지로 국민경제에서도 투자가 저축을 초과하게 되면 부족한 돈을 국외로부터 조달하는 것을 말한다. 이러한 국외저축은 경상수지 적자와 일치하며 경상수지 적자는 순국외채무(국외채무 − 국외 채권)의 증가로 보전된다.

22 이것은 은행의 전통적인 자금중개기능을 보완하는 한편 금융업의 경쟁을 촉진함으로써 효율적인 신용 배분에 기여하는 순기능을 발휘한다. 그러나 글로벌 금융위기 과정에서 느슨한 규제 하에 과도한 리스크 및 레버리지 축적, 은행 시스템과의 직·간접적 연계성 등을 통해 시스템 리스크를 촉발·확산시킨 원인 중 하나로 지목되기도 한 이것은 무엇인가?

① 근원인플레이션
② 그린 본드
③ 그림자 금융
④ 글래스−스티걸법
⑤ 글로벌 가치사슬

 ③ 그림자 금융은 집합투자기구(MMF·채권형·혼합형 펀드 등), RP 거래, 유동화기구 등과 같이 은행시스템 밖에서 신용중개기능을 수행하지만 은행 수준의 건전성 규제와 예금자보호가 적용되지 않는 기관 또는 활동을 의미한다.

23 다음 내용을 가장 잘 설명하고 있는 것은?

> 과거에 한 번 부도를 일으킨 기업이나 국가의 경우 이후 건전성을 회복했다 하더라도 시장의 충분한 신뢰를 얻기 어려워지며, 나아가 신용위기가 발생할 경우 투자자들이 다른 기업이나 국가보다 해당 기업이나 국가를 덜 신뢰하여 투자자금을 더 빨리 회수하고, 이로 인해 실제로 해당 기업이나 국가가 위기에 빠질 수 있다.

① 긍정 효과
② 자동 효과
③ 거래 효과
④ 분수 효과
⑤ 낙인 효과

 ⑤ 어떤 사람이 실수나 불가피한 상황에 의해 사회적으로 바람직하지 못한 행위를 저지르고 이로 인해 나쁜 사람으로 낙인찍히면, 그 사람에 대한 부정적 인식이 형성되고 이 인식은 쉽게 사라지지 않는다. 이로 인해 추후 어떤 상황이 발생했을 때 해당 사람에 대한 부정적 사회 인식 때문에 유독 그 사람에게 상황이 부정적으로 전개되어 실제로 일탈 또는 범죄 행위를 저지르게 되는데, 이를 낙인효과라고 한다. 경제 분야에서도 이러한 현상이 발생한다.

24 2001년 미국 모건스탠리사의 이코노미스트였던 로치(S. Roach)가 미국경제를 진단하면서 처음 사용한 용어로, 경기순환의 모습이 영문자 "W"를 닮았다 해서 "W자형 경기변동"(또는 "W자형 불황")이라고도 하는 이것은?

① 동일인
② 더블 딥
③ 동행종합지수
④ 등록발행
⑤ 디레버리징

 ② 더블 딥은 경기가 두 번(double) 떨어진다(dip)는 뜻으로, 경기침체가 발생한 후 잠시 경기가 회복되다가 다시 경기침체로 접어드는 연속적인 침체 현상을 의미한다. 일반적으로 경기침체는 2분기 연속 마이너스 성장을 보이는 경우를 말하므로, 더블 딥은 경기침체가 발생하고 잠시 회복 기미가 관측되다 다시 2분기 연속 마이너스 성장에 빠지는 것을 말한다. 1980년대 초 있었던 미국의 경기침체는 더블 딥의 예로 자주 활용된다.

ANSWER 20.② 21.⑤ 22.③ 23.⑤ 24.②

- 1944년 출범한 <u>이것</u>은 기존의 금 대신 미국 달러화를 국제결제에 사용하도록 한 것으로, 금 1온스의 가격을 35달러로 고정해 태환할 수 있도록 하고, 다른 국가의 통화는 조정 가능한 환율로 달러 교환이 가능하도록 해 달러를 기축통화로 만든 것이다.
- 리처드 닉슨 대통령은 1971년 8월 15일 금과 달러의 태환을 중단한다고 발표했다. 이로써 기존의 <u>이것</u>이 사실상 와해되는 결과를 낳으며, 자본주의 경제는 거대한 전환기를 맞게 됐다.

25 위 글에서 밑줄 친 '이것'은 무엇인가?

① 바젤 협약   ② 국제앰네스티
③ 셍겐 조약   ④ 브레튼우즈 체제
⑤ 경제협력기본협정

 ④ 브레튼우즈 체제는 1930년 이래의 각국 통화가치 불안정, 외환관리, 평가절하경쟁, 무역거래제한 등을 시정하여 국제무역의 확대, 고용 및 실질소득 증대, 외환의 안정과 자유화, 국제수지균형 등을 달성할 것을 목적으로 1944년 7월 미국 브레튼우즈에서 체결되었다. 고정환율과 금환본위제를 통하여 환율의 안정, 자유무역과 경제성장의 확대를 추구하고자 하였다.

26 밑줄 친 '이것'의 문제점을 비판한 다음과 같은 주장을 나타내는 용어는?

> 달러화가 기축통화의 역할을 하기 위해서는 대외거래에서의 적자를 발생시켜 국외에 끊임없이 유동성을 공급해야 한다. 그러나 미국의 적자상태가 장기간 지속될 경우에는 유동성이 과잉돼 달러화의 가치는 흔들릴 수밖에 없다. 반면 미국이 대외거래에서 장기간 흑자상태를 지속하게 되면, 달러화의 가치는 안정시킬 수 있으나 국제무역과 자본거래를 제약할 수 있다. 적자와 흑자의 어느 상황에도 연출될 수밖에 없는 달러화의 모순이 발생하는 것이다.

① 샤워실의 바보   ② 트리핀 딜레마
③ 닉슨 쇼크   ④ 퍼펙트 스톰
⑤ 어닝 쇼크

 ② 트리핀 딜레마는 경제학자 로버트 트리핀이 브레튼우즈 체제를 비판하면서 나온 말로, 브레튼우즈 체제하에서 전 세계 기축통화국인 미국이 직면했던 범세계적·보편적 가치와 국가적 이해관계 간 가리키는 말이다.

27 통신사업자가 대도시나 아파트 단지 등 고수익 – 저비용 지역에만 서비스를 제공하는 현상에 빗댄 것으로 기업이 이익을 창출할 것으로 보이는 시장에만 상품과 서비스를 제공하는 현상을 의미하는 것은?

① OSJD   ② 스마일 커브

③ 크림 데미지   ④ 코드 커팅

⑤ 크림 스키밍

 ⑤ 크림 스키밍(cream skimming)은 원유에서 맛있는 크림만을 골라 먹는 데서 유래한 단어로 기업이 이익을 창출할 것으로 보이는 시장에만 상품과 서비스를 제공하는 현상을 뜻한다. 1997년 세계무역기구(WTO) 통신협상 타결 뒤, 1998년 한국 통신시장이 개방하면 자본과 기술력을 갖춘 다국적 통신사가 국내 통신사업을 장악한다는 우려와 함께 '크림 스키밍'이 사용되었다.

28 다음은 GDP 산정식에 포함되는 항목을 나타낸 것이다. 이 중 지출접근을 통한 GDP 계산에 이용되는 항목으로만 고른 것은?

• 피용자 보수	• 정부구입
• 소비	• 순수출
• 투자	• 영업잉여
• 고정자본소모	• 순생산물세

① 피용자 보수, 고정자본소모, 정부구입, 영업잉여

② 소비, 투자, 순수출, 순생산물세

③ 투자, 고정자본소모, 정부구입, 영업잉여

④ 피용자 보수, 고정자본소모, 순생산물세

⑤ 소비, 투자, 정부구입, 순수출

⑤ 지출접근을 통한 계산에서의 GDP = 소비 + 투자 + 정부구입 + 순수출이다.

29 ㉠ ~ ㉣이 설명하는 바로 바르게 연결된 것은?

> ㉠ 화폐발행액과 예금은행이 중앙은행에 예치한 지급준비예치금의 합계로 측정한다.
> ㉡ 정기 예·적금 및 부금, 거주자외화예금, 시장형 금융상품, 실적배당형 금융상품, 금융채, 발행어음, 신탁형 증권저축을 포함한다.
> ㉢ 한 나라 경제가 보유하고 있는 전체 유동성 크기 지표로, 회사채, 국공채, 기업어음이 포함된다.
> ㉣ 민간이 보유하고 있는 현금과 예금취급기관의 결제성예금의 합계이다.

	㉠	㉡	㉢	㉣
①	본원통화	광의유동성	협의통화	광의통화
②	본원통화	광의통화	광의유동성	협의통화
③	광의통화	광의유동성	협의통화	본원통화
④	광의통화	본원통화	광의유동성	협의통화
⑤	광의유동성	협의통화	광의통화	본원통화

 ㉠ **본원통화** : 중앙은행인 한국은행이 지폐 및 동전 등 화폐발행의 독점적 권한을 통하여 공급한 통화
㉡ **광의통화**(M2) : M1 + 정기 예·적금 및 부금 + 거주자외화예금 + 시장형 금융상품 + 실적배당형 금융상품 + 금융채 + 발행어음 + 신탁형 증권저축 (유동성이 낮은 만기 2년 이상의 장기 금융상품은 제외)
㉢ **광의유동성**(L) : 금융기관유동성에 정부 및 기업 등이 발행한 유동성 시장금융상품을 더한 개념
㉣ **협의통화**(M1) : 지급수단으로서의 화폐의 기능을 중시한 통화지표로, 민간이 보유하고 있는 현금과 예금취급기관의 결제성예금의 합계

30 상당기간 자금이 묶이지 않기 때문에 최근 각광받고 있는 것으로 불안한 투자환경과 시장 변동성 속에서 잠시 자금의 휴식처가 필요하거나 당장 목돈을 사용할 계획이 없는 투자자들에게 유용한 이것은 무엇인가?

① 적금 통장
② 정기예금 통장
③ 파킹 통장
④ 마이너스 통장
⑤ 플러스 통장

 ③ 파킹(parking) 통장은 잠시 주차를 하듯 짧은 시간 여유자금을 보관하는 통장을 의미한다. 일반 자유입출금 통장처럼 수시입출금이 가능하면서 비교적 높은 수준의 금리를 제공하는데, 특히 하루만 맡겨도 금리 수익을 거둘 수 있다는 게 장점으로 꼽힌다.

1 다음 제시문에서 ㉠에 해당하는 설명으로 옳지 않은 것은?

> 전통적인 생산요소 세 가지가 노동, 토지, 자본이었다면 디지털 경제에서는 경영활동을 위해 '자본 투자'가 아닌 '디지털 투자'가 이루어지고, 실물 자산보다는 '디지털 자산'이 생산되고 유통 및 저장된다. 즉, 디지털 플랫폼이라는 가상의 자산이 만들어지는 것이다. 이러한 상황에서 기존의 법인세가 물리적 고정사업장이 있는 기업에만 부과가 가능하여, 물리적 고장사업장 업이 큰돈을 벌어들이는 디지털 기업에 대한 과세 형평성 문제가 제기되면서 ____㉠____ 가 실효화되었다.

① OECD/G20 포괄적 이행체계(IF)가 주도하는 'BEPS 프로젝트'를 통해 필라 1과 필라 2로 구성된 합의안이 도출되었다.

② 2019년 프랑스가 최초로 도입하여 국제적 논의를 가속화한 바 있다.

③ 거대 플랫폼을 가진 다국적 IT 기업들이 주요 과세 대상이다.

④ 법인세와 마찬가지로 기업의 영업이익을 기준으로 부과되는 것이 특징이다.

⑤ 전 세계적으로 연결매출액이 일정 기준을 초과하는 다국적 기업에 대해 최소 15%의 실효세율을 적용하는 제도가 안착하였다.

 ④ ㉠에 들어갈 용어는 '디지털 서비스세(DST; Digital Service Tax)', 즉 '디지털세'이다. 디지털 서비스세는 영업이익이 아닌 매출을 기준으로 국가별 일정 비율(보통 2 ~ 3%)을 부과하는 세금이다. 2019년 프랑스가 최초로 도입한 이후 여러 국가로 확산되었으며, 현재는 OECD/G20 포괄적 이행체계를 중심으로 한 글로벌 디지털 과세 체계가 병행 추진되고 있다.

ANSWER 29.② 30.③ / 1.④

2 AI 및 디지털 플랫폼의 핵심 자원으로, 다양한 형태의 대규모 데이터를 수집 · 저장 · 분석하여 새로운 가치를 창출하는 기반이 되는 '이것'은?

① 인공지능
② 사물 인터넷
③ 빅데이터
④ 디지털 트윈
⑤ 컴퓨팅

③ 빅데이터는 대량의 데이터를 수집 · 저장 · 분석하여 의미 있는 정보를 도출하는 기술 및 자원을 의미한다. 초기 빅데이터가 다양한 가치를 만들어내기 시작하면서 사람들은 빅데이터를 '원유'에 비유하기 시작했다. 기름이 없으면 기기가 돌아가지 않듯, 빅 데이터 없이 정보시대를 보낼 수 없다는 의미에서다. 정형 · 반정형 · 비정형 데이터를 모두 포함하며, 최근에는 생성형 AI 모델의 학습과 성능 향상을 위한 핵심 요소로 활용되고 있다.

3 프로그래밍에 집중하는 유연한 개발 방식으로 상호작용, 소프트웨어, 협력, 변화 대응에 가치를 두는 것은?

① 스크럼
② 애자일
③ 백로그
④ 린스타트업
⑤ 위키

② 애자일은 문서작업 및 설계에 집중하던 개발 방식에서 벗어나 좀 더 프로그래밍에 집중하는 개발 방법론이다. 애자일(Agile)이란 단어는 '날렵한', '민첩한'이란 뜻을 가진 형용사이다. 애자일 개발 방식도 그 본래 의미를 따른다. 정해진 계획만 따르기보다, 개발 주기 혹은 소프트웨어 개발 환경에 따라 유연하게 대처하는 방식을 의미한다.

4 데이터에 의미를 부여하여 문제를 분석하고 해결해 나가는 신종 직업은?

① 빅 데이터 큐레이터
② 인포그래픽 전문가
③ 데이터 마이닝 전문가
④ 디지털광고게시판기획자
⑤ 데이터 사이언티스트

⑤ 데이터 사이언티스트(Data Scientist)는 데이터의 다각적 분석을 통해 조직의 전략 방향을 제시하는 기획자이자 전략가이다. 한 마디로 '데이터를 잘 다루는 사람'을 말한다. 데이터 사이언티스트는 데이터 엔지니어링과 수학, 통계학, 고급 컴퓨팅 등 다방면에 걸쳐 복합적이고 고도화된 지식과 능력을 갖춰야 한다. 빅데이터 활용이 늘어나며 '빅'보다 '데이터'에 집중해야 한다는 주장이 설득력을 얻게 되었다. 더는 데이터 규모에 매달리지 말고 데이터 자체의 가치와 활용을 생각하자는 것이다. 양보다 질에 초점이 맞춰지면서 데이터 정제 · 분석 기술과 이를 다루는 사람의 역할이 더욱 강조되고 있다. 특히 데이터에서 새로운 가치를 만들어내는 것은 결국 '사람'이라는 인식이 확대되면서 데이터 사이언티스트에 대한 관심이 높아졌다.

5 다음에서 ㉠에 해당하는 설명으로 옳지 않은 것은?

> 클라우드 컴퓨팅이란 중앙의 데이터 센터에서 자원을 집중하여 고성능 연산을 수행하고 네트워크를 통해 사용자에게 전달하는 방식이다. 그러나 수많은 기기가 연결되는 초연결 사회와 실시간 반응이 필수인 환경에서는 데이터 트래픽의 폭발적 증가와 전송 지연이 큰 걸림돌이 된다. 이에 따라 데이터 센터까지 정보를 보내지 않고, 데이터가 발생하는 현장이나 사용자 단말 근처에서 바로 데이터를 처리하여 응답 속도를 극대화하는 ____㉠____ 이 클라우드의 한계를 보완하는 핵심 인프라로 자리 잡았다.

① ㉠은 프로세서와 데이터를 중앙 데이터센터 컴퓨팅 플랫폼에 보내지 않고 네트워크 말단의 장치 및 기기 근처에 배치하는 것을 의미한다.

② ㉠은 IoT 사물 등 로컬 영역에서 직접 AI, 빅데이터 등의 컴퓨팅을 수행하므로 네트워크에 대한 의존도가 높을 수밖에 없다.

③ 클라우드 컴퓨팅이 주로 이메일, 동영상, 검색, 저장 등의 기능을 소화했다면, ㉠은 그를 넘어 자율주행, 증강현실, IoT, 스마트팩토리 등의 기술을 지원한다.

④ 클라우드 컴퓨팅에 비해 연산능력이 떨어지더라도 응답속도가 빠르고, 현장에서 데이터를 분석·적용하기 때문에 즉시성이 높다는 장점이 있다.

⑤ 클라우드 컴퓨팅보다 해킹 가능성이 낮고, 안정성이 보장되는 기술로 평가받고 있다.

✔ 해설 ② ㉠에 해당하는 용어는 '엣지컴퓨팅'이다. 엣지컴퓨팅은 네트워크가 없어도 기기 자체에서 컴퓨팅을 구현할 수 있는 기술이다. 따라서 네트워크에 대한 의존도를 크게 낮출 수 있는 기술로 평가된다.

6 사용자 생활환경 안에서 자연스럽게 요구 사항을 인지하여 필요한 서비스를 제공하며 인터페이스를 최소화하는 것은?

① NUI
② NUX
③ GUI
④ SMI
⑤ 제로 UI

✔ 해설 ⑤ 제로 UI는 기존의 그래픽 유저 인터페이스(GUI)로 인식되던 개념에서 벗어난 것으로, 햅틱 피드백, 상황 인식, 제스처, 음성 인식 등 자연스러운 상호작용을 사용하는 새로운 디바이스 사용방식을 말한다.

ANSWER 2.③ 3.② 4.⑤ 5.② 6.⑤

7 최근 한국은행은 예금 토큰 등을 활용한 CBDC(Central Bank Digital Currency) 실거래 테스트를 본격화하고 있다. 다음 중 CBDC에 대한 설명으로 가장 옳지 않은 것은?

① 중앙은행이 발행하는 디지털 형태의 법정화폐로, 중앙은행의 책임하에 발행 및 관리된다.

② 설계 방식에 따라 블록체인 또는 중앙집중식 원장 등 다양한 기술 구조로 구현될 수 있다.

③ 법정화폐와 동일한 가치를 가지며, 일반적으로 기존 화폐와 1:1로 교환이 가능하다.

④ 거래 추적이 가능하여 자금세탁 방지 및 탈세 방지 등 정책 수단으로 활용될 수 있다.

⑤ 시장의 수요와 공급에 따라 가치가 변동하는 자산으로, 중앙은행이 직접 가격을 통제하지 않는다.

 ⑤ CBDC는 중앙은행이 발행하는 디지털 법정화폐로, 기존 화폐와 동일한 액면가를 가지며 1:1 교환이 보장된다. 따라서 시장의 수요와 공급에 따라 가치가 변동하는 암호화폐와 달리, CBDC의 가치는 중앙은행에 의해 안정적으로 유지된다. 또한 기술적으로 블록체인뿐 아니라 중앙집중형 원장 등 다양한 방식으로 구현될 수 있다.

8 다음 제시문의 ㉠, ㉡에 대한 설명으로 가장 적절하지 않은 것은?

> 과거 블록체인이 가상자산 거래 중심으로 활용되었다면, 최근에는 금융 제도권 내에서 자산을 디지털화하는 핵심 기술로 자리 잡고 있다. 대표적으로 주식, 채권, 부동산 등의 권리를 분산원장 기술을 활용해 디지털 형태로 발행하는 ㉠이 제도화되어 활용이 확대되고 있다. 또한 금, 원자재, 탄소배출권 등 실물자산을 블록체인 기반 토큰으로 전환하는 ㉡ 시장도 빠르게 성장하며 금융 패러다임의 변화를 이끌고 있다.

① ㉠은 분산원장 기술을 활용하되 자본시장법의 적용을 받으므로 기존 증권과 유사한 수준의 투자자 보호 규제가 적용된다.

② ㉡은 자산을 지분 단위로 분할하여 거래할 수 있게 하여 소액 투자자의 시장 접근성을 높인다.

③ ㉠과 ㉡은 모두 분산원장 기술을 기반으로 거래 기록을 공유하고 검증하는 구조를 가진다.

④ ㉠은 발행과 유통의 분리 원칙에 따라 발행인이 직접 계좌관리기관이 되어 투자자 계좌를 관리하는 것이 금지되어 있다.

⑤ ㉡은 블록체인을 활용해 자산의 소유권 이전을 기록함으로써 거래 비용을 절감하고 결제 효율성을 높일 수 있다.

 ④ ㉠은 토큰증권(STO), ㉡은 실물자산 토큰화(RWA)를 말한다. 토큰증권은 자본시장법의 규율을 받는 디지털 증권으로 투자자 보호 장치가 적용되며, 일정 요건을 충족할 경우 발행인이 직접 분산원장을 관리할 수 있도록 허용하고 있다.

9 분산처리시스템에 대한 설명으로 옳지 않은 것은?

① 분산된 데이터의 저장장소와 처리기들을 네트워크로 연결하여 동시에 일을 처리하는 방식이다.

② 여러 개의 데이터 저장장소와 처리기들을 가지면 여러 처리기들이 동시에 여러 작업을 수행하기 때문에 성능이 향상될 수 있다.

③ 데이터 또한 복사본을 여러 곳에 여분으로 유지하여 신뢰도를 올릴 수 있다.

④ 네트워크에 새로운 처리기 등을 첨가함으로써 쉽게 시스템의 확장을 꾀할 수 있다.

⑤ 데이터 저장장소와 처리기들을 물리적으로 연결하여야 한다.

> ✔ **해설** ⑤ 분산처리시스템의 장점을 효과적으로 활용하기 위해서는 데이터 저장장소와 처리기들을 물리적으로 연결해서는 안 되고, 그 위에 논리적인 설계가 추가적으로 필요하다.

10 다음 중 5G(5세대 이동통신) 기술이 가져온 변화로 가장 적절하지 않은 것은?

① 자동차 산업 – 실시간 V2X 통신을 통해 주변 차량 및 도로 인프라와 정보를 공유하며 자율주행을 지원한다.

② 제조업 – 초연결(mMTC) 기술을 기반으로 공장 내 다수의 센서와 장비를 연결한다.

③ 미디어 – 고화질 동영상 스트리밍 서비스를 끊김 없이 제공한다.

④ 의료 – 원격 의료 및 실시간 환자 모니터링을 지원한다.

⑤ 스마트시티 – 사물인터넷 기반으로 교통, 에너지, 공공시설을 실시간으로 관리하고 운영한다.

> ✔ **해설** ③ 5G는 초저지연 · 초연결 · 초고속 특성을 기반으로 XR(확장현실), 클라우드 게임, 자율주행, 스마트팩토리 등 실시간의 고도화된 서비스 구현을 가능하게 하는 데 있다. 고화질 동영상 스트리밍 서비스의 대중화는 4G(LTE) 환경에서 이루어진 기능이다.

11 증강현실(AR ; Augmented Reality)은 현실의 이미지나 배경에 3차원 가상 이미지를 겹쳐서 하나의 영상으로 보여주는 기술을 가리킨다. 현재 국내외 금융회사들은 이와 같은 기술을 이용하여 위치정보 및 금융정보 제공, 고객 상담, 부동산, 쇼핑 및 결제, 마케팅 등 다양한 서비스를 출시하고 있다. 다음 중 증강현실 기술을 이용 혹은 활용할 수 있는 국내외 사례로 가장 적절하지 않은 것은?

① 스마트폰 카메라로 신용/직불 카드를 비추면 결제 금액 및 거래 내역을 제시해주는 서비스

② 절차를 간소화하고 자동화하기 위해 스마트 계약 등을 활용하여 자회사 간, 국가 간 운영되는 청산결제 시스템을 대체하는 서비스

③ 자동차 대출 앱을 사용하여 관심 있는 자동차를 스캔하면 동일 모델에 대한 가격, 대출한도, 대출금리, 월 상환 금액 등의 정보를 제공하는 서비스

④ 자회사 회원이 관계사 영업점이나 쿠폰 제휴사 매장 근처에서 앱을 실행하면, 스마트폰 화면에 다양한 쿠폰 아이콘이 자동으로 나타나고 이를 터치하면 쿠폰이 지급되는 서비스

⑤ 실제 매장에서 고객이 구매하고자 하는 제품을 기기에 비추면 가격 및 원산지 등 다양한 정보가 제공되는 쇼핑 서비스

 ② 블록체인 기술을 활용한 사례이다. 정보가 거래 참여자들에게 분산·저장되어 위·변조가 어려우므로 신뢰성이 높다는 장점을 이용한 것이라 할 수 있다.

12 '이것'은 자전거, 승용차, 버스, 택시, 철도, 비행기 등 모든 운송수단(모빌리티)의 서비스화를 의미한다. 도심 지역을 중심으로 대중교통과 퍼스널 모빌리티, 차량 호출 서비스 등이 연계되어 이용자의 이동 편의성을 높이며, 자율주행 기술과 결합된 통합 이동 서비스로 발전하고 있는 '이것'은?

① 자율주행

② P2P

③ 스마트 공조 시스템

④ 인포테인먼트 응용 서비스

⑤ 마스(MaaS)

해설 ⑤ 마스(MaaS) : '복합 이동시스템'으로, 여러 교통수단의 연계를 통하여 최적 이동경로, 비용 정보, 호출 및 결제 서비스 등 이동 관련 전 과정에서 단일의 플랫폼을 통해 개인화된 서비스를 제공한다.
① 자율주행 : 사람의 조작없이 스스로 판단하고 운행하는 시스템이다.
② P2P(peer to peer) : 인터넷에서 개인과 개인이 직접 연결되어 파일을 공유하는 것을 말한다.
③ 스마트 공조 시스템 : 차량 실내 환경(온도, 습도, 냄새)을 인식하여 쾌적한 환경으로 전환시켜 주는 기술이다.
④ 인포테인먼트 응용 서비스 : 차량 내에서 IT 기술을 이용하여 정보검색 및 오락, 동영상 감상 등의 콘텐츠를 이용할 수 있도록 하는 서비스이다.

13 기존의 거대언어모델(LLM) 챗봇과 에이전틱 AI를 비교할 때, 가장 핵심적인 차별점으로 적절한 것은?

① 에이전틱 AI는 텍스트뿐 아니라 이미지와 음성을 동시에 처리할 수 있으나, LLM 챗봇은 텍스트만을 처리한다.

② 에이전틱 AI는 클라우드 환경에서만 작동하며, LLM 챗봇은 온디바이스에서도 실행 가능하다.

③ 에이전틱 AI는 목표 달성을 위한 복합적인 수행능력을 보이지만, LLM 챗봇은 주어진 질문에 대한 응답만을 생성한다.

④ 에이전틱 AI는 중앙집중적 통제 구조를 전제로 하며, LLM 챗봇은 분산형 의사결정 구조를 따른다.

⑤ LLM 챗봇은 대규모 데이터 학습이 필수적인 반면, 에이전틱 AI는 학습 데이터가 필요하지 않다.

> **✔ 해설** ③ 거대언어모델(LLM) 챗봇은 대규모 데이터를 학습한 언어모델을 기반으로 사용자의 입력에 대해 텍스트 형태의 응답을 생성하는 데 초점을 둔 시스템이다. 주로 단일 질의에 대한 답변 생성, 요약, 번역 등의 기능을 수행한다. 반면, 에이전틱 AI는 주어진 목표를 달성하기 위해 스스로 계획을 수립하고 필요한 작업을 순차적으로 실행하며, 그 결과를 바탕으로 행동을 수정하는 자율적 실행 중심의 AI 시스템이다. 외부 도구(API, 데이터베이스 등)와 연동하여 복합적인 명령을 수행할 수 있다는 점이 특징이다.

14 다음 중 전자화폐 및 가상화폐에 대한 설명으로 옳지 않은 것은?

① 전자화폐는 법정화폐와 연동되어 전자적 매체에 가치를 저장한 결제 수단이며, 가상자산은 중앙은행이나 금융기관이 아닌 분산된 네트워크에서 발행 및 관리되는 디지털 자산이다.

② 전자화폐는 발행, 사용, 교환 등의 절차에 관하여 법률에서 규정하고 있으나, 가상화폐는 별도로 규정하고 있지 않다.

③ 비트코인은 대표적인 가상자산으로, 거래 내역을 중앙 서버가 아닌 네트워크 참여자들이 공동으로 기록하고 관리하는 분산원장기술(Blockchain)을 기반으로 한다.

④ 가상화폐는 법정화폐와 달리 국가에 의해 가치가 보장되지 않으며, 시장의 수요와 공급에 따라 가격이 변동한다.

⑤ 비트코인 네트워크는 P2P 방식으로 작동하여 모든 거래가 투명하게 공개된다.

> **✔ 해설** ② 가상자산은 과거와 달리 현재 각국에서 제도화가 진행되고 있다. 우리나라에서도 「특정 금융거래정보의 보고 및 이용 등에 관한 법률」 등에 기반하여 자금세탁 방지, 사업자 신고, 거래 투명성 확보 등과 관련된 규제가 마련되어 있다.

ANSWER 11.② 12.⑤ 13.③ 14.②

15 다음 〈보기〉 중 정보보호 및 개인정보보호 관리체계인증(ISMS-P)에 대한 설명으로 적절한 것을 모두 고르면?

> 〈보기〉
> ㉠ 정보보호 관리체계 인증만 선택적으로 받을 수 있다.
> ㉡ 개인정보 제공 뿐만 아니라 파기 시의 보호조치도 포함한다.
> ㉢ 위험 관리 분야의 인증기준은 보호대책 요구사항 영역에서 규정한다.
> ㉣ 관리체계 수립 및 운영 영역은 Plan, Do, Check, Act의 사이클에 따라 지속적이고 반복적으로 실행되는지 평가한다.

① ㉠, ㉡
② ㉡, ㉣
③ ㉢, ㉣
④ ㉠, ㉡, ㉣
⑤ ㉠, ㉢, ㉣

해설 ④ 정보보호 및 개인정보보호 관리체계인증(ISMS-P)은 정보통신망의 안정성 확보 및 개인정보 보호를 위해 인증기관이 조직의 조치와 활동이 인증기준에 적합함을 인증기관이 평가하여 인증을 부여하는 제도이다.

※ 인증범위

구분		내용
ISMS-P  ISMS·P	정보보호 및 개인정보보호 관리체계 인증	• 정보서비스의 운영 및 보호에 필요한 조직, 물리적 위치, 정보 자산 • 개인정보 처리를 위한 수집, 보유, 이용, 제공, 파기에 관여하는 개인정보처리 시스템, 취급자를 포함
ISMS ISMS	정보보호 관리체계 인증	• 정보서비스의 운영 및 보호에 필요한 조직, 물리적 위치, 정보 자산을 포함

※ 관리체계 수립 및 운영 영역 … 관리체계 기반 마련, 관리체계 운영, 관리체계 점검 시 개선의 4개 분야 16개 인증기준으로 구성되어 있으며, 관리체계 수립 및 운영은 정보보호 및 개인정보보호 관리체계를 운영하는 동안 Plan, Do, Check, Act의 사이클에 따라 지속적이고 반복적으로 실행되어야 한다.

16 인터럽트의 요청이 있을 경우 처리하는 내용 중 가장 관계가 없는 것은?

① 중앙처리장치는 인터럽트를 요구한 장치를 확인하기 위하여 입출력장치를 폴링한다.
② PSW(Program Status Word)에 현재의 상태를 보관한다.
③ 인터럽트 서비스 프로그램은 실행하는 중간에 다른 인터럽트를 처리할 수 없다.
④ 인터럽트를 요구한 장치를 위한 인터럽트 서비스 프로그램을 실행한다.
⑤ 인터럽트가 발생하면 인터럽트 이전의 명령어를 수행하던 루틴이 종료하게 된다.

해설 ③ 인터럽트 서비스 프로그램은 실행 중이더라도 우선순위가 더 높은 다른 인터럽트를 처리할 수 있다.

17 OECD 개인정보보호 8개 원칙 중 다음에서 설명하는 것은?

> 개인정보 침해, 누설, 도용을 방지하기 위한 물리적 · 조직적 · 기술적인 안전조치를 확보해야 한다.

① 수집 제한의 원칙　　　　　　　② 이용 제한의 원칙
③ 정보 정확성의 원칙　　　　　　④ 안전성 확보의 원칙
⑤ 개인 참가의 원칙

✔ 해설 개인정보 보호에 관한 OECD 8원칙

원칙	내용
수집 제한의 원칙	무차별적인 개인정보 수집을 제한, 정보 수집을 위해서는 정보주체의 인지 또는 동의를 받을 것
정보 정확성의 원칙	개인정보는 사용될 목적에 부합하고, 이용목적에 필요한 범위 안에서 정확하고, 완전하며, 최신의 정보일 것
목적 명확화의 원칙	수집 목적이 수집 시점까지는 명확할(알려질) 것, 목적 변경 시 명시될 것
이용 제한의 원칙	목적 명확화 원칙에 의거 명시된 목적 외 공개, 이용 등을 제한할 것
안전성 확보의 원칙	개인정보 유실, 불법접근, 이용, 수정, 공개 등 위험에 대한 적절한 보안 조치를 취할 것
공개의 원칙	개인정보 관련 정책 및 운영에 대해 일반에 공개하고, 개인정보의 존재, 성격, 주요 이용 목적 등을 확인할 수 있도록 할 것
개인 참가의 원칙	개인은 자신과 관련한 정보를 정보처리자가 보유하고 있는지 여부에 대해 확인받을 권리, 거부에 대해 이의를 제기할 권리를 가질 것
책임의 원칙	정보처리자가 보호 원칙 시행조치를 이행하는 데 책임성을 가질 것

18 디지털 서명에 대한 설명으로 옳은 것을 〈보기〉에서 모두 고른 것은?

> 〈보기〉
> ㉠ 디지털 서명은 부인방지를 위해 사용할 수 있다.
> ㉡ 디지털 서명 생성에는 개인키를 사용하고 디지털 서명 검증에는 공개키를 사용한다.
> ㉢ 해시 함수와 공개키 암호를 사용하여 생성된 디지털 서명은 기밀성, 인증, 무결성을 위해 사용할 수 있다.

① ㉠　　　　　　　　　　　　② ㉡
③ ㉢　　　　　　　　　　　　④ ㉠, ㉡
⑤ ㉡, ㉢

✔ 해설 ④ 디지털 서명(digital signature)은 공개키 암호방식을 이용한 전자서명의 한 종류이다. 전자서명에 작성자로 기재된 자가 그 전자문서를 작성하였다는 사실과 작성내용이 송수신 과정에서 위조, 변조되지 않았다는 사실을 증명하고, 작성자가 그 전자문서 작성 사실을 나중에 부인할 수 없도록 한다.

ANSWER 15.④ 16.③ 17.④ 18.④

19 DMA에 대한 설명으로 가장 옳은 것은?

① 인코더와 같은 기능을 수행한다.

② inDirect Memory Acknowledge의 약자이다.

③ CPU와 메모리 사이의 속도 차이를 해결하기 위한 장치이다.

④ 메모리와 입출력 디바이스 사이에 데이터의 주고받음이 직접 행해지는 기법이다.

⑤ 주변기기와 CPU 사이에서 데이터를 주고받는 방식으로 데이터가 많아지면 효율성이 저하된다.

 ④ DMA(Direct Memory Access)는 입출력장치가 직접 주기억장치에 접근하여 데이터블록을 입출력하는 방식이다. 따라서 장치들의 데이터가 CPU를 경유하지 않고 수행된다.

20 이메일, ERP, CRM 등 다양한 응용 프로그램을 서비스 형태로 제공하는 클라우드 서비스는?

① IaaS(Infrastructure as a Service) ② NaaS(Network as a Service)

③ PaaS(Platform as a Service) ④ SaaS(Software as a Service)

⑤ DaaS(Desktop as a Service)

 클라우드 서비스(cloud service) … 인터넷으로 연결된 초대형 고성능 컴퓨터(데이터센터)에 소프트웨어와 콘텐츠를 저장해 두고 필요할 때마다 꺼내 쓸 수 있는 서비스

㉠ 전통적 분류
- IaaS(Infrastructure as a Service) : 응용서버, 웹서버 등을 운영하기 위해 필요한 하드웨어 서버, 네트워크, 저장장치, 전력 등 여러 가지 인프라를 가상의 환경에서 쉽고 편하게 이용할 수 있게 제공하는 서비스
- PaaS(Platform as a Service) : 개발자가 개발환경을 위한 별도의 하드웨어, 소프트웨어 등의 구축비용이 들지 않도록 필요한 환경을 제공하는 서비스
- SaaS(Software as a Service) : 제공자가 소유하고 운영하는 소프트웨어를 웹 브라우저 등을 통해 사용하는 서비스

㉡ 추가적 분류
- AIaaS (AI as a Service) : 거대언어모델(LLM)이나 머신러닝 알고리즘을 API 형태로 빌려 쓰는 서비스
- DaaS(Desktop as a Service) : 언제 어디서나 자신의 PC 환경에 접속할 수 있는 가상 데스크톱 서비스
- SecaaS(Security as a Service) : 클라우드 컴퓨팅 안에서 보안 보장을 제공하기 위한 방화벽, 침입 탐지 등 보안 기능을 구독하는 서비스
- CaaS (Container as a Service) : 현대적인 앱 개발의 표준인 컨테이너(Docker, Kubernetes 등) 운영 환경을 제공하는 서비스
- NaaS(Network as a Service) : 물리적 네트워크 장비 없이 가상화된 네트워크망을 구축하고 관리하는 서비스

21 사진이나 동영상 등의 디지털 콘텐츠에 저작권자나 판매자 정보를 삽입하여 원본의 출처 정보를 제공하는 기술은?

① 디지털 사이니지
② 디지털 워터마킹
③ 디지털 핑거프린팅
④ 콘텐츠 필터링
⑤ 디지털 스트리밍

① **디지털 사이니지**(Digital Signage) : 움직이고 소리나는 옥외 광고이다.
③ **디지털 핑거프린팅**(Digital Fingerprinting) : 인간의 감지 능력으로는 검출할 수 없도록 사용자의 정보를 멀티미디어 콘텐츠 내에 삽입하는 기술이다.
④ **콘텐츠 필터링**(Contents Filtering) : 콘텐츠 이용 과정에서 저작권 침해 여부 등을 판단하기 위해 데이터를 제어하는 기술이다.
⑤ **디지털 스트리밍** : 파일을 완전히 다운로드 하지 않고 데이터를 수신하여 재생하는 기술이다.

22 릴레이션의 특성에 대한 설명으로 옳지 않은 것은?

① 한 릴레이션에 포함된 튜플들은 모두 상이하다.
② 한 릴레이션에 포함된 튜플 사이에는 순서가 없다.
③ 한 릴레이션을 구성하는 애트리뷰트 사이에는 일정한 순서가 있다.
④ 모든 튜플은 서로 다른 값을 갖는다.
⑤ 모든 애트리뷰트 값은 원자값이다.

릴레이션의 특성
㉠ 하나의 릴레이션에는 동일한 튜플이 존재할 수 없다.
㉡ 하나의 릴레이션에서 튜플 사이의 순서는 무의미하다.
㉢ 하나의 릴레이션에서 속성 사이의 순서는 무의미하다.
㉣ 속성값으로 원자값만 사용할 수 있다.

23 다음 중 데이터베이스의 특성으로 옳지 않은 것은?

① 실시간 접근성
② 동시 공용
③ 계속적인 변화
④ 내용에 의한 참조
⑤ 주소에 의한 참조

데이터베이스의 특성
㉠ 데이터베이스는 실시간 접근이 가능하다.
㉡ 데이터베이스는 계속 변화한다.
㉢ 데이터베이스는 동시 공유가 가능하다.
㉣ 데이터베이스는 내용으로 참조가 가능하다.

ANSWER 19.④ 20.④ 21.② 22.③ 23.⑤

24 다음 논리 회로에 대한 설명으로 옳은 것만을 모두 고른 것은?

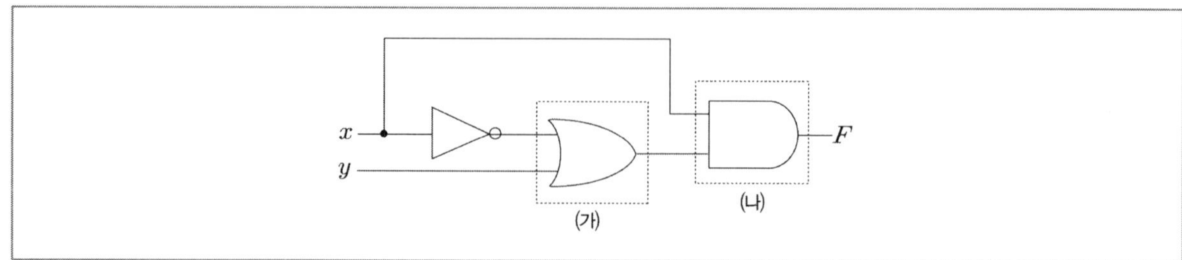

㉠ 논리 회로를 간소화하면 $F = xy$이다.
㉡ (가)와 (나)를 서로 바꾸면 $F = x + y$이다.
㉢ 피드백 회로가 있어 메모리 기능을 수행한다.

① ㉠
② ㉠, ㉡
③ ㉠, ㉢
④ ㉡, ㉢
⑤ ㉠, ㉡, ㉢

✔ 해설 ② 피드백 회로가 없는 조합 논리 회로로 메모리 기능이 없으며, $F = x(x' + y) = xx' + xy = xy$가 된다.
(가), (나)의 논리게이트를 바꾸면 $F = x + x'y = (x + x')(x + y) = x + y$가 된다.

25 퀀텀의 크기를 정하는 일은 효율적인 운영체제를 만드는 데 매우 중요하다. 퀀텀이 지나치게 긴 경우에도 문제이고 또한 매우 짧은 경우에도 문제이다. 이러한 두 경우에 생기는 문제의 원인을 바르게 설명한 것은?

① 퀀텀이 매우 길 경우 여러 프로세스들에게 빠른 응답을 할 수 있게 된다.
② 퀀텀이 매우 짧다면 운영체제가 매우 많은 수의 문맥 교환을 하기 때문에 실제로 프로그램 실행은 매우 빠르게 된다.
③ 퀀텀이 지나치게 길어지면 특정 프로세스가 자원을 독점하게 되어 시스템 전체가 교착 상태에 빠질 수 있다.
④ 퀀텀이 매우 짧을 경우 CPU가 쉬지 않고 여러 프로세스를 빠르게 순환하므로 전체적인 CPU 이용률이 높아진다.
⑤ 퀀텀이 매우 길 경우 한 프로그램이 퀀텀 동안 시스템을 독점하여 다른 프로세스들에게 빠른 응답을 하지 못하게 된다.

✔ 해설 ⑤ 퀀텀이 매우 길다면 한 프로그램이 퀀텀 동안 시스템을 독점하여 다른 프로세스들에게 빠른 응답을 하지 못하게 된다. 또한 퀀텀이 매우 짧다면 운영체제가 많은 수의 문맥 교환을 하기 때문에 실제로 프로그램 실행은 매우 더디게 된다. 즉, 문맥 교환의 시간이 실제 프로그램 수행 시간보다 길 수 있기 때문에 효율적이지 못하고 프로그램 수행 완료까지 오래 걸린다는 것이다.

26 다음 순서도의 최종 출력 값으로 옳은 것은?

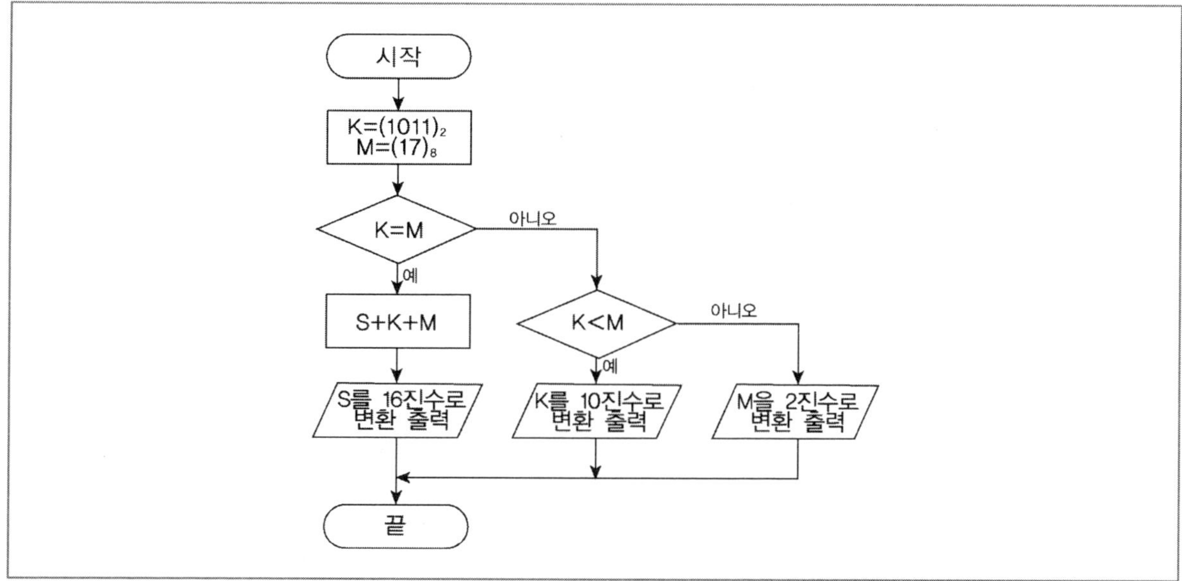

① $S = (1A)_{16}$　　　　　　② $S = (26)_{16}$

③ $K = (11)_{10}$　　　　　　④ $K = (13)_{10}$

⑤ $M = (1111)_2$

✔해설　③ $M = (17)_8 = (1111)_2$로 $K = (1011)_2$ 보다 크다. 따라서, K를 십진수로 변환하면 $(11)_{10}$이 된다.

27 멀티프로그래밍과 멀티프로세싱에 대한 설명으로 옳지 않은 것은?

① 멀티프로그래밍 시스템은 하나의 프로세서에 하나 이상의 프로그램을 동시에 수행시킨다.

② 멀티프로그래밍 시스템은 여러 개의 프로그램을 메인 메모리에 저장해 놓고 프로세서를 여러 개의 프로그램들 사이로 빠르게 스위치하여 프로그램을 동작시킨다.

③ 멀티프로세싱 시스템은 둘 이상의 프로세서를 가진 컴퓨터 시스템이다.

④ 멀티프로그래밍은 프로세서와 I/O 자원 이용률을 증진하기 위해 개발되었다.

⑤ 멀티프로세싱은 CPU 연산과 입출력 연산을 동시에 할 수 있다.

✔해설　⑤ 멀티프로그램밍은 CPU 연산과 입출력 연산을 동시에 할 수 있다. 연산을 병행하여 수행하므로 사용자가 느끼기에 연속적으로 처리하는 것처럼 보인다. 반면 멀티프로세싱은 두 개 이상의 CPU를 사용하여 하나 혹은 여러 프로그램을 동시에 수행한다.

현대 운영체제(OS)는 시스템의 안정성과 보안을 위해 실행 권한을 사용자 모드(User Mode)와 커널 모드(Kernel Mode)로 구분한다. 애플리케이션은 제한된 권한의 사용자 모드에서 실행되며, 하드웨어 제어나 메모리 관리와 같은 민감한 작업은 특권 명령어(Privileged Instruction)로 규정되어 커널 모드에서만 수행된다. 이때 운영체제는 각 프로세스가 독립된 주소 공간을 갖도록 관리하여, 프로세스 간 메모리 접근을 제한한다. 이러한 작업이 필요할 경우, 애플리케이션은 시스템 콜(System Call)을 통해 모드 전환을 요청하며, 이는 최소 권한 원칙(PoLP)에 기반하여 시스템 침해의 확산을 방지하는 역할을 한다.

한편, 프로세스의 실행 단위인 스레드(Thread)의 관리 방식도 발전해 왔다. 사용자 수준 스레드(ULT)는 커널의 개입 없이 사용자 영역에서 관리되어 오버헤드가 적지만, 블로킹 문제와 멀티코어 활용의 한계를 가진다. 반면 커널 수준 스레드(KLT)는 운영체제가 직접 스레드를 관리하여 병렬성을 높이지만, 생성 및 문맥 교환 시 자원 소모가 크다는 단점이 있다.

최근에는 클라우드 네이티브 환경에서의 대규모 트래픽 처리를 위해 가상 스레드(Virtual Thread)와 같은 경량화 기술이 주목받고 있다. 이는 다수의 논리적 스레드를 소수의 커널 스레드에 유연하게 매핑하여, 기존 일대일 방식의 자원 비효율성과 다대일 방식의 병렬성 한계를 동시에 보완한다는 특징을 갖는다.

28 윗글의 '운영체제의 자원 보호 체계'를 이해한 내용으로 가장 적절하지 않은 것은?

① 사용자 모드는 애플리케이션이 실행되는 낮은 권한의 영역으로, 하드웨어 장치나 시스템의 핵심 메모리 영역에 대한 직접 접근이 제한된다.

② 특권 명령어는 시스템 전반에 영향을 줄 수 있는 민감한 동작을 포함하며, 보안을 위해 오직 커널 모드에서만 실행된다.

③ 애플리케이션이 파일 입출력과 같은 자원 제어가 필요할 경우, 시스템 콜을 호출하여 실행 권한을 커널에 위임하고 모드를 전환한다.

④ 최소 권한 원칙(PoLP)은 프로세스에 필요한 최소한의 권한만 부여하여, 침해 발생 시 피해 범위를 제한하는 보안 원칙의 일종이다.

⑤ 커널 모드는 시스템의 효율적인 관리를 위해 커널 내부에서 각 프로세스별로 메모리 접근 권한을 물리적으로 차단한다.

> ✔해설 ⑤ 지문의 '운영체제는 각 프로세스가 독립된 주소 공간을 갖도록 관리하여, 프로세스 간 메모리 접근을 제한한다.'에서 알 수 있듯이, 운영체제는 각 프로세스가 서로의 메모리에 직접 접근하지 못하도록 주소 공간을 분리하고 접근 권한을 제어하는 방식으로 메모리를 보호한다. 즉, 메모리 보호는 커널 내부에서 물리적으로 차단하는 방식이 아니라 운영체제와 하드웨어가 협력하여 논리적으로 접근을 통제하는 방식으로 이루어진다.

29 윗글을 바탕으로 아래 판단의 문제점을 올바르게 지적한 것은?

> 우리 시스템의 보안성을 극대화하기 위해, 앞으로 모든 응용 프로그램의 연산 코드를 '특권 명령어'로 격상하여 작성할 계획입니다. 이렇게 하면 모든 작업이 커널 모드에서 직접 실행되므로, 번거로운 시스템 콜(System Call) 과정을 생략할 수 있어 보안과 속도라는 두 마리 토끼를 모두 잡을 수 있을 것입니다.

① 특권 명령어는 커널 모드에서만 수행되어야 하므로 사용자 모드의 앱이 이를 사용하는 것은 불가능하다.
② 특권 명령어의 남발은 최소 권한 원칙(PoLP)에 위배되므로 바람직하지 않다.
③ 모든 코드를 커널 모드에서 실행하면 사용자 모드로 전환되는 횟수가 늘어나 오히려 속도가 느려질 것이다.
④ 보안 사고의 확산을 방지하려면 모든 연산을 시스템 콜 없이 사용자 모드에서만 처리하도록 해야 한다.
⑤ 시스템 콜은 모드 전환 비용을 줄이기 위한 가속 인터페이스이므로 반드시 유지되어야 한다.

✔해설 ② 모든 응용 프로그램의 연산 코드를 특권 명령어로 격상하여 커널 모드에서 실행하는 것은 시스템 자원에 대해 과도한 권한을 부여하는 것이므로, 필요한 최소한의 권한만을 부여해야 한다는 최소 권한 원칙(PoLP)에 위배된다.

30 한 모듈 내의 각 구성요소들이 공통의 목적을 달성하기 위하여 서로 얼마나 관련이 있는지를 나타내는 것은?

① cohesion
② coupling
③ structure
④ unity
⑤ utility

✔해설 ① cohesion은 응집도를 나타내는 말로 모듈의 내부 요소들이 서로 연관되어 있는 정도를 의미한다. coupling은 결합도로 모듈 간의 상호 의존하는 정도를 의미한다.

PART

04

논술평가(5급)

01. 논술의 이해

02. 농협 기출 논술문제

03. 농협 기출 약술문제

04. 논술 · 약술 예상문제

01 논술의 이해

1 논술 목적

(1) 의견 주장

논술은 어떤 논제에 대해 의견을 논리적으로 서술하는 행위 또는 그런 서술을 말한다. 논술의 기본 목적은 자신의 견해를 명확히 밝혀 독자에게 전달하는 데 있다. 이를 위해 주장에 따른 타당한 근거를 제시하는 것이 필수적이다.

(2) 검증과 반박

논술은 자신의 주장을 제시하는 것뿐만 아니라 예상 가능한 반대 견해를 고려하여 논지를 보완하는 과정을 포함한다. 이를 통해 글의 논리적 완결성과 설득력을 높일 수 있다.

(3) 설득과 조화

문제의 해결 방안이나 대안을 제시하도록 요구하는 논제의 경우, 설득력 있는 해결책을 제시하는 것이 글의 목적이 된다. 이때는 극단적 주장보다 현실적이고 조화로운 대안을 통해 독자를 설득해야 한다.

2 논술 과정

논제 파악 → 논지 설정 → 논거 생성 → 개요 구상 → 답안 작성 → 고쳐 쓰기

(1) 논제 파악

① 제시문 또는 문제를 읽고 출제자의 의도를 고려하여 정확한 논점을 확립한다.
② 논제가 요구하는 답변 방식(찬반, 비교, 분석, 대안 제시 등)을 구분해야 한다.

(2) 논지 설정

① 글의 전체 일관성을 유지하는 중심축이 될 하나의 핵심 주장을 결정해야 한다.
② 출제자의 의도와 자신의 견해를 반영하여 결정하도록 한다.
③ 되도록 타당한 근거를 찾기 쉬운 논지를 설정하는 것이 좋다.

(3) 논거 생성

① 설정한 논지에 적합한 논거를 구성한다.

② 구체적 사례, 통계, 이론적 근거 등을 활용하여 논지를 뒷받침한다.

③ 예상되는 반론을 고려하고 이를 보완하거나 극복할 수 있는 근거를 마련하면 좋다.

④ 논거를 구성할 땐 논거간의 논리적 연결성을 점검하여 비약이 없도록 한다.

(4) 개요 구상

① 서론 · 본론 · 결론의 기본 구조를 설정한다.
　ⓐ **서론**: 논제에 제시된 용어를 정의한다. 용어의 정의가 필요한 이유는 이후 논리를 전개 할 때 의미의 혼동을 줄이고, 독자의 이해를 돕기 위함이다.
　ⓑ **본론**: 사회 · 경제적인 현상을 중심으로 논거를 제시한다. 자신의 생각만 나열하기보다는 일반적으로 통용되는 이론이나 현상을 포함하는 것이 바람직하다.
　ⓒ **결론**: 본론에서 언급한 것을 바탕으로 자신의 주장을 최종 정리한다.

② 논지는 한두 문장의 결론 또는 서론의 주제문으로 표현될 수 있다.

③ 전체 분량과 시간 배분 등을 고려하여 구상하도록 한다.

TIP 개요 작성의 예시

논제 : 최저임금 인상이 경제에 미치는 영향에 대해 논하시오.

- 서론 : 최저임금은 근로자의 최소 생계 보장을 위한 제도이며, 그 인상은 소득 분배 개선과 고용 구조에 동시에 영향을 미칠 수 있다.
- 본론 : 최저임금 인상은 저소득층 소득 증가와 소비 확대를 통해 내수 진작 효과를 가져올 수 있다. 그러나 인건비 상승으로 인한 고용 감소와 소상공인 부담 증가라는 부작용도 발생한다.
- 결론 : 따라서 최저임금 인상은 경제 상황과 노동시장 구조를 고려하여 보완 정책과 함께 점진적으로 추진하는 것이 바람직하다.

---

(5) 답안 작성

① 핵심 내용이 드러나도록 간결한 문장으로 서술한다.

② 추상적 표현을 지양하고 구체적이고 명확한 문장으로 서술한다.

(6) 고쳐 쓰기

① 논지와 논거가 일관되게 전개되었는지 확인한다.

② 맞춤법 오류 또는 비문이 없는지 점검한다.

❸ 논술 준비

(1) 농협손해보험 논술 출제 형식

① 농협손해보험의 논술 평가는 논술형 1문항과 약술형 1문항으로 총 두 문제가 출제된다.

② 약술형

   ㉠ 주로 농업 · 농촌 산업과 관련된 주제를 중심으로 출제되며, 약 3 ～ 5줄 내외의 간결한 서술을 요구한다.

   ㉡ 핵심 개념을 정확히 이해하고 간단명료하게 정리하는 능력이 중요하다.

③ 논술형

   ㉠ 경제 · 금융 이슈를 주제로 하여 보통 최대 3페이지 내외의 글을 작성해야 한다.

   ㉡ 긴 글 안에서 흐름을 잃지 않고 논리적으로 자신의 의견을 제시하는 능력이 중요하다.

(2) 경제논술 특징

① 주제에 내포된 경제 이론을 확실히 숙지하고 현재 당면한 시사적 문제점과 논리적으로 연결 짓는 것을 목적으로 한다.

② 도덕적, 가치관적 찬반 논란보다는 객관적인 지표 등을 바탕으로 논리를 전개해야 한다.

③ 논거마다 그에 맞는 이론 법칙을 인용하되 그 인용 각론들이 유기적으로 어우러져야 한다.

(3) 논술 연습 방법

① 핵심을 파악하며 읽기 : 논술 실력의 기초는 독해력에 있다. 단순히 많은 글을 읽기보다, 한 편의 글을 읽더라도 그 논리구조를 파악하며 읽는 것이 중요하다.

> **TIP** 경제 신문 효과적으로 읽기
>
> 경제를 주제로 하는 논술평가에서는 경제신문을 꾸준히 읽는 것이 논술 준비의 기초가 될 수 있다. 단순히 기사 내용을 훑어보는 데 그치지 말고, 정책의 배경과 경제적 파급효과, 이해관계자별 영향 등을 분석하며 읽는 습관을 들이는 것이 중요하다.
>
> • 모르는 단어에 연연하지 않고 우선 큰 구조를 이해하려 노력하며 읽는다.
> • 기사의 제목은 글의 성향이나 의견을 내포하는 경우가 많으므로, 이에 유의하여 기사의 핵심 주장과 논리 구조를 파악한다.
> • 한 기사에 많은 시간을 할애하기보다 여러 기사를 자주 접하면서 읽은 내용들이 상식으로 전환될 수 있도록 한다.

② 반복하여 쓰기 : 짧은 시간 안에 완결된 글을 쓰기 위해서는 반복 연습이 필수적이다. 여러 주제로 논술하면서 작문 요령을 터득하고 시사 상식 또한 쌓을 수 있다. 같은 주제를 다양한 각도로 주장을 바꿔가며 논술하는 것도 사고의 유연성을 기르는 좋은 방법이다.

③ 첨삭 및 수정하기 : 논술 연습 후에는 자신이 작성한 답안을 다시 읽으며 고쳐 쓰거나 모범답안과 비교하여 보완점을 찾는 것이 중요하다. 첨삭을 통해 자신의 논리를 점검하고 글을 개선할 수 있다.

④ 논술 개요 예시

(1) 기출논제 ❶
농협의 상생마케팅에 관하여 서술하고, 상생마케팅 지속 방안을 제시하시오.

※ 접근 방법 : 농협의 상생 마케팅 성공 예시와 이러한 노력을 지속 및 확대하기 위한 전략 탐색

I. 서론

A. 농협(농협중앙회)의 배경
→ 한국 농업 부문에서 농협의 역할
B. 상생 마케팅의 정의
→ 상생 마케팅의 의미와 현대 비즈니스 전략에서의 중요성

II. 농협의 상생마케팅 접근방식

A. 농민 지원
→ 농민에게 재정 지원, 교육, 유통망을 제공하는 농협의 역할
→ 지역 제품을 강조하고 농촌 경제를 향상시키는 마케팅 캠페인
B. 소비자를 위한 가치 창출
→ 소비자에게 경쟁력 있는 가격으로 신선한 고품질 농산물을 제공하는 데 중점을 둔 계획
→ 투명한 관행, 품질 관리, 공정한 가격 책정을 통해 소비자 신뢰를 구축한 사례
C. 다양한 이해관계자와의 협력
→ 농협과 지방자치단체, 소매업체, 기타 농업단체와의 파트너십
→ 이러한 협력이 농부부터 소비자까지 모든 관련 당사자에게 제공되는 혜택

III. 농협 상생마케팅의 효과

A. 농민을 위한 긍정적인 결과

→ 지역 농민을 위한 재정적 안정과 성장 기회

→ 시장 접근성이 향상, 안정적인 농산물 가격

B. 소비자 혜택

→ 안전하고 고품질의 제품 이용

→ 지역 농업 지원을 통해 지속 가능한 소비 순환 구축

C. 사회적, 경제적 기여

→ 지역 경제 강화

→ 농업의 지속 가능성과 식량 안보 촉진

IV. 농협의 상생마케팅이 직면한 과제

A. 글로벌 경쟁

→ 글로벌 농업 기업과의 치열한 경쟁

→ 지역 농민 지원과 글로벌 경쟁력 요구 사이의 균형

B. 소비자 선호도 변화

→ 유기농 식품, 식물성 식단, 지속 가능한 관행과 같은 새로운 트렌드

C. 기술

→ 마케팅, 유통, 고객 참여 분야의 디지털 혁신 필요

V. 상생마케팅 지속 및 강화 전략

A. 디지털 혁신 수용

→ 더 나은 마케팅 및 고객 서비스를 위해 전자상거래, 디지털 플랫폼, 데이터 분석 활용

→ SNS, 온라인 플랫폼을 통해 소비자와의 직접적인 연결

B. 지속 가능하고 친환경적인 마케팅

→ 유기농, 친환경, 윤리적으로 생산된 제품 홍보

→ 지속 가능성 이니셔티브를 주요 마케팅 포인트로 활용하여 환경에 관심이 있는 소비자 유치

C. 농민 중심 프로그램 강화

→ 현대 농업 기술과 지속 가능한 관행에 초점을 맞춘 농민 훈련 프로그램 강화

→ 소규모 농민에 대한 재정 및 기술 지원 확대

D. 파트너십 및 협력 확대

→ 기술 회사 및 국제 무역 기관을 포함한 지역 및 글로벌 이해관계자와 새로운 파트너십 개발

→ 공유된 가치와 목표를 강조하는 공동 마케팅 캠페인 구축

VI. 결론

→ 농협의 성공적인 상생마케팅 전략 실행 요약

→ 상생이라는 핵심 철학을 유지하면서 미래의 도전에 적응하는 것이 중요

→ 혁신적이고 지속 가능한 상생 마케팅 전략을 통해 지속적인 성장과 성공 가능성

(2) 기출논제 ❷

금리인상이 농가에 미칠 영향과 농협의 역할에 대해 서술하시오.

※ 접근 방법 : 금리 인상이 농가에 미치는 영향과 농협이 이러한 영향을 완화하기 위해 취할 수 있는 조치

I. 서론

A. 금리 인상 개요

→ 금리 인상이 무엇인지, 그리고 그것이 경제에 미치는 일반적인 영향

B. 농업 부문에 대한 중요성

→ 운영을 위해 주로 대출에 의존하는 농장이 금리 상승에 특히 취약한 이유

II. 금리 인상이 농장에 미치는 영향

A. 대출 비용 증가

→ 높은 이자율로 인해 농민을 위한 기존 대출 비용의 증가와 농장 운영에 미치는 영향

B. 현금 흐름 및 수익성 압박

→ 이자 지불 증가로 인해 현금 흐름이 더욱 부족해지고 농장에 재투자할 수 있는 능력이 감소

→ 운영 비용이 증가함에 따라 수익성이 감소 및 낮은 마진

C. 농장 성장에 대한 투자 지연

→ 기술 업그레이드 또는 지속 가능한 농업 관행에 대한 새로운 투자를 방해

→ 장기적인 농장 생산성 및 경쟁력에 미치는 영향

D. 농장 폐쇄 위험

→ 소규모 및 부채가 많은 농장의 경우 대출금 상환액이 높아지면 재정적으로 불안정

→ 농촌 농업 공동체의 파산 위험 증가

III. 농협의 역할과 농민 지원 현황

A. 농민을 위한 금융서비스

→ 농민에게 대출, 보험, 보조금 등 금융 서비스를 제공하는 농협의 전통적인 역할

→ 저금리 대출 및 정부 지원 신용을 포함하여 농부들이 저렴한 자금 조달을 확보할 수 있도록 지원하는 프로그램

B. 비재정적 지원

→ 농민에게 교육, 기술 지원, 시장 접근 등의 자원을 제공하는 농협의 역할

→ 경제적 어려움에도 불구하고 농장 생산성을 강화하기 위해 정부 및 기타 이해관계자와 협력

Ⅳ. 금리인상에 대한 농협의 대응

A. 보조금 또는 저금리 대출 제공

→ 농협은 농가의 재정적 부담을 완화하기 위해 정부 보조금이나 금리 인하와 함께 새로운 대출 프로그램 도입

→ 정부와 협력하여 경제 상황에 영향을 받는 농장을 대상으로 농작물 보험 및 재해 구호와 같은 지원 프로그램 확대

B. 대출 구조 조정 및 연기 프로그램

→ 이자율 상승으로 인해 현금 흐름 문제에 직면한 농민을 위해 대출 구조 조정 또는 지불 유예 프로그램 제공

→ 농장이 계속 운영될 수 있도록 유연한 상환 옵션 제공

C. 금융 지식 및 계획 자원에 대한 접근성 확대

→ 경제적 압박을 받는 시기에 부채를 보다 효과적으로 관리할 수 있도록 돕는 금융 교육 프로그램 개발

→ 맞춤형 금융 상담 및 계획 서비스 제공

D. 농협의 육성

→ 농부들이 협동조합에 참여하여 자원을 공유하고 비용을 절감하며 집단 금융 옵션에 접근하도록 장려

→ 재정적 보호를 제공하고 교섭력을 향상시키기 위해 협동조합 육성

Ⅴ. 농협의 관심이 높은 환경에서 농민을 지원하기 위한 장기 전략

A. 지속가능한 농업에 중점

→ 유기농업이나 영속 재배와 같이 자본 집약적인 투입물에 대한 의존도를 줄이는 농업 기술 장려

→ 농부들이 보다 비용 효율적이고 지속 가능한 농업 방식으로 전환할 수 있도록 기술 지원 및 교육 제공

B. 농민의 소득원 다각화

→ 농부들이 부가가치 제품, 농업 관광 또는 재생 에너지로 다양화하여 농장 소득을 보충할 수 있도록 지원

→ 농업의 세대 연속성을 보장하기 위해 젊은 농업인과 신규 농업인을 위한 지원 프로그램 확대

C. 위험 완화 도구 개발

→ 작물 보험, 재해 위험 관리, 금리 변동 헤지 등 농협이 제공하는 금융 도구의 범위 확대

→ 금융 기관과의 협력을 통해 차입 비용 상승 방지에 도움이 되는 상품 개발

D. 디지털 혁신 및 자동화

→ 생산성을 높이고 육체 노동에 대한 의존도를 줄이기 위해 정밀 농업 등의 디지털 농업 기술채택 장려

→ 기술 회사와 협력하여 더욱 저렴하고 쉽게 이용할 수 있도록 장려

Ⅵ. 결론

A. 이자율 인상의 영향 요약

→ 금리 인상이 특히 차입 비용 증가와 현금 흐름 압박 측면에서 농장에 미치는 영향

B. 농협의 역할과 책임

→ 농장이 경제적 어려움을 헤쳐 나갈 수 있도록 재정적, 비재정적 지원을 제공하는 농협의 역할

C. 미래 전망

→ 관심이 높은 환경에서 농장의 탄력성을 보장하기 위해 지속 가능한 농업, 다양한 소득원 등 장기 전략의 중요성을 강조

농협 기출 논술문제

※ 개요를 작성하며 논술을 준비해보세요.

1 2025년도 논술 기출문제

〈농협은행 논술 택1〉

• 관세 정책 변화에 따른 농산물 수급 불안정 문제와 농협의 역할에 대해 서술하시오.

• AGI 시대 도래가 금융 산업에 미치는 영향과 농협 금융의 과제를 서술하시오.

• 양자컴퓨팅 기술 발전이 금융 경쟁 구조에 미치는 영향을 서술하시오.

〈개요 작성란〉

〈농협중앙회/농협계열사 논술 택1〉

1. 금리변경요인, 금리가 정해지는 방법, 금리 변동이 경제에 미치는 영향을 서술하시오.
2. 생성형 AI의 이점과 우려점을 서술하시오.

〈개요 작성란〉

〈농협은행 논술 택1〉

• 기준금리의 정의를 설명하고 한국과 미국이 기준금리를 올린 이유와 향후 전망에 대하여 서술하시오.

• 이커머스 산업이 활발해짐에 따라 발생할 수 있는 보안 문제를 아는대로 쓰고 대응방안을 서술하시오.

〈농협계열사 논술〉

K-Food가 세계 시장에서 선풍적인 인기를 끌고 있는 가운데, 수출을 위한 전략과 홍보방안을 서술하시오.

〈개요 작성란〉

〈농협계열사 논술 택1〉

- 3고 현상(고금리, 고환율, 고물가)에 직면한 현재 화폐금융정책으로 환율경로와 실물경제에 미치는 영향과 빅스텝을 지속함에도 원/달러 환율이 고환율인 이유를 서술하시오.
- 합성데이터의 정의와 장·단점에 대해서 설명하시오.

〈개요 작성란〉

⑤ 2021년도 논술 기출문제

〈농협계열사 논술〉

빅데이터가 향후 금융권 업무 및 시스템에 미칠 영향에 대해 서술하시오.

〈개요 작성란〉

〈농협계열사 공통 논제〉

6차 산업에 대비하여 농협이 나아갈 방향에 대해 논하시오.

〈농협계열사 논술 택1〉

- 블록체인에 대한 향후 전망에 대해 논하시오.
- 로컬푸드 직매장 활성화 방안에 대해 논하시오.

〈개요 작성란〉

〈농협계열사 공통 논제 중 택1〉

- 농협의 공익적 역할 방안에 대하여 논하시오.
- R의 공포와 대응 방안에 대하여 논하시오.
- 블록체인의 영향과 활용방안에 대하여 논하시오.

〈농협중앙회 논술 택1〉

- 농협이 빅데이터를 활용해야 하는 이유를 밝히고, 어떻게 수집하고 활용할 것이며 궁극적으로 농가소득 5천만 원 달성에 어떻게 도움을 줄 수 있을지 서술하시오.
- 양적완화와 같은 통화정책의 예를 들고 어떤 파급효과를 불러오는지에 대해 서술하시오.

〈개요 작성란〉

〈농협중앙회 논술 택1〉

• 농협이 빅데이터를 활용해야 하는 이유를 밝히고, 어떻게 수집하고 활용할 것이며 궁극적으로 농가소득 5천
만 원 달성에 어떻게 도움을 줄 수 있을지 서술하시오.

• 양적완화와 같은 통화정책의 예를 들고 어떤 파급효과를 불러오는지에 대해 서술하시오.

〈개요 작성란〉

1 2025년도 농협계열사 약술문제

최근 쌀 가격 급등과 1인 가구 증가에 따른 쌀 소비 감소가 나타나며 쌀 수급 불균형 우려가 제기되고 있다. 쌀 가격 안정화를 위한 대응 방안을 약술하시오.

농촌의 고령화와 인구 유출이 지속되면서 청년농 육성은 농업의 지속가능성을 좌우하는 핵심 과제가 되었다. 이러한 상황에서 청년농이 농촌에 정착할 수 있는 방안을 약술하시오.

고향사랑기부제의 취지와 지역경제 활성화 측면에서의 의의를 약술하시오.

인구 감소와 지방 소멸 위기에 대응하기 위해 광역지방자치단체 및 인구감소지역을 대상으로 지방소멸대응기금이 조성되었다. 지방소멸대응기금이 농업 및 농촌에 미치는 영향에 대해 약술하시오.

최근 농지투기가 사회적 문제가 되고 있다. '경자유전'의 원칙이 지켜지지 못하는 현 상황에서 경자유전에 대해 설명하고, 경자유전의 취지를 강화하기 위한 농협차원의 방안을 약술하시오.

04 논술·약술 예상문제

[논제]
금융기관에서 SNS 서비스를 도입함으로써 얻을 수 있는 효과와 이를 활용한 마케팅이 수익으로 연결되기 위한 방안을 서술하시오.

[논제]
금융거래에 대한 세금이 더욱 확대될 경우 금융시장과 금융기관에 미칠 영향을 서술하시오.

[논제]
글로벌 기업들의 재무관리에 있어 중요시되는 자금조달의 다각화 및 재무적 유연성에 대해 서술하시오.

[논제]
민간 소비부진의 원인과 이러한 현상이 중소기업 및 은행에 미치는 영향을 서술하시오.

[논제]
쌀의 수급 안정을 위해 농협에서 쌀산업을 발전시키는 방안을 서술하시오.

[논제]
기업의 이익과 기업의 사회적 책임의 균형을 잡기 위해 농협이 어떤 노력을 해야 하는지 서술하시오.

[논제]
지역경제를 활성화하고 청년농업인 유입을 활성화하기 위해 농협이 할 수 있는 방안에 대해서 서술하시오.

[논제]
온라인 예금상품 중개서비스에 대해서 설명하고, 소비자가 농협의 금융상품을 선택할 수 있도록 할 수 있는 방안에 대해서 설명하시오.

[논제]
초거대 AI시대를 맞이하여 데이터 기반의 지속적인 혁신과 경쟁을 위해서 금융데이터를 활용하여 상생의 빅데이터 생태계를 구축하게 위한 방안에 대해서 서술하시오.

[논제]
핀테크 기업의 금융업에 진입이 촉진되면서 미치게 되는 영향과 농협이 이에 맞서 실질적인 경쟁과 혁신을 촉진할 수 있는 방안에 대해서 서술하시오.

[논제]
초고령사회(Super-Aged Society) 진입과 실버 경제 환경에서의 대응 전략을 서술하시오.

[논제]
농산물 유통구조 개선이 농가소득과 물가에 미치는 효과를 서술하시오.

[논제]

밀, 콩, 가루쌀 등 주요 곡물의 자급률 제고를 위해 시행되는 전략작물직불제의 도입 배경과, 이를 통해 수입 의존도를 낮추고 식량 주권을 확보해야 하는 이유를 서술하시오.

[논제]
제로 트러스트(Zero Trust) 보안 체계의 개념을 설명하고 금융권 적용 시 고려사항을 서술하시오.

[논제]
ESG 경영이 금융기관의 리스크 관리와 수익성에 미치는 영향을 서술하시오.

[논제]
클라우드 전환 가속화가 금융 IT 운영 체계에 미치는 구조적 변화에 대해 서술하시오.

[논제]
관계인구 활성화와 관광 이상의 정주 핵심 방안을 제시하시오.

PART

PART 05

인성검사

01. 인성검사의 이해

02. 성향별 대응 전략

03. 인성검사의 예시

인성검사의 이해

❶ 인성검사의 목적

(1) 조직 적합성 평가

인성검사는 지원자의 성품을 알고자 하는 것이 아니다. 인사 담당자는 지원자의 어떠한 특성이 발달했는지를 알아보고, 해당 직무의 특성과 조직의 가치관에 얼마나 합치하는지를 평가한다. 직무 수행 능력과 더불어 조직과의 조화, 가치 공유 여부 등이 특히 중요하게 평가된다. 결국 인성검사는 지원자가 조직에 장기적으로 적합한 인재인지 판단하기 위한 목적을 갖는다.

(2) 조직 리스크 관리

인성검사는 문제 행동 가능성이나 스트레스 대처 방식 등을 파악하는 데에 활용된다. 책임감, 정직성, 협업 태도 등은 조직의 안정성과 직결되는 요소이기 때문에 내부 갈등, 윤리 문제, 조기 퇴사 등과 같은 잠재적인 리스크를 줄이기 위해서 시행된다.

(3) 면접과의 연계

인성검사 결과는 이후 면접에서도 긴밀하게 활용된다. 면접관은 인성검사에서 나타난 지원자의 특징과 응답 경향을 바탕으로 실제 행동이 일관되게 나타나는지를 확인한다. 즉, 인성검사는 면접 단계에서 지원자 답변의 진정성을 검증할 기초 자료를 확보하려는 목적을 내포한다.

(4) 공정하고 객관적인 평가 보완

면접은 주관적인 요소가 개인될 수 있다. 인성검사는 이를 보완하기 위한 객관적인 지표의 역할을 한다. 동일한 기준으로 다수의 지원자를 비교할 수 있기 때문에 선발 과정에서 공정성을 높이는 데에 기여를 할 수 있다. 또한 서류나 면접에서 볼 수 없었던 지원자의 성향을 추가적으로 확인이 가능하다.

(5) 인재 관리 및 배치 참고 자료 확보

채용 이후에 인성검사 결과를 통해서 인재를 배치하고 교육 방향을 설정하는 데에 활용이 가능하다. 팀 구성시 성향을 고려하여 배치하거나 개인별 강·약점을 파악하여 맞춤형 교육설계가 가능하다.

② 인성검사 준비 전략

(1) 기업 인재상 분석

지원 기업의 인재상과 핵심 가치를 사전에 확인해야 한다. 인성검사는 기업 문화 적합도를 평가하는 도구이므로, 기업이 중시하는 성향과 자신의 특성을 비교하는 과정이 필요하다. 이를 통해 과도한 연출 없이도 방향성 있는 응답 기준을 설정할 수 있다.

(2) 직무 성향 파악

같은 기업이라도 직무에 따라 요구되는 성향은 다르다. 예를 들어 영업 직무는 대인관계 적극성과 목표지향성이, 연구 직무는 집중력과 안정성이 상대적으로 중요하다. 지원 직무의 특성을 이해하면 응답 기준을 보다 명확히 정립할 수 있다.

(3) 자기 성향 점검

시험 전 자신의 성향을 객관적으로 정리해보는 과정이 필요하다. 평소 갈등 상황에서의 대응 방식, 규칙 준수 태도, 스트레스 관리 방식 등을 점검하면 응답 일관성을 유지하는 데 도움이 된다. 자기 이해가 부족한 상태에서 시험에 응시할 경우 즉흥적 판단이 늘어날 가능성이 높다.

(4) 모의 문항 연습

유형을 미리 경험하면 시험 당일 긴장을 줄일 수 있다. 특히 반복 문항 구조와 역문항 패턴을 이해하는 연습이 필요하다. 다만 정답을 외우는 방식이 아니라, 자신의 기준을 점검하는 방식으로 연습해야 한다.

(5) 컨디션 관리

인성검사는 장시간 집중을 요구하므로 체력과 집중력 관리가 중요하다. 수면 부족이나 과도한 긴장은 응답 패턴을 흔들 수 있다. 시험 전 충분한 휴식과 안정된 심리 상태를 유지하는 것이 바람직하다.

> **TIP** 온라인 인·적성 검사
>
> 최근 응시자를 시험장으로 소집하지 않고 온라인 인적성 검사를 실시하는 경우가 늘고 있다. 온라인 인적성 검사는 환경적 변수의 영향을 크게 받기 때문에 사전에 철저히 준비하여 돌발 상황을 최소화하는 것이 중요하다.
>
> - 온라인 환경 세팅 : 안정적인 인터넷 환경과 충분한 배터리, 소음이 없는 공간을 확보하고, 팝업 차단 해제 및 브라우저 호환 여부 등을 사전에 점검하여 검사 중 끊김이나 오류가 발생하지 않도록 한다.
> - 검사 기간 준수 : 공지된 검사 기간과 응시 가능 시간을 정확히 확인하고, 마감 직전이 아닌 여유 있는 시간에 응시하여 접속 지연이나 시스템 문제로 인한 미응시를 방지한다.
> - 시간 관리 전략 수립 : 온라인 환경에서는 생각지 못한 변수로 인해 시간 압박이 발생할 수 있다. 문제당 응답 시간을 잘 분배해서 여유 있게 검사를 끝낼 수 있도록 한다.

③ 인성검사 주요 평가 요소

(1) 성실성

규칙을 잘 지키고 일을 계획적으로 할 수 있는 태도를 말한다. 주요 문항으로는 "하기 싫더라도 주어진 일은 참고 한다", "인내심이 강하다는 말을 듣는다" 등이 있다. 인사 담당자는 성실성이 높은 지원자를 긍정적으로 평가한다. 인내심이 강하고 어려운 업무를 받아도 포기하지 않을 것이라고 생각하기 때문이다.

(2) 이타성

개인보다 공동체의 이익을 강조하는 성향으로, 협동을 중요시하는 조직에서 특히 선호하는 요소이다. "내 일을 끝내면 다른 사람을 돕는다", "봉사나 기부를 하면 뿌듯하다" 등의 문항이 이타성을 평가하는 데 사용된다. 이타성이 높으면 주로 긍정적인 평가를 받는다. 그러나 과할 경우 타인을 돕는 데 집중하다가 본인의 업무가 지연되거나 처리 효율이 떨어질 수 있다는 우려를 받는다.

(3) 허위성

응답 시 자기 특성을 과도하게 미화하여 표현하려는 성향으로, 입사를 위해 자신을 과장되게 좋은 사람으로 포장하는 경우가 이에 해당한다. 주로 '항상', '한 번도', '언제나' 등의 극단적인 표현이 들어가는 것이 특징이다. 지나치게 꾸며낸 답변은 이후 중복되거나 모순된 문항에 걸리기 쉬우므로 주의한다. 검사에서는 현재의 자신보다 조금 성장한 자신을 표현하는 정도가 적당하다.

> **TIP** 허위성을 판별하는 질문
> 실제 인성검사에서는 아래와 같은 문항을 통해 지원자가 현실적으로 불가능한 완벽함을 추구하지 않는지 판별한다. 과하게 이상적이거나 인간이라면 있을 수밖에 없는 감정과 실수를 부정하는 질문이 이에 해당한다.
> - 늘 기분이 좋다.
> - 화를 낸 적이 한 번도 없다.
> - 나는 어떤 실수도 반복하지 않는다.
> - 절대 충동적으로 행동하지 않는다.
> - 다른 사람을 부럽다고 생각해 본 적이 없다.

(4) 책임감

자신의 행동이 조직에 미치는 영향을 이해하고 주어진 일을 끝까지 해내는 성향을 의미한다. 주요 문항으로는 "맡은 일은 끝까지 해내려고 하는 편이다", "해야 할 일을 미루지 않으려고 노력한다" 등이 있다. 책임감은 일반적으로 성실성과 신뢰성을 보여주는 지표이므로 긍정적으로 평가된다. 그러나 지나치게 높을 경우 강박적으로 보이기도 한다.

(5) 자기주도성

적극적인 업무 태도와 향상성, 자기 개발 능력 등을 나타내는 정신적 활동력을 말한다. 주요 문항으로는 "하고 싶은 일을 좀처럼 실행할 수 없는 편이다", "새로운 것을 만나면 도전하고 싶다" 등이 있다. 자기주도성이 높은 것은 조직 내 성장 가능성과 책임감을 나타내는 긍정적인 요인이다. 그러나 과도하게 높으면 독단적이거나 의사소통에 문제가 있어 보일 수 있다.

(6) 정서안정성

잦은 감정 기복이나 불안 수준 등의 심리적 안정도를 측정한다. 주요 문항으로는 "실수할까 봐 어떤 일을 시작하는 것이 두렵다", "힘들다고 생각하면 쉽게 그만둔다" 등이 있다. 정서안정성이 높을 경우 감정의 폭이 일정하고 상황을 받아들이는 폭이 넓어 업무 적응력 면에서 긍정적인 요인으로 작용한다.

(7) 조직적응력

조직의 규칙과 문화를 이해하고 협동성을 바탕으로 원활한 사내 관계를 유지할 수 있는지를 측정한다. 주요 문항으로는 "팀의 목표를 위해 개인 의견을 조정할 수 있다", "새로운 환경에 빠르게 적응하는 편이다" 등이 있다. 점수가 높으면 조직 생활과 협업에 유리하게 작용한다.

(8) 준법성

업무를 공정하고 투명하게 처리하며 규칙과 절차를 성실히 따르는 성향으로, 공기업이나 공공기관에서 특히 중요시하는 성향이다. 주요 문항으로는 "규칙보다 개인의 편의를 우선시하는 것은 바람직하지 않다", "법에 어긋나더라도 관행이면 상사의 지시를 따른다" 등이 있다. 점수가 높을수록 신뢰감을 얻지만, 과할 경우 융통성이 부족하다는 인상을 줄 수 있다.

(9) 대인관계능력

타인과 원만하고 협조적인 관계를 형성할 수 있는지를 보여주는 지표이다. 주요 문항으로는 "새로운 사람들과 적응하는 시간이 짧다", "갈등이 생기면 대화를 통해 해결하는 것이 좋다" 등이 있다. 대인관계능력이 높으면 원만한 조직 생활이 가능하므로 긍정적인 평가를 받는다. 하지만 사교적으로 보이기 위해 지나치게 꾸며낸 답변은 오히려 진정성을 의심받을 수 있다.

(10) 문제해결능력

난관이나 갈등 상황에서 원인을 분석하고 현실적인 대안을 모색하여 문제를 해결하는 능력을 측정한다. 주요 문항으로는 "예상치 못한 문제에도 침착하게 대응할 수 있다", "일이 해결될 때까지 어려워도 버텨내는 편이다" 등이 있다. 이러한 능력은 도전적이고 책임감 있는 사람으로 평가받는 데 영향을 준다.

④ 인성검사 불합격 요인

(1) 직무부적합

지원 직무를 수행하는 데 필요한 성향이나 역량이 부족하다고 판단되는 경우이다. 세밀함이 요구되는 업무에서 충동적인 성향이나 낮은 주의력이 나타나는 경우가 이에 해당한다. 검사 전 지원 직무에 어울리는 성향을 정확히 이해하는 것이 중요하다.

(2) 조직에 부적합한 성향

조직의 가치관이나 문화와 조화를 이루기 어렵다고 평가되는 경우이다. 협력보다 경쟁을 선호하거나, 규율을 중시하는 환경에서 자유로운 분위기를 선호하는 경우가 이에 해당한다. 지원하는 조직이 원하는 인재상을 미리 파악해 두는 것이 좋다.

(3) 일관적이지 않은 답변

동일하거나 유사한 문항에 상반된 답을 반복적으로 제시한 경우이다. 이는 자신의 성향을 정확히 인식하지 못했거나, 인위적으로 '좋은 인상'을 주려는 의도로 답변했을 가능성을 의미한다. 앞서 언급했듯 최대한 꾸밈없이 일관된 답변을 하는 것이 중요하다.

(4) 극단적 성향

성격 특성이 한쪽으로 지나치게 치우친 경우이다. 자신감이 지나쳐 독단적으로 보이거나, 소극적인 태도가 지나쳐 단호함이 부족해 보이는 경우가 이에 해당한다. 특정 성향이 과도하게 드러나도록 답변하는 것은 바람직하지 않다.

(5) 과도하게 이상적인 인간인 것

과도하게 이상적인 인물로 답하면 문항 간 응답 일관성이 무너져 신뢰도 점수가 낮아질 수 있다. 모든 항목에 극단적으로 긍정 응답을 선택할 경우, 사회적 바람직성 왜곡으로 판단되어 감점 요인이 된다. 완벽한 사람이 아니라 예측 가능한 사람을 선호하기 때문에 과장된 응답은 오히려 탈락 위험을 높인다.

⑤ 인성검사 대응 전략

(1) 솔직하게 답변한다.

인성검사에는 정답 대신 조직에서 바라는 인재상 또는 기대하는 답변이 있을 뿐이다. 이를 염두에 두되, 자신을 과도하게 가공하여 표현하지 않도록 주의한다. 솔직함이 일관성과 진정성을 유지하는 가장 중요한 요소가 된다.

(2) 신속하게 답변한다.

인성검사의 문항 수는 대개 150 ~ 300문항 정도이다. 너무 곰곰이 생각하다가는 문항을 다 읽지 못한 채 시간이 끝나거나, 시간에 쫓겨 대충 답하게 될 수도 있다. 이 점에 유의하여 문항을 본 순간 떠오른 첫 생각을 신속히 마킹하는 것이 바람직하다.

(3) 일관성 있게 답변한다.

실제 인사 담당자 인터뷰에 따르면, 인성검사에서 일관성 없는 답변을 한 지원자가 감점되어 탈락한 사례가 많다. 과장되거나 거짓된 응답은 결국 문항 간 모순으로 드러난다. 따라서 상기한 대로 솔직하고 일관성 있게 대답하는 것이 좋다.

(4) 반복해서 연습한다.

인성검사는 세세한 부분은 달라도 전체 구조나 패턴이 유사하다. 긴 시간 집중력을 유지하고 체력을 분배하기 위해 사전에 다양한 모의고사를 치러보며 마킹까지 끝낼 수 있도록 반복해서 연습하는 것이 좋다. 반복 연습은 사고의 일관성과 반응 속도를 높이는 데 도움이 된다.

(5) 인재상에 맞는 방향성을 설정한다.

인성검사는 기업이 추구하는 인재상과의 적합도를 확인하는 과정인 만큼 해당 기업의 핵심가치, 기업 철학 등을 파악하고 그에 부합하는 성격을 설정하는 것이 도움이 된다. 실제로 일부 지원자는 모니터 옆에 지원하는 기업의 인재상을 붙여 두고, 해당 기준에 따라 일관된 태도를 유지하며 답변하는 전략을 사용한다. 다만 주지하다시피 현실적인 범위 내에서 진정성을 유지하는 것이 중요하다.

(6) 면접에 적용한다.

인성검사 결과는 면접에 사용된다. 만일 정직성이 의심된다면 면접에서 그 부분을 기반으로 한 질문을 받게 될 것이다. 인성검사에서 자신을 어떤 사람으로 표현했는지 잘 기억하며 면접에서도 같은 방향성을 유지하는 것이 좋다. 기업의 인재상과 자신의 인성검사 답변을 정리하여 면접 준비에 활용하도록 한다.

02 성향별 대응 전략

① 심리적 측면

(1) 민감성

① 특징 : 꼼꼼함, 섬세함 등의 요소를 통해 얼마나 정서적으로 안정되었는지를 측정한다. 적당한 민감성은 세심하고 감수성이 풍부하다는 장점으로 이어질 수 있다.

② 면접 시 유의점

　　㉠ 민감성이 높은 경우 : 인사 담당자는 동료와의 관계 유지나 스트레스 대응력 등을 우려할 수 있다. 따라서 타인의 감정에 잘 공감하고 배려하는 소통 능력을 강조하는 것이 좋다.

　　㉡ 민감성이 낮은 경우 : 주변의 변화나 타인의 감정에 둔감하다는 인상을 줄 수 있다. 상대의 의견을 충분히 경청하고 상황 변화에 유연하게 대응해 온 경험을 드러내는 것이 좋다.

(2) 과민성

① 특징 : 예상치 못한 어려움이 발생했을 때 부정적인 감정을 얼마나 크게 받아들이는지를 측정한다. 문제에 예민하게 반응하거나 스스로를 비난하고 책망하는 경향 등이 포함된다.

② 면접 시 유의점

　　㉠ 과민성이 높은 경우 : 비관적인 성격으로 예상될 가능성이 있다. 문제 상황에서 침착하게 대처하고 스트레스를 균형 있게 조절할 수 있음을 어필하는 것이 좋다.

　　㉡ 과민성이 낮은 경우 : 감정에 흔들리지 않고 안정된 대인 관계를 유지할 수 있는 사람으로 평가받을 수 있다. 그러나 과도하게 낮다면 자기중심적으로 보일 수 있으므로 사교적이고 긍정적인 태도를 어필하는 것이 좋다.

(3) 불안성

① 특징 : 기분의 굴곡이 얼마나 큰지 측정하는 항목이다. 새로운 상황이나 예기치 못한 변화가 발생했을 때 정서적으로 얼마나 흔들리는지를 파악하고자 한다.

② 면접 시 유의점

    ㉠ 불안성이 높은 경우 : 불안성이 높은 사람은 의지보다 감정에 따라 행동하기 쉽다. 그러므로 불안성 점수가 높은 지원자는 감정 조절 능력을 강조하고 차분한 태도로 면접에 임하는 것이 좋다.

    ㉡ 불안성이 낮은 경우 : 쉽게 일비일희하지 않아 안정적으로 성과를 낼 수 있는 지원자로 보일 수 있다. 그러므로 면접에서도 이러한 장점을 적절히 부각하여 신뢰감을 주는 것이 좋다.

(4) 독자성

① 특징 : 주변에 대한 견해나 관심보다는 자신의 관점과 느낌을 중요하게 생각하는 개인성의 정도를 측정한다. 주로 독자성이 낮을수록 상식적이며 일반적인 판단 기준에 따라 행동한다고 본다.

② 면접 시 유의점

    ㉠ 독자성이 높은 경우 : 독창적이고 자율적인 사고를 강조할 수 있지만, 규범이나 절차를 중시하는 조직 환경에서는 적응에 어려움을 겪을 가능성이 있다. 해당 경우 협업 과정에서 타인의 의견을 수용하고 조직의 기준을 존중하는 태도를 보이는 것이 좋다.

    ㉡ 독자성이 낮은 경우 : 지나치게 수동적으로 보이지 않아야 한다. 필요한 상황에서는 스스로 판단하고 의견을 제시할 수 있음을 함께 어필하는 것이 좋다.

(5) 자신감

① 특징 : 자신의 능력과 가치를 얼마나 긍정적으로 인식하고 있는지 측정한다. 적정 수준의 자신감 표출은 도전 의지와 안정된 자기 효능감으로 이어질 수 있다.

② 면접 시 유의점

    ㉠ 자신감이 높은 경우 : 자신감 점수가 너무 높으면 오만하게 보일 수 있다. 따라서 겸손한 태도와 함께 타인의 의견을 존중하며 협력한 경험을 제시해 균형 잡힌 인상을 주는 것이 좋다.

    ㉡ 자신감이 낮은 경우 : 소극적이거나 쉽게 좌절할 것으로 평가될 수 있다. 이때는 맡은 일을 책임감 있게 완수한 경험과 꾸준히 발전해 온 모습을 강조하는 것이 좋다.

(6) 고양성

① **특징** : 자유분방함, 명랑함 등과 같은 정서적 활성도를 측정한다. 기본적인 정서적 에너지 수준과 대인 상황에서의 자기표현 방식을 파악하고자 한다.

② **면접 시 유의점**

　㉠ **고양성이 높은 경우** : 착실함과 집중력이 요구되는 직무에서 산만하다는 인상을 남길 수 있으므로 주의가 필요하다. 필요할 때는 착실하고 책임감 있게 업무를 수행할 수 있음을 어필하는 것이 좋다.

　㉡ **고양성이 낮은 경우** : 안정적인 태도와 일관된 업무 수행력이 기대되나, 지나치게 낮은 경우에는 감정표현이 다소 부족해 보일 수 있다. 차분한 모습으로 소통 면에서의 신뢰감을 주면 좋다.

(7) 진위성

① **특징** : 자신을 필요 이상으로 좋게 포장하거나 기업체가 바라는 이상적인 대답을 하고 있지는 않은지 측정한다. 지원자의 진정성과 일관성을 파악하고자 한다.

② **면접 시 유의점**

　㉠ **진위성이 높은 경우** : 정직하고 외부의 압력과 스트레스에도 흔들리지 않는 사람으로 평가받을 수 있다. 이러한 긍정적인 면을 일관되게 유지하여 면접에 임하는 것이 좋다.

　㉡ **진위성이 낮은 경우** : 과장되거나 인위적인 답변을 했다는 인상을 줄 수 있다. 솔직하고 꾸며내지 않은 경험을 제시하여 진정성을 드러내고 신뢰를 회복하는 것이 중요하다.

(1) 신중성

① 특징 : 의사결정이나 행동을 취하기 전에 얼마나 면밀히 사고하고 판단하는지를 측정하며, 계획적이고 체계적으로 접근하려 하는 성향을 포함한다.

② 면접 시 유의점

  ㉠ 신중성이 높은 경우 : 완벽주의 성향으로 인해 업무 효율성이 저하되거나 변화 대응력이 부족할 것이라는 인상을 줄 수 있다. 신중성뿐만 아니라 추진력 또한 갖추었음을 어필하는 것이 좋다.

  ㉡ 신중성이 낮은 경우 : 빠른 실행력을 장점으로 제시하되, 충동적이고 경솔한 유형이라는 평가를 받지 않도록 중요한 결정 시에는 충분한 검토 과정을 거친다는 점을 함께 설명하는 것이 좋다.

(2) 지속성

① 특징 : 목표를 설정한 후 그것을 달성하기 위해 지속적으로 노력을 기울이는 정도를 측정한다. 난관이나 장애물에 직면했을 때도 쉽게 포기하지 않고 끝까지 과업을 완수하려는 태도가 이에 해당한다.

② 면접 시 유의점

  ㉠ 지속성이 높은 경우 : 인내심이 많지만 특정 업무에만 몰두하여 유연한 업무 처리가 어려울 것이라는 우려를 남긴다. 상황에 따라 우선순위를 조정하는 유연성을 어필하는 것이 좋다.

  ㉡ 지속성이 낮은 경우 : 쉽게 포기하거나 끈기가 부족하다는 인상을 줄 수 있다. 그러므로 맡은 일을 끝까지 책임지고 마무리할 의지가 있다는 점을 분명하게 전달하는 것이 좋다.

(3) 침착성

① 특징 : 예상치 못한 상황이나 압박 속에서도 감정 동요 없이 차분하게 행동할 수 있는지를 측정한다. 위기 상황에서 냉정함을 유지하며 합리적인 판단을 내리는 능력과 관련이 있다.

② 면접 시 유의점

  ㉠ 침착성이 높은 경우 : 신중하게 계획을 세워 안정적으로 업무를 수행할 것이라고 평가된다. 차분하게 면접에 임하여 이러한 강점을 입증하되, 소극적이거나 열정이 부족해 보이지 않도록 주의한다.

  ㉡ 침착성이 낮은 경우 : 충분한 검토 없이 즉각적으로 행동하는 유형으로 해석될 수 있다. 인사 담당자에게 경솔하다는 인상을 줄 수 있으므로 사려 깊고 신중한 태도를 충분히 드러내는 것이 좋다.

(4) 신체활동성

① 특징 : 신체적인 에너지를 활용하는 활동에 대한 선호와 의지 정도를 측정한다. 활동적 환경과 정적인 환경 중 어떤 상황에서 더 안정적으로 행동하는지를 파악한다.

② 면접 시 유의점

 ㉠ 신체활동성이 높은 경우 : 적극적이고 추진력 있다는 인상을 줄 수 있다. 그러나 집중력과 신중함이 필요한 업무에서는 부정적인 요인으로 평가될 수도 있다. 활동을 통해 얻은 구체적인 성과를 강조하고, 상황에 따라 유연하게 대응하는 능력을 어필하는 것이 좋다.

 ㉡ 신체활동성이 낮은 경우 : 차분하고 안정적인 태도를 지닐 것으로 기대되지만, 자칫 에너지가 부족해 보일 수도 있다. 맡은 일에 적극적으로 성과를 내고자 하는 태도를 강조해 균형 잡힌 이미지를 전달하는 것이 좋다.

(5) 사회적 내향성

① 특징 : 대인 관계 시 나타나는 개방성과 사교성 등을 측정한다. 낯선 상황에서 타인과 상호작용하는 방식, 의사 표현의 적극성, 협업 시 보이는 관계 형성 패턴 등을 파악한다.

② 면접 시 유의점

 ㉠ 사회적 내향성이 높은 경우 : 조용하고 신중한 태도를 보이는 경향이 있다. 과묵하게 보이지 않도록 배려와 경청을 기반으로 한 의사소통 방식을 자연스럽게 드러내어 협업에 문제없다는 인상을 주는 것이 좋다.

 ㉡ 사회적 내향성이 낮은 경우 : 자기주장이 강하거나 협조성이 부족하다는 평가를 받을 수 있다. 면접 상황에서 발언 비중을 조절하고 경청의 태도를 보이면 안정감을 줄 수 있다.

③ 의욕적 측면

(1) 달성의욕

① 특징 : 자신이 설정한 목표를 이루기 위해 노력하고자 하는 성취 지향적인 태도를 측정한다. 높은 이상이나 뚜렷한 목적의식을 가졌는지를 판별한다.

② 면접 시 유의점

　㉠ 달성의욕이 높은 경우 : 자기 계발 의지 및 경쟁심 등으로 연결될 수 있어 대부분의 조직에서 긍정적으로 평가된다. 다만 점수가 지나치게 높은 경우 독단적이거나 고집이 세 보일 수 있으므로 수용적인 태도를 함께 갖추는 것이 좋다.

　㉡ 달성의욕이 낮은 경우 : 도전 의지가 부족하거나 목표 설정에 소극적인 인상을 줄 수 있다. 주어진 역할을 꾸준히 수행하여 안정적인 성취를 이룬 경험을 드러내는 것이 좋다.

(2) 활동의욕

① 특징 : 목표를 위해 정신적인 에너지를 발휘하고 적극적으로 행동하려는 활동력 및 추진력을 측정한다. 새로운 일을 마주했을 때 빠르게 움직이고, 상황을 주도적으로 이끄는 것이 이에 해당한다.

② 면접 시 유의점

　㉠ 활동의욕이 높은 경우 : 대개 상황 판단이 빠르고 실행 능력이 뛰어나다고 평가받는다. 다만 상황에 맞춰 의욕을 조절할 수 있음을 함께 보여 이러한 성향이 과도한 성급함으로 해석되지 않도록 하는 것이 좋다.

　㉡ 활동의욕이 낮은 경우 : 신중하고 차분한 특성이 강조된다. 소극적인 인재로 해석될 가능성이 있으므로 업무 진행 과정에서 주도성을 발휘할 수 있다는 태도를 보이는 것이 좋다.

> **TIP** 인재상과 나의 실제 성격이 다를 때
>
> 기업체의 인재상과 나의 실제 성격이 다를 수 있다. 그럴 때는 자신의 성향을 해석하고 전달하는 방식을 바꾸어 인재상과 연결 짓도록 한다.
>
> • 사회적 내향성이 높은 성격이지만 협동력과 대인관계능력을 중요시하는 인재상을 요구받을 수 있다. 이 경우 내성적이지만 경청을 잘해 갈등 중재에 뛰어나다는 점을 강조한다.
>
> • 사회적 내향성이 낮고 신체활동성이 높아서 성실성을 강조하는 인재상에 맞지 않는 경우가 있다. 이 경우 체력을 기반으로 꾸준히 노력할 수 있는 인재라는 점을 어필한다.

인성검사의 예시

 1 인성검사 유형

(1) 복합형

복합형 인성검사는 하나의 문항 안에 서로 다른 성향을 암시하는 질문을 제시하여 응답자가 어떤 특성을 우선시하는지 확인하는 유형이다. 즉, 응답자의 성향이 얼마나 일관된 기준을 중심으로 정리되어 있는지를 통해 응답자의 균형감각과 우선순위 설정 능력 등을 확인하는 데에 활용된다.

(2) 생각일치형

생각일치형 인성검사는 개인의 가치관, 신념, 사고방식이 어떤 형태를 띠고 있는지 판단하는 유형이다. 주로 업무 태도, 인간관계, 문제 해결 방식과 같이 인지적 판단이 개입되는 영역을 다루는 문항이 출제된다. 이를 통해 지원자의 생각이 상황에 따라 쉽게 바뀌는지, 혹은 일정한 기준에 따라 논리적으로 사고하는지를 확인하고자 한다.

(3) 행동일치형

행동일치형 인성검사는 지원자의 실제 행동 경향을 중심으로 성향을 판단하는 유형이다. 생각이나 태도와 달리 행동은 비교적 꾸며내기 어렵다는 점에서 중요한 평가 자료로 활용될 수 있다. 이 유형은 '어떻게 생각하는가'보다는 '실제로 어떻게 행동해 왔는가'를 기준으로 지원자의 실천 가능성과 지속성 등을 평가한다.

(4) 진위형

진위형 인성검사는 문항에 대해 '그렇다/아니다'와 같은 구조로 이분법적 선택을 요구하는 유형이다. 문항 자체는 비교적 단순해 보일 수 있으나, 동일하거나 유사한 내용이 반복적으로 제시되며 응답의 진실성과 일관성을 검증하는 데에 자주 활용된다.

(5) 상황판단형

상황판단형 인성검사는 직무 또는 조직 내에서 발생할 수 있는 상황을 제시하고, 이에 대해 어떻게 판단하고 대응할 것인지를 비교적 구체적으로 묻는 유형이다. 실제 업무 환경에서의 판단력과 조직 적합성, 상황 대응의 현실성 등을 종합적으로 확인한다.

② 복합형 응답 요령과 예시

(1) 응답 요령

복합형 응답법

• 응답 Ⅰ : 각각의 문항에 대해 자신이 동의하는 정도를 ① (전혀 그렇지 않다) ~ ⑤ (매우 그렇다)로 표시한다.
• 응답 Ⅱ : 제시된 문항들을 비교하여 상대적으로 자신의 성격과 가장 가까운 문항 하나와 가장 거리가 먼 문항 하나를 선택한다. 응답 Ⅱ는 가깝다 한 개, 멀다 한 개, 무응답 두 개여야 한다.

(2) 예시 및 해설

질문	응답 Ⅰ ① ② ③ ④ ⑤	응답 Ⅱ 멀다　가깝다
1. 무슨 일도 좀처럼 시작하지 못한다.		
2. 초면인 사람과도 바로 친해질 수 있다.		
3. 행동하고 나서 생각하는 편이다.		
4. 쉬는 날은 집에 있는 경우가 많다		

〈문항 해설〉
1. 자신감을 구분하는 문항이다.
2. 사회적 내향성을 구분하는 문항이다.
3. 신중성을 구분하는 문항이다.
4. 신체활동성을 구분하는 문항이다.

(3) 응답 전략

① 다양한 응답 유형 사이에서도 일관성을 유지하는 것이 중요하다. 문항 전체에서 흔들리지 않는 핵심 가치를 하나 잡고 응답을 이어 나가는 것이 도움 될 수 있다.

② 모든 항목에서 '매우 그렇다/매우 아니다'를 선택하면 신뢰도가 떨어지고 진정성을 의심받을 수 있다. 너무 이상적이거나 완벽한 사람처럼 보이는 응답은 되도록 피한다.

③ 상황에 따라 유연하게 판단할 수 있다는 인상을 주되, 책임 회피형 응답은 피한다.

❸ 생각일치형 응답 요령과 예시

(1) 응답 요령

생각일치형 응답법

제시된 네 가지 질문 중에서 자신과 가장 가깝다고 생각하는 질문에 '가깝다', 자신과 가장 멀다고 생각하는 질문에 '멀다'로 각각 선택한다. 응답은 가깝다 한 개, 멀다 한 개, 무응답 두 개여야 한다.

(2) 예시 및 해설

질문	가깝다	멀다
나는 계획적으로 일을 하는 것을 좋아한다.		
나는 꼼꼼하게 일을 마무리하는 편이다.		
나는 새로운 방법으로 문제를 해결하는 것을 좋아한다.		
나는 빠르고 신속하게 일을 처리해야 마음이 편하다.		

〈문항 해설〉

질문 : 업무 수행에서의 방식 · 태도 · 정밀도 · 속도에 대한 선호를 비교하여 신중성의 수준을 구분하는 문항이다.

(3) 응답 전략

① 유사한 맥락의 문항을 반복적으로 물어 일관성을 확인하는 유형이다. 비슷한 문항은 의미 단위로 기억하여 일관적인 답변을 제시하도록 한다.

② 의미상 양극단의 문항(ex. 나는 꼼꼼하게 일을 마무리하는 편이다/나는 세심하지 못한 편이다)에 모순되는 답변을 하지 않도록 특히 주의한다.

③ 너무 극단적으로 보일 수 있는 문항은 되도록 선택을 피하는 것이 좋다.

4 행동일치형 응답 요령과 예시

(1) 응답 요령

(2) 예시 및 해설

1	① 아무것도 생각하지 않을 때가 많다.	A ①②③④
	② 스포츠는 하는 것보다 보는 게 좋다.	
	③ 성격이 급한 편이다.	B ①②③④
	④ 비가 오지 않으면 우산을 가지고 가지 않는다.	

〈문항 해설〉

① 활동의욕을 구분하는 문항이다.
② 신체활동성을 구분하는 문항이다.
③ 침착성을 구분하는 문항이다.
④ 신중성을 구분하는 문항이다.

(3) 응답 전략

① 행동 양상을 분석해서 생각과의 일관성을 판단하는 유형이다. 생각과 행동이 일치할 때 설득력이 높아짐에 유의한다.

② 지원하는 직무의 역할과 맥락을 고려하여, 태도에서 강조한 강점이 행동 사례에서도 입증되도록 응답한다.

③ 너무 극단적인 표현이나 단정 짓는 어조를 가진 문항에 주의하여 응답한다.

(1) 응답 요령

진위형 응답법

제시된 질문을 읽은 다음 자신에게 해당하는 것이라면 YES를 선택하고, 해당하지 않는다면 NO를 선택한다.

(2) 예시 및 해설

질문	YES	NO
1. 집에 머무는 시간보다 밖에서 활동하는 시간이 더 많은 편이다.		
2. 자주 생각이 바뀌는 편이다.		
3. 사람들과 관계 맺는 것을 잘하지 못한다.		
4. 끈기가 있는 편이다.		
5. 인생의 목표는 큰 것이 좋다.		

〈문항 해설〉

1. 신체활동성을 구분하는 문항이다.
2. 신중성을 구분하는 문항이다.
3. 사회적 내향성을 구분하는 문항이다.
4. 지속성을 구분하는 문항이다.
5. 달성의욕을 구분하는 문항이다.

(3) 응답 전략

① 단순 양자택일의 유형이므로 극단적인 진술이 되지 않도록 특히 주의한다.

② 조직의 인재상에 부합하는 중요한 가치에는 일관된 긍정 답변을 제시하는 것이 좋다.

③ 약한 수준의 부정적 성향을 묻는 문항(ex. 나는 <u>가끔</u> 우울하다)에는 솔직하게 긍정해서 진정성을 드러내는 것이 좋다.

⑥ 상황판단형 응답 요령과 예시

(1) 응답 요령

상황판단형 응답법

제시된 질문을 읽은 다음, 아래의 선지 중 자신이 가장 적절하다고 생각되는 것을 하나 선택한다.

(2) 예시 및 해설

문항 질문 : 상사가 규정을 다소 위반하는 방식으로 업무를 처리하라고 지시하였다. 당신의 행동으로 가장 적절한 것은 무엇인가?
① 지시에 따르되, 문제 발생 시 책임은 상사에게 전가한다.
② 규정 위반이므로 즉시 거부하고 문제를 외부 기관에 신고한다.
③ 우선 상사에게 규정 위반 가능성을 설명하고 대안을 제시한다.
④ 지시에 따르되, 별다른 의견은 제시하지 않는다.

〈문항 해설〉
① 책임 회피적 태도로 판단될 수 있으며 조직 신뢰성 측면에서 부정적으로 평가될 가능성이 있다.
② 원칙 중심적 태도는 긍정적이나, 조직 내 해결 노력 없이 즉각 외부 신고를 선택하는 것은 협업성 부족으로 해석될 수 있다.
③ 규정을 존중하면서도 상사와의 소통을 통해 해결을 시도하는 방식으로, 책임감 · 의사소통 능력 · 조직 적응성을 동시에 보여주는 선택이다.
④ 갈등을 회피하고 수동적으로 따르는 태도로 평가될 수 있으며, 문제 해결 능력이 낮게 판단될 가능성이 있다.

(3) 응답 전략

① 개인의 감정보다 조직 기준에 부합하는 행동을 선택하는 것이 중요하므로 제시된 질문의 맥락을 신중히 파악한다.
② 무조건적인 순응 등과 같은 태도는 감점 요인이 될 수 있음에 유의한다.
③ 책임 · 협업 · 합리성이 균형을 이루는 답안을 선택하는 것이 바람직하다.

면접

01. 면접의 이해

02. 면접 준비

03. 면접 답변 구조

04. 면접 유형 및 준비전략

05. 농협 면접 기출질문

면접의 이해

1 면접 목적

(1) 역량 검증

면접은 다양한 기법을 활용하여 지원자가 직무에 필요한 능력을 보유하고 있는지 확인하는 절차이다. 지원자는 직무 수행에 필요한 요건과 관련한 자신의 경험, 관심사, 성취 등을 기업에 직접 어필하고, 인사 담당자는 기업은 서류만으로는 알 수 없는 지원자의 정보를 직접적으로 판단하고 평가한다.

(2) 강점 어필

면접은 보통 대면으로 이루어지며, 즉흥적인 질문을 포함하기 때문에 지원자가 완벽하게 준비하기 어렵다. 그러나 지원자에게는 서류 전형에서 미처 보이지 못한 실제 외국어 능력이나 커뮤니케이션 능력, 비즈니스 매너 등을 인사 담당자에게 추가로 어필하는 기회가 될 수 있다.

(3) 가치관 및 태도 확인

지원자의 성실성, 책임감, 윤리 의식 등 기본적인 인성 요소를 종합적으로 판단한다. 위기 상황에서의 태도, 실패 경험에 대한 인식 등을 통해 가치관의 방향성을 확인한다. 이는 장기 근속 가능성과도 밀접하게 연결되는 평가 요소이다.

(4) 의사소통 능력 평가

면접은 질문을 이해하고 핵심을 구조화하여 전달하는 능력을 평가하는 과정이다. 논리 전개력, 표현의 명확성, 경청 태도 등을 종합적으로 본다. 특히 조직 내 보고 · 협업 환경에서 원활한 소통이 가능한지를 판단한다.

(5) 성장 가능성 탐색

현재 역량뿐 아니라 향후 발전 가능성을 함께 평가한다. 피드백 수용 태도, 자기 성찰 능력, 학습 의지를 통해 잠재력을 확인한다. 즉시 투입 가능한 인재와 동시에 장기적으로 성장할 수 있는 인재를 선별하고자 한다.

❷ 평가 요소

(1) 경험에 대한 이해와 성찰

면접 평가에서는 지원자가 제시한 경험 그 자체보다 해당 경험을 통해 무엇을 느꼈고 어떤 발전을 이루어냈는지가 더 중요하게 고려된다. 동일한 경험이라 하더라도 문제 인식의 깊이, 판단의 기준, 성찰 정도에 따라 평가가 달라질 수 있다.

(2) 태도와 잠재력

면접관은 지원자의 의사소통 방식, 질문에 대한 반응 등을 통해 협업 능력과 발전 의지를 파악한다. 완벽한 답변보다는 겸손하면서도 주도적인 자세, 피드백을 수용하는 열린 태도, 그리고 조직의 가치관과 부합하는 직업관을 가지고 있을 때 좋은 평가를 받을 수 있다.

(3) 직무 역량

지원 직무와 관련된 이해도, 문제 해결 능력, 실무 적용 가능성을 평가한다. 경험 기반 답변이 구체적일수록 높은 평가를 받을 가능성이 크다.

(4) 의사소통 능력

질문 의도를 정확히 이해하고 구조적으로 답변하는지를 본다. 논리 전개, 핵심 전달력, 태도의 안정성이 중요한 요소이다.

(5) 조직 적합성

기업 문화와의 조화 가능성을 평가한다. 협업 태도, 갈등 해결 방식, 규범 수용 태도 등이 관찰 대상이다.

(6) 태도 및 인성

자신감, 성실성, 책임감, 예의 등을 종합적으로 판단한다. 지나친 과장이나 방어적 태도는 감점 요인이 될 수 있다.

(7) 성장 가능성

현재 능력뿐 아니라 학습 의지와 발전 가능성을 함께 평가한다. 피드백 수용 태도와 자기 성찰 능력도 중요한 요소이다.

1 면접 전 준비 사항

(1) 복장 및 스타일

최근 면접 복장을 점차 자율화하는 추세지만, 인사 담당자와 처음으로 만나는 자리이므로 예의를 갖춰 단정하게 입는 것이 좋다.

> - 깔끔한 셔츠나 블라우스에 슬랙스를 매치하는 것이 가장 무난하다. 여성의 경우 단정한 원피스도 좋은 선택지가 될 것이다.
> - 너무 화려한 액세서리와 넥타이, 높은 구두는 피하는 것이 좋다.
> - 헤어스타일 역시 복장의 일부이기에 단정하게 정돈한다. 앞머리가 있다면 눈을 가리지 않도록 정리한다. 여성의 경우 묶이지 않는 길이가 아니라면 깔끔하게 묶는 것을 권장한다.

(2) 조직 정보 확인

지원한 조직의 홈페이지에서 비전과 경영 목표 등을 미리 확인한다. 조직마다 지향점이 다르고, 그 지향점에 따라 지원자에게 바라는 인재상 또한 달라지기 때문이다. 조직에서 제시하는 핵심 가치나 인재상에 자신의 경험과 강점을 연결 지어 답변할 수 있도록 준비한다.

(3) 시간 준수

예절의 기본은 시간이다. 지각할 경우 면접에 응시할 수 없거나 불이익을 받을 가능성이 높다. 면접 시간과 장소가 결정되면 가장 먼저 교통편과 소요 시간을 미리 확인하도록 한다. 가능하면 사전에 방문해 본다. 면접 당일 여유를 가지고 20 ~ 30분 전에 도착하는 것이 좋다.

(4) 지원서와 자기소개서 숙지

인성 면접은 지원서와 자기소개서에 관한 내용을 바탕으로 진행하기 마련이다. 그러므로 작성했던 지원서와 자기소개서를 사전에 충분히 숙지하도록 한다. 특히 자신이 작성한 경험이나 성과에 대해 '왜 그렇게 했는지', '그 과정에서 무엇을 배웠는지' 등의 세부 내용을 명확히 알고 있어야 꼬리 질문에 대비할 수 있다.

(5) 최신 뉴스와 시사상식 파악

사회 이슈에 대한 견해나 시사상식에 관한 질문에 대비하기 위해, 지원한 분야와 관련된 최신 뉴스와 시사상식을 알아 두는 것이 좋다. 이런 부분에서 해당 조직에 대한 관심, 입사 의지, 직무 이해도 등을 보일 수 있다.

(6) 예상 질문 및 답변 준비

사전에 다빈도 기출 질문 리스트를 만들고 예상 답변을 정리해 본다. 다소 긴장한 상태에서도 자연스럽게 답할 수 있도록 반복해서 연습한다. 거울을 보며 말하거나 답변하는 자신의 모습을 동영상으로 촬영해 보는 것도 도움이 될 수 있다.

(7) 면접 점검표

점검사항	확인
① 면접 장소를 확인했다.	
② 면접 장소까지의 교통편과 소요 시간을 확인했다.	
③ 지원한 조직의 비전과 목표를 확인했다.	
④ 지원한 조직의 인재상을 확인했다.	
⑤ 면접 자리에 알맞은 복장을 준비했다.	
⑥ 헤어스타일을 단정하게 정돈했다.	
⑦ 지원서와 자기소개서를 숙지했다.	
⑧ 지원한 조직의 보도 자료를 확인했다.	
⑨ 지원 분야와 관련된 최신 뉴스를 확인했다.	
⑩ 지원 분야와 관련된 시사상식을 숙지했다.	
⑪ 다빈도 기출 질문 리스트를 만들고 예상 답변을 정리했다.	

② 면접 중 유념 사항

(1) 자세

① 인사를 할 때는 목만 숙인다거나 흐트러진 상태가 되지 않도록 주의한다.

② 걸을 때는 상체를 곧게 유지하고 발끝은 평행이 되게 하며 무릎은 스치듯 11자로 걷는다. 보폭은 어깨너비만큼이 적당하지만, 스커트를 입은 경우 보폭을 줄인다.

③ 서 있을 때는 팔을 자연스럽게 내리고 양손을 가볍게 쥐어 바지 옆선에 붙인다. 스커트를 입은 경우 공수 자세를 유지한다.

④ 앉아 있을 때 시선은 정면을 바라보며 턱은 가볍게 당기고 미소를 짓는다.

⑤ 앉고 일어날 때는 자세가 흐트러지지 않도록 의식해서 행동한다.

(2) 언어적 표현

① 인사말을 할 때는 밝고 친근감 있는 목소리로 또박또박 발성하며, 이름과 응시직렬, 수험번호 등을 간략하게 소개한다.

② 면접은 면접관과 지원자가 서로 이야기를 나누는 과정이므로 목소리가 미치는 영향력이 상당히 크다. 때문에 적절한 답변을 하더라도 자신감 없는 작은 목소리나 콧소리를 동반하면 신뢰감이 떨어질 수 있다. 부드러우면서 명확한 목소리를 유지하는 것이 바람직하다.

(3) 비언어적 표현

① 표정은 감정을 가장 잘 표현할 수 있는 의사소통 도구이며, 면접에서 지원자의 첫인상을 결정하는 중요한 요소 중 하나이다. 따라서 면접 중에는 밝은 표정으로 미소를 지어 호감을 형성할 수 있도록 한다.

② 시선은 면접관과 고르게 맞추고 생기 있는 눈빛을 띠도록 한다. 인사 시에는 상대방의 눈을 보며 하는 것이 가장 중요하지만, 너무 빤히 쳐다본다는 느낌이 들지 않도록 주의한다.

③ 면접관의 감점 포인트

(1) 질문 의도 파악 실패

질문과 무관한 답변을 장황하게 이어가는 경우 감점 요인이 된다. 면접은 말하기 시험이 아니라 질문에 정확히 답하는 능력을 평가하는 과정이다. 질문의 핵심을 파악하지 못하면 직무 이해도와 사고력에 대한 신뢰가 낮아질 수 있다.

(2) 경험의 구체성 부족

추상적인 표현이나 일반론적 답변은 실제 역량 검증이 어렵다. 열심히 했다, 최선을 다했다와 같은 표현은 설득력이 낮다. 구체적인 상황 · 행동 · 결과가 제시되지 않으면 직무 수행 가능성에 의문이 생길 수 있다.

(3) 책임 회피형 태도

실패 경험을 설명하면서 타인이나 환경 탓으로 돌리는 태도는 부정적으로 평가된다. 조직은 완벽한 인재보다, 문제를 인식하고 개선하는 인재를 선호한다. 책임을 인정하고 학습한 점을 제시하지 못하면 성장 가능성 점수가 낮아질 수 있다.

(4) 과도한 자기 연출

지나치게 이상적이거나 완벽한 모습만을 강조하면 진정성이 의심될 수 있다. 실제 경험과 동떨어진 과장된 답변은 추가 질문에서 쉽게 드러난다. 완벽한 사람보다 예측 가능한 사람을 선호한다는 점을 이해해야 한다.

(5) 비언어적 태도의 불안정성

시선 처리, 표정, 자세, 말의 속도는 신뢰감 형성에 영향을 미친다. 과도한 긴장으로 인한 급한 말투나 불안정한 태도는 준비 부족으로 해석될 수 있다. 안정된 자세와 일정한 말하기 속도는 내용 이상의 평가 요소가 된다.

1 STAR

(1) 정의 및 특징

상황과 경험 면접에서 주로 사용한다. 어려운 상황을 극복했던 경험, 갈등을 중재했던 경험 등을 묻는 질문에 답하기 좋다.

상황(situation)	→	업무(task)	→	실행(action)	→	결과(result)
계기나 상황		맡은 업무		실행한 사례		실행의 결과

(2) 질문 답변 예시

> Q. 가장 힘들었던 때와 그때를 극복해 낸 경험을 말해 보십시오.

① S : 고등학교 이 학년 때 동아리 회장직을 맡게 되었습니다. 그런데 내부 갈등으로 인원과 예산이 줄어 동아리를 폐쇄해야 할 위기에 직면했습니다.

TIP 당시 상황과 맥락을 들어 사건의 시발점을 간결하게 제시한다.

② T : 저는 동아리 재건에 도전하기로 결심했습니다. 동아리 활성화를 위해 가장 중요한 것은 사람이라고 생각했고, 새로운 동아리 회원을 모집하고자 했습니다.

TIP 주어진 책임이나 목표를 언급하며, 해결해야 했던 핵심 과제 또는 맡은 업무를 중심으로 답변한다.

③ A : 그래서 동아리 홍보 포스터를 만들어 일 학년 게시판이나 복도에 중심적으로 게시하고, 점심시간과 쉬는 시간에 선생님들께 양해를 얻어 일 학년 교실에서 동아리 홍보를 하기도 했습니다.

TIP 중심이 되는 부분이므로 명확하게 전달한다. 문제 해결을 위해 취한 행동을 구체적으로 설명하며, 능동 표현을 사용하는 것이 좋다.

④ R : 그 결과 폐쇄 위기였던 저희 동아리는 일 년 만에 학교에서 신입생이 가장 많은 동아리가 되었고, 이후 다양한 활동을 하며 동아리를 활성화했습니다. 이 경험으로 문제 해결을 위해 주도적으로 행동하는 자세의 중요성을 배울 수 있었습니다.

TIP 구체적인 성과를 언급하며 마무리한다. 가능하다면 수치나 객관적 지표를 제시하는 것이 효과적이다. 배운 점 또는 느낀 점을 덧붙이면 더 좋은 인상을 남길 수 있다.

 **SCAR**

(1) 정의 및 특징

압박이나 개별 면접에서 주로 사용한다. 갈등이나 위기, 도전 경험을 설명하는 데 유용하게 사용할 수 있다.

상황(situation)		위기(crisis)		행동(action)		결과(result)
상황 설명	→	위기 상황	→	위기 해결 행동	→	행동의 결과

(2) 질문 답변 예시

Q. 갈등 상황을 중재한 적이 있습니까? 있다면 경험을 말해 보십시오.

① S : 팀 프로젝트에서 자료 분석 방향을 두고 두 명이 서로 다른 해석을 주장하며 큰 의견 차이를 보인 적이 있었습니다.

TIP 지원 분야와 관련한 전문적인 과제 및 업무 상황의 내용을 제시하면 유리하다.

② C : 가벼운 토의에서 시작했지만 분석 기준과 책임 범위를 두고 감정적인 논쟁으로까지 번졌고, 이에 따라 프로젝트가 무산될 위험까지 생겼습니다.

TIP 위기 또는 갈등 상황을 구체적으로 설명한다. 예상되었던 부정적인 결과를 덧붙이면 상황의 심각성을 더욱 설득력 있게 전달할 수 있다.

③ A : 저는 우선 갈등 악화를 막기 위해 회의를 중단하고, 이후 중립적인 기준을 바탕으로 두 주장을 정리한 뒤, 타협안을 도출해서 다음 회의 때 제시했습니다.

TIP 자신의 역할과 행동을 중심으로 답변한다. 가능한 경우 문제의 접근 방법과 합리적인 판단의 근거 등을 함께 설명하면 좋다.

④ R : 그 결과, 의견이 원만하게 통일되어 프로젝트에서 만족스러운 결과를 얻을 수 있었습니다. 저는 이를 통해 양측의 입장을 헤아려 합리적인 해결책을 제시하는 중재자의 역할을 경험했습니다.

TIP 앞서 언급한 행동의 긍정적인 결과를 제시하고, 그로 인해 얻은 교훈이나 역량으로 마무리한다.

3 PREP

(1) 정의 및 특징

토론이나 발표 면접에서 주로 사용한다. 논리적인 이유와 실제 사례 및 데이터에 기반하므로 설득력 있는 주장을 펼칠 수 있다.

주장(point) 주장 제시	→	이유(reason) 논리적 이유	→	사례(example) 근거 보충	→	주장(point) 주장 강조

(2) 질문 답변 예시

> Q. 재택근무 제도에 대해 어떻게 생각하십니까?

① P : 저는 재택근무 제도에 찬성합니다. 그리고 재택근무의 확대가 조직의 발전에 도움이 된다고 생각합니다.

TIP 주장과 주장의 핵심이 되는 내용을 시작으로 답변을 전개한다. 짧고 간결한 표현을 사용하면 좋다.

② R : 업무 특성에 따라 유연한 근무 환경을 제공하면 직원들의 업무 집중도와 조직 전체의 효율성이 높아질 수 있기 때문입니다.

TIP 주관적인 판단보다는 주제를 객관적으로 파악하는 관점을 가지는 것이 좋다.

③ E : 실제로 근래에 많은 기업이 재택근무를 도입하기 시작했는데, 출퇴근 시간 단축과 자율적인 근무 환경으로 만족도와 생산성이 동시에 향상되었다는 조사 결과가 있었습니다.

TIP 근거와 직접적으로 연결되는 부연 설명을 덧붙인다. 연구 결과, 기사, 통계 등을 활용하면 신뢰성과 설득력을 높일 수 있다.

④ P : 그러므로 재택근무 제도를 적극 도입해 근무자의 업무 수행력을 높일 수 있도록 도와야 한다고 생각합니다.

TIP 마무리 단계에서 처음 주장을 반복함으로써 자신의 의견을 강조할 수 있다. 제안이나 기대 효과 등을 함께 언급하면 논리의 전문성을 높이는 데 도움이 된다.

④ OREO

(1) 정의 및 특징

토론이나 발표 면접에서 주로 사용한다. 설득보다는 설명과 이해를 좀 더 중시한다는 특징이 있다.

주장(opinion)		이유(reason)		예시(example)		주장(opinion)
주장 명시	→	논리적 이유	→	구체적 예시	→	주장 강조

(2) 질문 답변 예시

> Q. 현재 동물 학대 처벌 수준에 대해 어떻게 생각하십니까?

① O : 저는 동물 학대에 대한 처벌을 크게 강화해야 한다고 생각합니다.

TIP 도입부에서 자신의 주장을 명확하게 제시한다. 추상적이거나 애매한 입장은 피하고 확실한 태도를 갖는 편이 더욱 신뢰감을 줄 수 있다.

② R : 동물 또한 감정과 고통을 가진 존재이기 때문에 윤리적으로 충분히 보호받아야 할 필요가 있습니다. 그러나 현행 처벌 수준으로는 동물 학대의 실질적인 억제 효과가 부족합니다.

TIP 의견을 뒷받침하는 논리적 근거를 중심으로 답변한다. 이때 주장과 이유의 인과관계를 분명히 하여, 타당하고 듣는 이가 납득하기 쉽게 구성하는 것이 좋다.

③ E : 일부 국가에서는 동물 학대에 대한 처벌을 강화한 후, 관련 범죄가 감소하고 동물 복지 의식이 높아졌다는 보고가 있습니다. 예를 들어, 독일은 헌법에 동물 보호를 명시하고 학대자에 대해 최대 3년의 징역형을 집행하면서, 동물 학대가 매우 드문 국가가 된 사례가 있습니다.

TIP 구체적인 사례나 통계를 제시하여 주장과 이유를 보다 자세히 설명한다. 이때 검증할 수 있고 신뢰가 가는 자료를 채택하는 것이 좋다.

④ O : 따라서 동물 학대에 대한 처벌을 대폭 강화해 실질적인 동물 복지를 개선하고 사회 전반의 윤리적 수준을 높여야 한다고 생각합니다.

TIP 핵심 의견을 다시 강조하며 마무리한다. 가능하다면 예상되는 결과나 미래 전망 등을 함께 언급해서 결론을 더 강조할 수 있다.

1 인성면접

(1) 평정 요소

① 대인관계능력

> • 처음 만나는 사람과 쉽게 친해지는 편입니까?
> • 생각이 다른 동료와 함께 일했을 때 어떻게 협업했습니까?
> • 업무 중 동료와 갈등이 생긴다면 어떻게 하겠습니까?

㉠ 협조성과 갈등 중재 능력, 팀워크 등을 심사하는 질문이다. 인사 담당자로서는 동료들과 얼마나 원활한 관계를 형성하고 유지해 나가는지도 중요한 평정요소이다.

㉡ 대인관계능력은 의사소통에서 시작한다. 의사소통능력은 단순히 조리 있게 말을 잘 하는 것뿐만 아니라 경청하는 자세, 문서를 읽고 쓰는 능력, 기초 외국어 능력까지 포함한다.

② 자기계발능력

> • 가장 힘들었던 때와 그때를 극복해 낸 경험을 말해 보십시오.
> • 입사 후 전문성을 키우기 위해 어떤 자기 계발을 할 계획입니까?
> • 새로운 업무 시스템이나 절차가 도입되었을 때 빠르게 이해하고 적응했던 경험이 있습니까?

㉠ 과거에 자기 계발을 했던 경험, 또는 입사 후 포부 등 다양한 형태로 질문한다.

㉡ 과거의 경험은 자신의 부족한 점이나 약점을 인식한 후 어떤 노력을 통해 극복했는지, 입사 후 포부는 자신의 부족한 점을 어떻게 더욱 개발할지를 묻는다.

③ 스트레스 관리

> • 취미가 무엇입니까?
> • 자신만의 스트레스 관리법이 있습니까?
> • 평소 여가시간을 어떻게 보내는 편입니까?

㉠ 스트레스를 어떻게 관리하고 해소하는지를 통해 인사 담당자는 해당 지원자가 압박 상황에서 어떻게 대처하는지를 알 수 있다.

㉡ 취미나 여가 시간을 묻는 단순한 질문에도 자신의 직무 역량과 연결해 답하는 것이 중요하다.

④ 성실성

> • 장기간 꾸준히 노력했던 경험을 말씀해 주십시오.
> • 마감 기한이 촉박했던 상황에서 어떻게 대응했는지 구체적으로 설명해 보십시오.
> • 반복적이고 단조로운 업무를 맡았을 때 어떻게 동기를 유지했습니까?

㉠ 성실하게 근무를 했었던 경험에 대해서 질문한다.

㉡ 장기 근속 여부 및 맡은 업무를 성실하게 할 수 있는 가를 중요하게 확인한다.

⑤ **책임감**

> • 본인의 실수로 문제가 발생했던 경험과 그 해결 과정을 설명해 보십시오.
> • 팀 프로젝트에서 갈등이 발생했을 때 본인은 어떤 역할을 했습니까?
> • 맡은 역할 이상으로 추가적인 책임을 수행했던 경험이 있다면 말씀해 주십시오.

㉠ 업무에 책임감을 확인하는 평정요소이다.

㉡ 문제 해결을 한 경험에 대해서 빈번하게 묻는다.

⑥ **가치관 및 조직적합성**

> • 조직 내에서 규정과 개인의 판단이 충돌한다면 어떻게 행동하시겠습니까?
> • 본인이 중요하게 생각하는 직장인의 덕목은 무엇입니까?
> • 상사의 지시가 본인의 생각과 다를 경우 어떻게 대응하시겠습니까?

㉠ 가치관을 확인하는 질문을 하는 평정요소이다.

㉡ 인성검사 결과와 연관되는 질문을 빈번하게 하는 편이다.

⑦ **의사소통 태도 및 안정성**

> • 본인의 의견이 받아들여지지 않았던 경험을 설명해 보십시오.
> • 예상치 못한 질문을 받았을 때 어떻게 대응하시겠습니까?
> • 면접과 같은 긴장 상황에서 본인을 어떻게 조절하십니까?

㉠ 의사소통 및 소통능력을 확인하는 평정요소이다.

㉡ 동료들과 의사소통을 통해서 갈등을 해결한 경험을 주요하게 물어본다.

(2) 준비전략

인성면접은 지원자의 인품을 넘어 상기 평정 요소들을 평가하는 일종의 구술시험이다. 따라서 인성 평가라는 사고에 갇혀 무난한 모범 대답만 반복하는 것은 피해야 한다. 질문의 의도를 파악하고 그것을 조리 있게 말하는 능력이 중요하다. 주로 지원서나 자기소개서에 기반으로 하는 질문 또는 사회적으로 쟁점이 되는 뉴스와 시사상식에 대한 견해를 묻기 때문에 해당 내용을 사전에 숙지해야 한다.

② 직무면접

(1) 평정 요소

① 직무상식

> • A 프로그램을 사용할 수 있습니까?
> • 해당 업무를 수행할 때 바람직한 태도는 무엇입니까?
> • 직무와 관련해 개인적으로 학습하거나 준비한 것이 있습니까?

㉠ 직무를 수행할 최소한의 학습 경험과 이해도·관심도를 갖추었는지를 평가한다.

㉡ 해당 직무를 담당할 때 필요한 기초 지식과 태도 등의 이해를 필요로 한다.

㉢ 전공 개론 수준의 이론 또는 사용하는 툴이나 프로그램 등을 묻는다.

② 응용능력

> • 업무 과정에서 비효율적인 부분을 발견하고 개선한 경험이 있습니까?
> • 업무에서 실수를 줄이고 정확성을 유지하기 위한 자신만의 방법이 있습니까?
> • 업무 마감 시간이 얼마 남지 않았는데 시스템 오류가 발생했다면 어떻게 하겠습니까?

㉠ 직무 지식을 실제 현장에서 응용할 수 있는지 파악하기 위한 질문이다.

㉡ 직무와 관련된 상황을 분석하고 해결 전략을 제시하는 논리적 사고를 필요로 한다.

㉢ 어떠한 상황을 주고 그 상황에서 본인이라면 어떻게 할 것인지를 묻는 경우가 많다.

③ 직무이해도

> • 이 직무를 수행하는 데 가장 중요한 역량은 무엇이라고 생각합니까?
> • B 법이 다음 달부터 개정 발효되는데 이유를 알고 있습니까?
> • C 안건을 본인이 한다면 어떤 순서로 하겠습니까?

㉠ 지원하는 업무를 정확히 이해하고 있는지를 확인하기 위한 질문이다.

㉡ 자신이 어떤 일을 해야 하는지 알고 해당 직종의 정책 및 지향점을 명확히 파악하는 것이 중요하다.

㉢ 직무에 대한 세부적인 질문을 받았을 때, 기업의 비전 또는 미션과 해당 직무의 역할을 연결 지어 답변하는 것 또한 좋은 어필이 된다.

(2) 준비전략

직무면접은 지원자의 직무 적합성을 검증하기 위한 면접이므로, 지원하는 직무에 대한 기본 이론부터 응용 상식까지 포괄적인 내용을 숙지하는 것이 중요하다. 채용 공고의 직무 설명, 홈페이지의 기업의 직무 소개, NCS 직무기술서 등을 토대로 필요 역량과 툴 등을 명확하게 파악하도록 한다.

③ 다(多) 대 다(多) 면접

(1) 특징

다수의 면접관과 다수의 지원자가 함께 면접을 보는 것이다. 개별 역량뿐만 아니라 다른 지원자들과의 상호작용, 경쟁 상황에서의 태도 등을 종합적으로 평가한다. 제한된 시간 내에 자신을 효과적으로 드러내야 하는 점이 어렵지만, 다른 지원자와 비교하여 자신의 취약점이나 강점을 파악할 수 있다는 장점도 있다.

(2) 준비전략

① 사람들 사이에서 자신을 보여주는 것도 중요하지만, 다른 지원자들을 향한 태도도 중요하다.

② 다른 지원자가 답변할 때는 그 지원자를, 면접관이 질문할 때는 그 면접관을 바라보며 경청하는 태도를 보인다.

② 다른 지원자와 답변이 겹치지 않도록 한 질문에 다양한 답변을 준비하는 것이 좋다.

④ 개별면접

(1) 특징

한 명 또는 여러 명의 면접관과 한 명의 지원자가 면접을 치르는 것이다. 지원자가 한 명인 만큼 심층적인 질문과 다양한 꼬리 질문을 받는다. 지원자의 사고 과정과 태도를 집중적으로 검증할 수 있다는 특징이 있다.

(2) 준비전략

① 심화 질문에 대비하기 위해서는 채용 공고, 기업의 비전과 미션, 보도 자료, 직종과 관련된 시사상식, 최근 이슈, 지원서와 자기소개서 등을 모두 꼼꼼하게 숙지하도록 한다.

② 다 대 일 면접의 경우 심리적 압박감이 강할 수 있으므로 모의 면접을 통해 여러 면접관의 질문에 차분히 대응하는 연습을 해두는 것이 좋다.

③ 한 면접관의 질문에 답변할 때도 다른 면접관들과 자연스럽게 시선을 나누며 소통하는 자세를 유지해야 한다.

④ 답변에 따라 다양한 꼬리질문을 받을 있으므로 당황하지 않고 이어지는 질문에도 유연하게 답할 수 있도록 연습한다.

⑤ 토론면접

(1) 특징

면접자들을 조별로 나누어 특정 주제를 주고 찬반 토론을 하도록 하는 면접이다. 토론을 통해 도출해 낸 최종안도 중요하지만, 결론을 도출하는 과정에서의 의사소통능력 및 갈등 상황에서 의견을 조정하는 대처 능력 등도 중요하게 평가된다.

(2) 준비전략

① 적극적으로 나의 의견을 주장하는 것도 중요하지만, 경청하고 조정하는 능력도 평정 요소 중 하나라는 사실에 유념하여 토론에 임해야 한다.

② 다른 사람이 발언할 때 고개를 끄덕이거나 적절한 반응을 보이며 경청하는 비언어적 커뮤니케이션을 잊지 않도록 한다.

③ 주제는 주로 최근 사회 이슈나 업계 관련 쟁점 중에서 나오는 경우가 많으므로 이를 중심으로 공부하는 것이 좋다.

⑥ 상황면접

(1) 특징

실제 업무 중 마주할 수 있는 상황을 제시하고 어떻게 행동할 것인지를 묻는 방식으로 진행하는 면접이다. 현장에서 겪을 수 있는 상황을 제시함으로써 입사 이후의 실제적인 업무 수행 능력을 중점적으로 평가한다.

(2) 준비전략

① 상황면접 특성상 면접 질문이 길다는 점에 유의한다. 질문의 핵심 의도를 짚어내고 적절한 답을 제시할수록 높은 점수를 얻을 수 있다.

② 다양한 관점을 고려하여 어려운 문제 상황에 대한 답을 미리 생각해 보고 구조화된 면접 답변을 준비하는 것이 좋다.

⑦ 발표면접 (PT면접)

(1) 특징

지원자가 제시된 특정 주제와 자료를 토대로 자기 생각을 발표하는 면접이다. 주어진 자료에서 핵심 주제와 맥락을 짚어낼 수 있는 능력과, 그것들을 기반으로 문제를 해결할 수 있는 능력 등이 주요 평정 요소이다.

(2) 준비전략

① 주제와 상황을 명징하게 파악하는 것이 가장 중요하다.

② 강조하고자 하는 핵심을 찾아내고, 서론 - 본론 - 결론의 체계적인 구조를 사용하여 이를 드러내는 것이 좋다.

③ 발표할 때는 주어진 시간을 엄수하여 명확하고 자신 있는 태도로 한다.

⑧ AI 면접

(1) 특징

AI가 면접관 역할을 대신하는 비대면 면접 유형 중 하나이다. 화상 카메라, 마이크 등을 준비해야 한다는 번거로움이 있지만, 시간과 장소의 제약이 없다는 것이 장점이다. AI가 지원자의 시선, 말투, 표정, 제스처까지 전부 분석하고 많은 인원의 면접을 빠르게 치를 수 있다는 점에서 AI 면접을 선호하는 곳이 늘고 있다.

(2) 준비전략

① AI 면접에서는 시선처리와 발음, 응답속도가 중요한 평가 요소로 작용한다. 많은 지원자가 카메라가 아닌 화면을 보는 실수를 하는데, AI 면접 시에는 화면이 아닌 카메라를 정확히 보는 연습을 하는 것이 좋다.

② 음성 인식 정확도를 높이기 위해서는 또박또박 천천히 말하고, 질문이 끝난 뒤 2 ～ 3초 정도의 간격을 두고 대답한다.

9 비대면 면접

(1) 특징

면접관과 지원자가 대면하지 않은 상태에서 진행하는 면접이다. 화상 프로그램을 통해 면접관과 질의문답을 주고받는 것과, 주어진 주제나 질문에 답하는 모습을 녹화하여 제출하는 것 두 종류로 나뉜다. 면접관이 사람이라는 점에서 AI 면접과는 차이가 있다.

(2) 준비전략

① 카메라와 마이크가 잘 작동하는지, 프로그램 설치나 설정이 맞게 되어있는지를 사전에 반드시 점검하도록 한다.

② 화면이 아닌 카메라 렌즈를 향해서 자연스러운 시선 처리를 유지하고, 질문이 끝난 뒤 2 ~ 3초의 간격을 두고 또렷하게 답변하는 것이 좋다.

③ 시스템 오류 등의 예상치 못한 상황이 벌어지더라도 당황하지 않고 침착하게 담당자의 안내에 따르도록 한다.

10 외국어 면접

(1) 특징

외국어로 진행되는 면접으로, 외국계 기업이나 업무상 외국어를 많이 사용하는 직종에서 주로 시행한다. 전문용어나 비즈니스 매너 등까지 전반적으로 갖춰야 하므로, 원어민 면접관이 면접을 진행하는 때도 많다.

(2) 준비전략

① 중요한 건 자신감이다. 면접장에서 외국어를 완벽하게 구사해야 한다는 사실을 부담스러워하는 지원자가 많다. 그러나 완벽하지 않더라도 자신감 있게 나를 표현하는 모습이 좋은 평가를 받을 수 있다.

② 문화권마다 예의범절이나 비즈니스 매너 등이 다르다는 점에 유의하고 미리 숙지하도록 한다.

농협 면접 기출질문

1 2025년 지역농협 6급

(1) 인성 및 가치관에 관한 질문

Q. 농협에 지원하게 된 계기를 설명해 보세요.

> **TIP** 너무 추상적이고 보편적인 답변은 피하는 것이 좋다. 즉, '농업 발전에 기여하고 싶기 때문에', '농협이 좋아서'와 같은 말보다는 관심 있는 금융 사업이나 지역사회 활동 경험 등을 들어 구체적인 사례를 언급하는 것이 바람직하다.

Q. 본인의 단점과 보안방안에 대해 말해 보세요.

> **TIP** 자신의 약점을 어떻게 관리하고 성장의 계기로 삼는지를 평가하기 위한 목적이 있다. 따라서 단점을 언급할 때는 너무 사소하거나 추상적인 것보다는 개선 가능성과 보완 의지를 드러낼 수 있는 현실적인 문제를 제시하는 것이 좋다.

Q. 갈등 상황을 적극적으로 해결한 경험이 있다면 말해 보세요.

Q. 목표를 달성하기 위해 꾸준히 노력한 경험이 있는지 말해 보세요.

Q. 역량을 키우기 위해 노력한 경험이 있다면 말해 보세요.

Q. 농협인으로서 가져야 할 품성은 무엇인지 말해 보세요.

Q. 다른 사람에게 신뢰를 얻기 위해 필요한 조건은 무엇인지 설명해 보세요.

Q. 정년 연장에 대한 본인의 생각을 말해 보세요.

Q. 야근과 잔업에 대한 본인의 생각을 말해 보세요.

(2) 농협 이해도에 관한 질문

Q. 지역 농산물을 활성화하기 위한 홍보 전략에 대해 말해 보세요.

Q. 농업인의 삶의 질 향상과 생산량을 늘리기 위한 방안을 말해 보세요.

Q. 농협이 혁신할 수 있는 방안에 대해 말해 보세요.

Q. 농협이 지역공헌을 위해 수행하는 역할에 대해 설명해 보세요.

Q. 농협이 보완했으면 하는 점에 대해 설명해 보세요.

(3) 경제, 금융, 시사 관련 질문

Q. 자본잠식에 대해 설명해 보세요.

Q. 코픽스가 무엇인지 설명해 보세요.

Q. 매몰비용이 무엇이고, 이를 경험한 적이 있는지 말해 보세요.

Q. 관세란 무엇이며, 관세가 존재하는 이유는 무엇이라고 생각하는지 말해 보세요.

Q. 대체육에 대한 본인의 생각과 예상되는 전망에 대해 설명해 보세요.

Q. 농업 폐기물 활용 방안은 무엇이 있는지 설명해 보세요.

2 2025년 농협중앙회 5급, 6급

(1) 인성 및 가치관에 관한 질문

Q. 책임감을 가지고 일을 진행한 경험에 대해 말해 보세요.

Q. 오늘 본인의 면접에 점수를 매긴다면 몇 점이라고 생각하는지 말해 보세요.

(2) 농협 이해도 및 시사에 관한 질문

Q. 최근 본 농협에 대한 뉴스 기사에 대해 설명해 보세요.

Q. 현재 농촌 사회에서 가장 중요한 이슈가 무엇인지 설명해 보세요.

Q. 농촌 사회에서 가장 필요로 하는 것이 무엇이라고 생각하는지 말해 보세요.

Q. 스마트농업의 활성화를 위한 방안을 설명해 보세요.

(3) 토론 및 PT 질문

Q. 쌀 의무매입법에 대한 찬반을 논하세요.

> **TIP** 농협은 협동조합 조직이다. 토론을 통해 자신의 의견을 강하게 관철시키는 것보다, 상대의 의견을 경청하고 차별화된 주장을 더해 모두의 공통분모를 찾는 태도가 더욱 바람직하다.

Q. AI 창작물의 저작권 인정에 대한 찬반을 논하세요.

Q. 농업재해보험의 보완 방향에 대해 설명해 보세요.

Q. 상호금융을 통한 지역금융 복지의 개선 방안에 대해 설명해 보세요.

Q. 청년농의 육성 방안에 대해 설명해 보세요.

Q. 그린바이오 산업 육성 방안에 대해 설명해 보세요.

③ 2024년 농협중앙회 하반기

(1) 인성 및 가치관에 관한 질문

Q. 남들이 반대하는 의견을 내본 경험이 있다면 말해 보세요.

Q. 가족여행과 농협체육대회가 겹쳤을 때 어느 일정을 선택할지 말해 보세요.

Q. 본인의 역량을 통해 단점을 해결할 수 있는 방법을 말해 보세요,

(2) 토론 및 PT 질문

Q. PLS의 전면적 도입에 대한 찬반을 논하세요.

Q. 리디노미네이션 찬반에 관한 본인의 입장을 설명해 보세요.

Q. 스마트 기술과 농업 발전 방안에 대해 설명해 보세요.

4 **2023년 농협손해보험 5급**

(1) 인성 및 가치관에 관한 질문

Q. 1분 자기소개를 해보세요.

Q. 보험 업계에 관심을 가진 계기를 설명해 보세요.

Q. 입사를 위해 어떤 노력을 했는지 설명해 보세요.

Q. 다른 여러 손해보험사 중 농협을 선택한 이유를 설명해 보세요.

Q. 본인이 가장 크게 기여할 수 있는 업무에 대해 설명해 보세요.

Q. 공부를 제외하고 그동안 가장 열심히 해본 것은 무엇인지 말해 보세요.

Q. 조직에 긍정적인 영향을 준 경험을 말해 보세요.

Q. 스트레스 상황에 대처하는 본인만의 방법이 있다면 설명해 보세요.

Q. 새로운 조직 구조에 빠르게 적응한 경험이 있다면 말해 보세요.

Q. 입사 3년 뒤 어떤 인재가 되고 싶은지 말해 보세요.

(2) 농협 이해도에 관한 질문

Q. 농협손해보험의 미래 가치는 무엇인지 설명해 보세요.

Q. 농협손해보험의 주요 고객은 누구인지 설명해 보세요.

Q. 농협의 ESG 정책에 대해 아는 대로 설명해 보세요.

Q. 농협의 방카룰에 대해 설명해 보세요.

Q. 농협손해보험의 채널 중 가장 중요하다고 생각하는 것과 그 이유를 말해 보세요.

Q. 금리 인하가 보험사에 미칠 영향에 대해 설명해 보세요.

(1) 인성 및 가치관에 관한 질문

Q. 금융 관련 경험이나 자격증이 없는데 은행에 지원한 이유가 무엇인지 말해 보세요.

Q. 자신의 창의성과 아이디어로 성과를 낸 경험이 있다면 말해 보세요.

Q. 최근 읽은 책은 무엇이고, 그 책을 추천하고 싶은 사람과 이유에 대해 말해 보세요.

Q. 가장 자랑스러웠던 일과 가장 부끄러웠던 일에 대해 말해 보세요.

Q. 남에게 배신당했던 경험이 있다면 말해 보세요.

Q. 자신의 직업관은 무엇인지 말해 보세요.

Q. 원칙과 융통성 중에 무엇이 더 중요하다고 생각하는지 말해 보세요.

Q. 편견을 가지고 타인을 대했던 경험이 있다면 말해 보세요.

Q. 오늘까지 판매해야 하는 상품이 있는데, 고객이 필요로 하지 않는다면 어떻게 할 것인지 말해 보세요.

(2) 농협 이해도에 관한 질문

Q. 최근 관심을 가지고 보았던 농업 및 농촌 관련 이슈가 있다면 말해 보세요.

Q. 6차 산업이 무엇인지 설명하고, 농협의 역할에 대해 말해 보세요.

Q. 농협에서 니치마케팅으로 할 수 있는 사업이나 상품을 제안해 보세요.

Q. 본사의 상품 중 알고 있는 것은 무엇인지 말해 보시오.

Q. 농촌의 고령화 또는 저출산 해결을 위해 농협이 할 수 있는 일은 무엇인지 설명해 보세요.

(3) 경제, 금융, 시사 관련 질문

Q. 현재 부동산 정책에 대한 본인의 견해를 말해 보세요.

Q. 기준금리와 가계부채의 상관관계에 대해 설명해 보세요.

Q. 비과세연금에 대해 설명해 보세요.

Q. 환인플레이션에 대해 설명해 보세요.

Q. 생산자물가지수에 대해 설명해 보세요.

Q. BSI 지수에 대해 설명해 보세요.

Q. 리퍼비시 제품이 무엇인지 설명해 보세요.

⑥ 기타 빈출 질문

Q. 농협에 입사하여 바로 적용 가능한 본인의 역량을 말해 보세요.

Q. 상사와의 갈등이 생겼을 때 본인만의 해결 방법이 있다면 말해 보세요.

Q. 입사 후 포부에 대해 말해 보세요.

Q. 본인이 생각하는 농협의 이미지에 대해 말해 보세요.

Q. 본인의 10년 후 모습에 대해 말해 보세요.

Q. 원하지 않는 곳으로 발령을 받게 되면 어떻게 할 것인지 말해 보세요.

Q. [IT 분야] 진행했던 프로젝트가 있는지, 해당 프로젝트를 하면서 어떤 점이 힘들었고 어떻게 극복했는지 말해 보세요.

Q. [IT 분야] 디지털 분야의 시각으로 농협의 발전 방법에 대해 설명해 보세요.

Q. [IT 분야] 가장 자신 있는 기술 분야는 무엇입니까?

시사용어사전

매일 접하는 각종 기사와 정보! 공기업/언론사/기업체/공무원 채용을 준비하는 수험생과
현대인이 꼭 알아야 할 최신 시사상식을 쏙쏙 뽑아 이해하기 쉽도록 영역별로 정리

경제용어사전

주요 경제용어는 거의 다 실었다! 금융권/공기업/언론사/기업체/공무원 채용을 준비하기 전에,
경제 공부를 시작하기 전에 읽어보면 경제가 쉬워지도록 사전식으로 구성

부동산용어사전

부동산에 대한 이해를 높이고 부동산의 개발과 활용, 투자 및 부동산 용어 학습에도
적극적으로 이용할 수 있는 교재, 공인중개사 출제용어도 수록

자격증

한번에 따기 위한 서원각 교재

한 권에 준비하기 시리즈 / 기출문제 정복하기 시리즈를 통해 자격증 준비하자!